W0110311

Sa 16.01.04
S.v.T.

München und der Fußball

München und der Fußball

Von den Anfängen 1896 bis zur Gegenwart

Mit Beiträgen von
Elisabeth Angermair
Hans Eiberle
Manfred Peter Heimers
Anton Löffelmeier
Ingo Schwab

Herausgegeben vom
Stadtarchiv München

1997
Buchendorfer Verlag

Titelbild: Atelieraufnahme eines der Gründungsmitglieder des ersten Münchner Fußballvereins: Anton Hübel, genannt Haxentoni.
Umschlagrückseite: Bayern München – TSV 1860 3:1. Wieder ist Hoffmann schneller am Ball als Mondschein, links Knauer, 13. August 1955. Foto: Neuwirth.

Die Deutsche Bibliothek – CIP-Einheitsaufnahme
München und der Fussball : von den Anfängen 1896 bis zur
Gegenwart / hrsg. vom Stadtarchiv München. Mit Beitr. von
Elisabeth Angermair ... - München : Buchendorfer Verl., 1997
   ISBN 3-927984-62-0
NE: Angermair, Elisabeth; Stadtarchiv <München>

© Buchendorfer Verlag, München 1997
Alle Rechte vorbehalten

Umschlaggestaltung: Hagen Nerdinger, München
Satz: SatzTeam Berger, Ellenberg
Reproduktion: Longo, Frangart
Papier: säurefrei gebleichtes Offsetpapier, Igepa
Druck und Bindung: Huber, Dießen

ISBN 3-927984-62-0

Inhalt

Vorwort der Autoren

Die Beschäftigung mit der Geschichte des Fußballspiels in München, aus der heraus der vorliegende Band entstanden ist, geht auf einen konkreten Anlaß zurück. Im Jahr 1996 wurden der Landeshauptstadt München Erinnerungsalben des 100 Jahre zuvor gegründeten und damit ältesten Münchner Fußballvereins Terra Pila anvertraut. Die Überlieferung des Nachlasses, der neben dem Vereinsschrifttum auch anschauliches Fotomaterial enthält, verdanken wir dem aktiven Fußballspieler und akribischen Chronisten der Pionierzeit des Fußballs Ernst Wißmiller. Daß die Bewahrung einer solchen Sammlung über den langen Zeitraum hinweg keine Selbstverständlichkeit ist, sondern großes Engagement voraussetzt, stellte sich im Lauf der Projektarbeit anläßlich – häufig vergeblicher – Anfragen bei anderen Vereinen heraus.

Die Übergabe des Nachlasses führte zu der naheliegenden Idee, der 100jährigen Geschichte des Fußballspiels in München eine kleine Ausstellung zu widmen und das Thema in einem Aufsatzband aufzuarbeiten. Die Absicht des Autorenteams war es dabei, sich dem Sujet – im Unterschied zu den gängigen Vereinsfestschriften – von verschiedenen Seiten zu nähern, Fußball als ein Thema der Sportgeschichte, der allgemeinen Stadtgeschichte und der Alltagsgeschichte zu betrachten. Natürlich spielen die Geschichte der Vereine, die Erfolge und Mißerfolge der Münchner Mannschaften, Daten und Ereignisse, Protagonisten und Randfiguren der sportlichen Wettkämpfe eine wichtige Rolle in den Darstellungen. Dennoch wird derjenige enttäuscht sein, der Schaubilder mit Tabellen, Auflistungen von Meistermannschaften und Pokalsiegern, Spieltermine und Starporträts sucht. Eine derartige katalogisierende und isolierte Schilderung, vergleichbar dem schlichten Aneinanderreihen von Schlachten und politischen Ereignissen, können und wollen die nachfolgenden Beiträge nicht leisten. Sie wollen vielmehr die Entwicklungslinien aufzeigen, die dieser Sportart nach dem vergleichsweise späten Start in München zum Durchbruch verhalfen und die Grundlage für die Erfolge der Mannschaften schufen.

Das Fußballspiel beschäftigte von Anfang an auch die Behörden. Nur in Zusammenarbeit mit der Stadtverwaltung konnten geeignete Spiel- und Trainingsmöglichkeiten für die im Laufe des Jahrhunderts wachsende Zahl der Fußballspieler geschaffen werden. Gute oder weniger gute Trainingsmöglichkeiten beeinflußten wiederum Auf- oder Abstieg der Vereine. An diesem und anderen Beispielen wird die historische Komponente der Entwicklung gezeigt, die München zu einer der führenden deutschen Fußballstädte werden ließ.

Wie keine andere Ballsportart zog das Fußballspiel im Lauf der Jahrzehnte immer mehr Menschen in seinen Bann. Als Mannschafts- und Ausgleichssport oder als spannungsreiche Unterhaltung für Zuschauer im Stadion oder vor Radio- und Fernsehapparat beeinflußt es seit langem maßgeblich das Freizeitverhalten weiter Bevölkerungskreise. Die Kontinuität dieser alltäglichen Spielbegeisterung auch über die politisch-sozialen Brüche unseres Jahrhunderts hinweg, rückt eine Kategorie in den Vordergrund, die von den gängigen wissenschaftlich-abstrahierenden Erklärungsmodellen historischer Darstellungen abweicht: die Leidenschaft als menschliche Komponente. Ohne sie ist die Entwicklung des Fußballspiels nicht zu erklären. Die Autoren hoffen, daß auch dies in den vorliegenden Beiträgen deutlich wird.

Die historische Auseinandersetzung mit dem Fußball steht und fällt mit dem Aufspüren von aussagekräftigem Quellenmaterial. Das Ergebnis einer Anfrage bei über 200 Münchner Fußballvereinen zeigte auf, daß das Interesse der Vereine an der eigenen Geschichte höchst unterschiedlich gewichtet ist. Die Überlieferung hängt von vielen Zufällen ab und weist große Lücken auf. Dank der bei der Stadt München selbst angefallenen Schriftquellen, der Unterstützung des Süddeutschen und des Bayerischen Fußballverbandes, der Leihgaben früherer Spieler bzw. derer Nachkommen und der Hilfestellung der angesprochenen Vereine war es gleichwohl möglich, der Münchner Fußballgeschichte Konturen zu verleihen.

Die Darstellung der aktuellen Entwicklung in der Bundesligazeit ist durch Historiker nicht zu leisten. Deshalb hat diese Aufgabe dankenswerterweise ein weit besser dazu Berufener übernommen: Hans Eiberle, seit 1961 Sportredakteur der Süddeutschen Zeitung, konnte dieses Quellendefizit durch seine aus jahrzehntelanger Beobachtung und Kommentierung gewonnenen Kenntnisse ausgleichen. Für die tatkräftige Mithilfe bei den Recherchearbeiten sei den Herren Guido Treffler und Bernhard Schulz gedankt.

Der Leiter des Münchner Stadtmuseums, Dr. Wolfgang Till, hat die Ausstellung initiiert und die Vorbereitungen in vielfältiger Weise unterstützt. Schließlich gilt der Dank der Autoren dem Herausgeber des Bandes und Leiter des Stadtarchivs München, Dr. Richard Bauer, für sein großes Engagement, das er diesem Projekt widmete.

»Der Sport hat alles überdeckt…«

Herbert Moll, Jahrgang 1916, langjähriger Ligaspieler, Ehrenspielführer und Auswahlspieler des FC Bayern München, erinnert sich:

»… es war doch so, daß damals Bayern und 60 viertelbezogen war; also Bayern war Schwabing, das Trainingsgelände war in Freimann für die Jugend; deshalb war es dann so, daß wir Buben als Schüler auf der Straße Fußball gespielt haben, mit dem Tennisball auf die Kellerfenster. Meine Klaßkameraden haben mich zur Schule immer abgeholt: und die haben schon unten vor dem Haus Fußball gespielt, bis ich runter gekommen bin. Und dann sind wir mit dem Ball am Fuß bis zur Schule gegangen. Meinen jüngeren Bruder mußte ich dabei in den Kindergarten mitnehmen und danach auch wieder mittags abholen; da wir als Schüler meistens schon vorher frei hatten, haben wir dann von 11.00 bis 12.00 wieder auf die Kellerfenster gespielt. Als wir älter wurden, haben wir viertelweise Fußball gespielt: Bayern, das war damals Schwabing, gegen Giesing, das war damals 60…; das war kein vereinsgebundener Fußball, deshalb haben wir gar nicht so groß Wert darauf gelegt, unbedingt zu gewinnen. Da waren viele dabei, die später Spieler bei den Vereinen geworden sind. Dann haben wir schulweise gespielt, Simmernschule gegen Maxgymnasium z. B.… so ist das losgegangen… wir haben ständig mit dem Ball gespielt. Wir haben wild gespielt, wie es gerade gekommen ist. 1934, mit 17 Jahren bin ich in die erste Mannschaft gekommen, das erste Mal war ich Ersatzmann gegen Dachau, da hat Bayern immer bei dem Volksfest gespielt… Nach dem Training hat es zwei Mark gegeben und einen Bon für's Essen; wir haben auch eine staatspolitische Prüfung machen müssen; dafür wurden wir geschult und danach ist das Prüfungsergebnis in den Spielerpaß eingetragen worden, wir haben alle weiter spielen dürfen; die Stadtmannschaft war natürlich auch darauf ausgerichtet, wir mußten mit »Deutschem Gruß« einlaufen und wir mußten das auch üben. Gespielt haben wir bei den Städtevergleichen gegen Berlin, Sofia, Salzburg…

Man darf nicht vergessen, daß zu Beginn, als ich zu spielen angefangen habe, auch Wacker noch dabei gewesen ist. Diese Mannschaft vergißt man heute leicht, weil sie heute a bisserl weg ist, aber sie war damals doch ganz groß und sie hat gut mitgespielt im Münchner Fußball… Nach dem Krieg sind wir wiedergekommen und haben dann ganz ernsthaft weitergespielt, wie sonst auch, der Sport hat alles überdeckt… In der Oberliga sind wir dann, gleich nach dem Krieg, mit Holzgas bis nach Stuttgart und nach Offenbach gefahren, das waren doch riesige Strapazen… Die Trainer waren alle nur fürs Sausen und Rennen; trainiert haben wir dienstags und donnerstags nach der Arbeit zwei Stunden auf dem Nebenplatz des Dantestadions; anschließend sind wir mit dem Fahrrad quer durch die Stadt in den Bürgerbräukeller zum Essen gefahren; dort war auch Mannschaftsbesprechung… Eine Winterpause haben wir nicht gehabt, wir haben das ganze Jahr durchgespielt und da gab es keinen geheizten Rasen, der Schnee verlangte manchmal eine eigene Technik. Manchmal war so viel Schnee auf dem Feld, daß man den nicht hat räumen können, aber es ist trotzdem gespielt worden… Es gab noch keine Auswechselspieler, man hat durchspielen müssen, wenigstens als Linksaußen, daß man elf Spieler auf dem Platz hatte…

Ich glaube, daß bei uns der Fußball ziemlich konstant ist, aber es wird fast schon zuviel geschult, es geht immer mehr ums Geschäft; ob das paßt oder nicht paßt, ist eine andere Frage.«

Hubert Mock

Die Anfänge des Fußballspiels in München

Elisabeth Angermair

»Zwar verlief es so, daß immer einer am Ball war, indes die übrigen 19 – ausgenommen die Thorwächter – hinter ihm herrannten. Doch die anständige Art wie gespielt wurde, war geeignet, jede Voreingenommenheit zu zerstören und die Sympathie des bisher abgeneigten Publikums zu erwerben.« Dieser Zeitungsbericht aus dem Jahre 1899 zeigt noch viel Erstaunen und Befremden über eine neue Sportart, die damals erst seit kurzer Zeit auch von Münchner Vereinen betrieben wurde. Jegliche prophetische Vorschau auf die Begeisterung und Leidenschaft, die das Fußballspiel auf dem Spielfeld und auf den Zuschauerrängen später hervorrufen sollte, fehlt.

Das Spiel, das mit den eingangs zitierten Worten von einem Journalisten der Münchener Neuesten Nachrichten kommentiert wurde, fand am 15. September 1899 anläßlich der Allgemeinen Deutschen Sportausstellung in München statt. Man hatte eine bereits erfahrene Mannschaft aus Karlsruhe, damals die führende süddeutsche Fußballstadt, zu einem Match gegen die noch junge Mannschaft des Männerturnvereins von 1879 eingeladen, um beim Münchner Publikum für die Sportart des »Association Football« im Rahmen der Ausstellung zu werben. Ein ähnliches Demonstrations-Spiel hätte schon 1889 anläßlich des Deutschen Turnfestes in München stattfinden sollen. Damals – es gab noch keine Münchner Mannschaft – hätte der ATV Leipzig gegen den Londoner »Orion-Club« gespielt, wenn nicht ein Dauerregen das Match verhindert hätte. Auch zehn Jahre später konnten die Münchner noch nicht mit den auswärtigen Gästen konkurrieren: die Karlsruher gewannen 10 : 0.

Später Anstoß in München

Ab wann genau auf der Münchner Theresienwiese neben anderen Rasensportarten auch Fußball gespielt wurde, läßt sich nicht mehr feststellen. Späteren Zeitzeugenberichten zufolge waren es in erster Linie Gymnasiasten und Studenten, die die Wiese als Sportplatz nutzten. Am 5. September 1896 gründeten dann einige von ihnen einen »Verein für Rasensportarten« und gaben ihm den anspruchsvollen lateinischen Namen »Terra Pila« (terra = die Erde, der Erdboden; pila = der Ball). Die Gründungstatuten sind in den Vereinsakten der Königlichen Polizeidirektion erhalten[1]. Die drei Jahre später erfolgte Umbenennung in »1. Münchener Fußball-Club von 1896« weist darauf hin, daß schon bald das Fußballspiel im Vereinsleben die anderen Rasensportarten verdrängt hatte.

Warum wurde nun in München im Vergleich zu anderen deutschen Städten erst relativ spät Fußball gespielt, und wie konnte diese Sportart hier ihre ersten Anhänger finden?

Die am Ende des 19. Jahrhunderts in weiten Teilen Europas sich ausbreitende Sportbewegung, die im Unterschied zu der in Deutschland schon jahrzehntelang populären Turnbewegung die Leibesübungen in eine spielerische Form brachte und mit Wettkampfidealen und Leistungsstreben verband, hatte ihre Ursprünge in England. Lawn-Tennis, Leichtathletik, Hockey, Rudern, Fußball und Rugby gehörten zu den beliebten Freizeitbeschäftigungen. Diese Form der körperlichen Betätigung fand so viel Anklang, daß auch Engländer, die sich aus beruflichen Gründen längere Zeit im Ausland aufhielten, nicht darauf verzichten wollten. Sie luden ortsansässige Kollegen, Gymnasiasten oder Studenten zum Mitspielen ein. Auf diese Weise fand das Fußballspiel wie die anderen genannten Sportarten zunächst in deutschen Städten mit sogenannten Engländerkolonien, wie Hamburg, Berlin, Frankfurt, Hannover, Braunschweig, Baden-Baden und Wiesbaden, etwas später schließlich, durch innerdeutsche Fluktuation bedingt, auch in anderen Städten Verbreitung[2]. Die Idee, körperliche Bewegung mit sportlichem und spielerischem Wettkampf zu verbinden, wurde im Deutschen Kaiserreich auch von Pädagogen und Medizinern aufgegriffen und propagiert. Der Braunschweiger Gymnasiallehrer Konrad Koch war es, der als erster 1872 die Einführung eines Pflichtspiel-Nachmittages für seine Schüler durchsetzte. Zwei Jahre später schon gründete er am Braunschweiger Martino-Catherinum-Gymnasium den ersten Schüler-Fußball-Verein. In den 80er und 90er Jahren des vorigen Jahrhunderts erhielt die in vielen theoretischen Schriften begründete Idee weitere entscheidende Anstöße: einerseits durch den Erlaß des preußischen Kultusministers von 1882 »die Beschaffung von Turnplätzen zur Förderung des Turnens im Freien und zur Belebung der Turnspiele betreffend«, der auch auf die Schulpolitik in den übrigen Ländern des Deutschen Reiches nicht ohne Wirkung blieb; andererseits durch die Gründung des »Zentralausschusses zur Förderung der Volks- und Jugendspiele in Deutschland« (ZVJ) im Jahr 1891. Die Notwendigkeit, die Spielbewegung zu fördern, ergab sich für die Befürworter aus den durch die Industrialisierung und die zunehmende Verstädterung veränderten Lebens- und Sozialisierungsbedingungen der Jugendlichen. Neben dem gesundheitlichen Wert wurde immer wieder der erzieherische Wert betont. Durch den Funktionsverlust der Familie fiele es in verstärktem Maße in den Aufgabenbereich der Schule, am Beispiel der Turnspiele Formen der Lebensgestaltung, die gewisse kreative Freiräume nur innerhalb vorgegebener Regeln und Gesetze offen halte, in besonders geeigneter Weise zu vermitteln. Auch politische Ziele verbanden die Gründungsmitglieder des ZVJ – allesamt Mitglieder der nationalliberalen Partei – mit ihren Bemühungen: das in Mannschaftsspielen entwickelte Gemeinschaftsbewußtsein sollte auf einer höheren Ebene zur Entwicklung des Nationalgefühls und zur Überbrückung der Klassengegensätze beitragen. In diesem Zusammenhang ist auch das Engagement des ZVJ für die Übersetzung der Regeln der englischen Football Association ins Deutsche zu sehen. Fußball konnte in der Zeit des aufstrebenden Nationalismus nur als »deutsches Spiel« an Popularität gewinnen. Die Spielbewegung, die als Wegbereiter für das aufkommende Interesse am Fußballspiel betrachtet werden muß, entwickelte sich demnach als eine von bürgerlichen Schichten getragene Reformbewegung.

12

Das bayerische Kultusministerium erließ erstmals für das Schuljahr 1879/80 per Ministerialentschließung ein Lehrprogramm für den Turnunterricht, das für jede Schulart und jede Jahrgangsstufe neben dem eigentlichen Turnen dem Alter angemessene Spiele vorsah[3]. In der ersten und zweiten Gymnasialklasse stand das Fußballspiel auf dem Lehrplan, allerdings nicht in der heutigen Form des Wettkampfes zweier Mannschaften, sondern eher als Geschicklichkeitsspiel, bei dem der Ball mittels gegenseitigen Zuspielens möglichst lang in der Luft gehalten werden sollte. Magistrat und Gemeindebevollmächtigtenkollegium der Stadt München verfügten schließlich 1890 die Einführung von Jugendturnspielen an den städtischen Volksschulen. In den folgenden Jahren wurden nach und nach in allen Stadtteilen geeignete Spielplätze zur Verfügung gestellt, Spielgeräte, darunter – wie aus den Auflistungen hervorgeht – Fußbälle, beschafft und sowohl Spielleiter als auch Platzaufseher beauftragt[4]. Den Jugendlichen müßten in der immer stärker zugebauten Stadt freie Plätze für Spiele angeboten werden, so lautete die Begründung in dem Beschlußantrag. Fast jedes Jahr konnten die städtischen Behörden ein zunehmendes Interesse und steigende Teilnehmerzahlen an den im Sommerhalbjahr durchgeführten Spielnachmittagen vermerken. Als das beliebteste, aber auch das umstrittenste der dort gepflegten Ballspiele kristallisierte sich bald das Fußballspiel heraus, so daß später immer wieder Stimmen laut wurden, die ein Eingreifen von behördlicher Seite forderten. Inwiefern sie damit Teilerfolge erzielten, wird noch angesprochen werden.

Vor diesem Hintergrund ist die Gründung der ersten Münchner Fußballvereine zu sehen. Junge Männer, die sich während ihrer Schulzeit für die Ballspiele begeisterten und unter nicht genau zu klärenden Umständen die Rasenspiele mit englischen Regeln, wie Rugby, Football und Baseball, kennenlernten und besonderen Gefallen daran fanden, schlossen sich, wie es schon Jahrzehnte zuvor die Turner praktiziert hatten, zu Vereinen zusammen, oder sie gründeten Fußballabteilungen in bereits bestehenden Vereinen. Vornehmlich Studenten und Angestellte, also Angehörige der bürgerlichen Bevölkerungsschichten, stellten die Fußballpioniere in München. Von zwölf namentlich bekannten Gründungs- und ältesten Mitgliedern des Vereins Terra Pila waren fünf Studenten, zwei Beamte (bei Bahn und Post), drei Angestellte im Banken- und Versicherungswesen, und lediglich zwei übten handwerkliche Berufe aus[5]. Ein ähnliches Sozialprofil läßt sich unter den Gründungsmitgliedern des FC Bayern im Jahr 1900 erstellen. Soweit es sich aus den Meldeunterlagen nachweisen läßt, gingen sie akademischen oder kaufmännischen Berufen nach[6]. In der ersten Mannschaft des MTV von 1879 spielten um die Jahrhundertwende immerhin ein späterer Notar, ein Apotheker, ein Filmregisseur und ein Opernsänger, ein Buchhändler sowie der spätere Direktor des Nationalmuseums Dr. Buchheit. Die Ergebnisse dieser exemplarischen Untersuchung stimmen mit der Analyse der Mitgliederstruktur überein, die der Deutsche Fußballbund im Jahr 1910 unternahm. Die Studenten stellten damals einen Anteil von 26 Prozent an den aktiven Spielern; viele Mitglieder, die als Studenten den Vereinen oder dem Verband beigetreten waren, betätigten sich inzwischen in freien akademischen Berufen oder übten Angestelltenfunktionen aus[7]. In München gelang es ebenso wie in anderen deutschen

Städten nur nach und nach, die Arbeiterschaft für diese neue Sportart zu gewinnen. Die Mitglieder- und Anhängerschaft des Fußballspiels nahm allerdings bis zum Ersten Weltkrieg kontinuierlich zu und ging auch aus einer breiteren sozialen Basis hervor. In der namentlich bekannten Gründungsmannschaft der 1910 gebildeten Fußballabteilung des SC Armin, dessen Vereinsschwerpunkt im Westend lag, hatten sich beispielsweise deutlich mehr Handwerker als Kaufleute oder Angestellte zusammengefunden[8]. Der Aufstieg der Fußballbegeisterung zu einem Massenphänomen vollzog sich jedoch erst in den 20er und 30er Jahren.

Gründungsgeschichten einiger Münchner Vereine

Zu den ältesten Münchner Fußballvereinen zählen solche, deren Namen auch heute noch in aller Munde sind, und viele, die längst in Vergessenheit geraten sind oder nach wenigen Jahren wieder aufgelöst wurden. Leider ist die Überlieferung sehr lückenhaft, da nur von wenigen Vereinen Chroniken erhalten sind.

Der bereits erwähnte Verein Terra Pila gilt als älteste Gründung. Die Vereinsstatuten nennen die »Förderung und Verbreitung von Rasenspielen, insbesondere des Baseball- und Faustballspieles« als Vereinszweck, und ein frühes Foto zeigt die Mannschaft mit einem Fußball und einem Baseballschläger im Vordergrund[9]. Das Betreiben mehrerer Rasensportarten nebeneinander war in vielen deutschen Vereinen üblich, auch fanden vor der Gründung des Deutschen Fußallbundes und dem Erlassen allgemeingültiger Regeln Trainings- und Wettspiele häufig nach Rugby-Regeln oder einer Mischung verschiedener Spielregeln statt. Fußball setzte sich jedoch als Hauptbetätigungsfeld des Vereins Terra Pila durch. 1898 schieden einige Mitglieder, die sich inzwischen stärker dem Bergsport widmeten, aus und gründeten einen eigenen Verein »Die Bergaffen«. Die verbliebenen Mitglieder änderten bald darauf den Vereinsnamen in »1. Münchener Fußball-Club von 1896«, wohl um den Traditionsanspruch gegenüber den inzwischen etablierten Konkurrenten zu behaupten. Das Vereinslokal wechselte häufig, befand sich aber zumeist nahe der Theresienwiese auf der Schwanthalerhöhe und im Westend. Terra Pila und 1. MFC beteiligten sich am lokalen und regionalen Spielgeschehen bis zum Jahr 1910, dann zwangen »widrige Umstände«, die in der Chronik nicht näher ausgeführt werden, den Verein zur Einstellung des Spielbetriebes. Die Mitglieder pflegten jedoch weiterhin die Geselligkeit, und von 1911 an fanden in regelmäßigen Abständen und fast ununterbrochen bis in die 60er Jahre hinein Kegelabende statt. Dieser Traditionspflege, die von eifrigen Chronisten festgehalten wurde, verdanken wir die Überlieferung wichtiger Zeugnisse und Bilder der Münchner Fußballpioniere.

Wenig Nachrichten sind von einem Verein erhalten, der vermutlich ebenfalls 1896 gegründet wurde und somit zu den ersten möglichen Wettkampfgegnern von Terra Pila gehörte, vom FC Nordstern. Aus einem in den städtischen Akten aufgefundenen Schreiben des Vereins an den Magistrat könnte man schließen, daß der FC Nordstern dem 1. MFC zeitweilig sogar den zeitlichen Prioritätsanspruch streitig machen wollte: der in Jugendstilornamentik gestaltete Briefkopf bezeichnet den

Verein als »Aeltesten Fussball-Club Münchens«[10]. Der Nachweis darüber läßt sich jedoch mangels Quellen nicht führen. Der FC Nordstern konnte im lokalen Vergleich wohl keine großen Lorbeeren ernten; am 15. April 1900 unterlag er dem gerade neugegründeten FC Bayern mit 15:0. Eine kurze Notiz in der Aktenüberlieferung des Städtischen Kommunalreferates meldet im Februar 1902 bereits die Auflösung des Vereins.

Unter den etablierten Münchner Turnvereinen öffnete der Männerturnverein von 1879 sein Vereinshaus und seine Spiel- und Trainingsmöglichkeiten als erster der Idee der Förderung von Turn- und Jugendspielen und damit auch dem Fußballspiel[11]. Er gilt als der älteste noch bestehende Fußballverein Münchens. Als sich im Jahr 1897 eine der Turnriegen des MTV dem neuen Sport zuwandte und die Mittelschülerriegen sich anschlossen, war es durchaus keine Selbstverständlichkeit, daß der Vereinsvorstand dieses Ansinnen unterstützte. Viele bürgerliche und Arbeiter-Turnvereine distanzierten sich von dieser rauhen Wettkampfsportart. Die neugebildete Elf des MTV konnte den Rückhalt des großen Vereins nutzen, um eine breitere Aufmerksamkeit auf das Spiel zu lenken. Auf dem Bayerischen Turnfest in Ansbach 1897 warb sie erfolgreich für die Sportart. Auf dem Deutschen Turnfest in Hamburg 1898 schlug sie die Mannschaft des »Allgemeinen Turnvereins Dresden« mit 16:0; ein Jahr später in München mußte sie allerdings die schon erwähnte hohe Niederlage gegen die erfahrene Karlsruher Mannschaft einstecken. Vorsitzender und aktives Mitglied der Fußballabteilung des MTV war ein vielseitiger Sportler, der Notar Julius Keyl. Er gewann nicht nur mit der Fußballmannschaft Preise, sondern auch als Leichtathlet (z. B. 1902 Deutscher Meister im 100-Meter-Lauf) und als Turner (z. B. 1905 auf dem amerikanischen Bundesturnfest in Indianapolis). Die Mannschaft des MTV nahm unter den Münchner Mannschaften vor dem Ersten Weltkrieg immer eine führende Stellung ein und gewann mehrere Titel, unter anderem die Oberbayerische Meisterschaft 1908/09.

Im Jahr 1899 entstanden zwei weitere Fußballvereine oder -abteilungen in München. Einer davon, der FC Bavaria, bestand nur bis 1907 als eigenständiger Verein, danach als Fußballabteilung der Turngemeinde München A.V.

Schließlich bildete sich im Turnverein München von 1860 (heute TSV 1860) eine Spielriege, die neben anderen Turnspielen wie Faustball, Deutschball oder Schleuderball immer häufiger und bald ausschließlich Fußball spielte[12]. Die Mannschaft trainierte jedoch lange Zeit und mit großer Ausdauer alleine, bevor sie ihre Kräfte und Spielstärke erstmals im Juli 1902 in einem Wettspiel gegen einen konkurrierenden Münchner Club maß. Mit 2:4 unterlag sie dem 1. MFC; der MTV von 1879 triumphierte sogar noch im gleichen Jahr mit einem 13:0. Spätestens 1904 jedoch rückte die Mannschaft des TV 1860 in die Reihe der besten Münchner Teams vor. Die guten Spiel- und Trainingsmöglichkeiten, die der Verein mit dem Vereinshaus in der Auenstraße, dem Benützungsrecht einer Wiese in den Isarauen und dem gepachteten Waldspielplatz in Holzapfelkreuth bieten konnte, verlockte viele Interessierte zum Beitritt. Sogar mit Spielern aus Wien konnte man in den Jahren 1904/05 die Mannschaft verstärken. Die Vereinsfestschrift aus dem Jahr 1949 nennt noch die Namen, aus den Reimen der Jubiläumszeitung, die die Fußballabteilung anläßlich ihres

20-jährigen Bestehens herausgab[13], läßt sich allerdings entnehmen, daß diese Verstärkung nicht nur positive Konsequenzen nach sich gezogen hatte:

»Man schrieb schon Neunzehnhundertvier
O! Heinrich, mir graut vor dir!
Nicht daß ein Prügeljahr es wär
Im Gegenteil, fast au contraire.
Doch läßt es sich nicht übertünchen,
wir spielten damals »Wien in München«
der »klane Schwarz, der lange Heß«
zwa »Spanier« trugen unser Dreß.-
Wem schrumpft das Herz bei diesen Namen
das Portemonnaie nicht gleich zusammen.
Doch eins steht fest, als sie entfernt,
wir hatten viel, sehr viel gelernt.«

Die wichtigste Neugründung des Jahres 1900 hing mit der in vielen Turnvereinen geführten Auseinandersetzung zusammen, ob ihre Fußballabteilungen sich um die Mitgliedschaft in den um diese Zeit entstehenden Fußballverbänden bewerben oder es bei dem Anschluß an die Deutsche Turnerschaft belassen sollten. Für den Anschluß an den 1897 gegründeten Verband Süddeutscher Fußballvereine, dem bis zum Jahr 1900 noch kein bayerischer Verein beigetreten war, sprachen organisatorische Vorteile und mögliche Hilfestellungen bei der Einführung eines geregelten Spielbetriebes auf lokaler, regionaler und überregionaler Ebene. Der Fußballspieler Franz John, der 1899 nach München gekommen und dem MTV von 1879 beigetreten war, den Fußball-Wettkampfbetrieb aber auch schon aus anderen Städten kannte, versprach sich und seinen Kameraden sportliches Vorwärtskommen durch den Beitritt[14]. Da die Deutsche Turnerschaft die Mitgliedschaft eines Turnvereins bei Sportverbänden nicht duldete, lehnte auch der Vereinsvorstand des MTV den Beitritt ab. In einer Sitzung der Spielabteilung des MTV im Februar 1900 erklärten schließlich Franz John und diejenigen seiner Vereinskameraden, die sich seiner Meinung angeschlossen hatten, ihren Austritt aus dem MTV, und sie gründeten noch am gleichen Abend den FC Bayern. Der Namensgebung entsprechend wählten sie die Landesfarben weiß-blau als Clubfarben. Daß in der neuen Mannschaft bereits erfahrene Spieler zusammen kämpften, zeigten die Ergebnisse der ersten Begegnungen mit anderen Münchner Clubs: im April 1900 wurden der FC Nordstern mit 15:0, zwei Wochen später der FC Bavaria mit 12:1 geschlagen. Das erste Spiel gegen den Stammclub MTV noch im gleichen Jahr ging unentschieden aus. Die einzige Niederlage mußte die Elf im Gründungsjahr beim D.F.C. Prag hinnehmen. Im Sommer 1900 schloß sich der FC Bayern dem Süddeutschen Fußballverband an. Im Jahr 1905 suchte er wiederum Rückhalt bei einem größeren Verein. Am 1. Januar 1906 trat die Fusion mit dem Münchener Sport-Club, zu dieser Zeit der größte Sportverein Münchens, in Kraft. Die Mannschaft »Bayern, Fußballabteilung des MSC« behielt ihre Selbständigkeit und eigene Verwaltung, konnte sich aber mit Hilfe des finanziellen Hintergrundes des größeren Vereins besser entwickeln, beispielsweise in sportlicher

16

Hinsicht durch den Vergleich mit auswärtigen Mannschaften, die man einlud. Die FA Bayern übernahm die Spielkleidung des MSC, rote Hosen und weiße Hemden. Wie schnell sich der Verein vergrößerte, zeigt die Tatsache, daß bereits 1907 eine fünfte und sechste Mannschaft gebildet werden konnte. Bis zum Jahr 1908 sahen die Vereinsstatuten eine elitäre Mitgliederauswahl vor: nur sogenannte Einjährig-Freiwillige, also Abiturienten, die schon bei der Wehrpflicht das Privileg genossen, sich ihr Regiment selbst auszusuchen, konnten beitreten.

Von den immer zahlreicher erfolgenden Vereins- und Mannschaftsgründungen nach der Jahrhundertwende sei an dieser Stelle nur noch die des FC Wacker etwas ausführlicher betrachtet. Im Mai 1903 gründeten einige junge Männer in München-Laim diesen Fußballverein, der im ersten Jahr seines Bestehens noch häufig den Namen wechselte: ausgehend von FC Isaria über FC Wittelsbach und FC München-Laim einigte man sich schließlich 1904 auf den Namen FC Wacker[15]. Die neue Mannschaft gewann rasch an Spielstärke und Ansehen unter den Gegnern. Die finanziellen Opfer, die für eine Beteiligung an den Liga- und Kreismeisterschaften aufzubringen waren, konnten von dem Fußballclub jedoch bald nicht mehr alleine getragen werden. Im Jahr 1908 schloß sich der Verein dem damals hochangesehenen Radsportklub Monachia an und trat künftig als deren Fußballabteilung (FA) Wacker an. Der aus Wien nach München übergesiedelte, schon damals berühmte Torhüter Karl Pekarna verstärkte die Mannschaft und verhalf ihr zu deutlichem Aufschwung im regionalen Vergleich.

Trainings- und Spielmöglichkeiten für die ersten Münchner Mannschaften

Die Gründungsgeschichten der ersten Münchner Fußballvereine weisen auf die Hauptprobleme hin, mit denen die jungen Sportler zunächst zu kämpfen hatten: die Suche nach geeigneten Spiel- und Trainingsplätzen sowie nach Gegnern für Wettspiele.

Auf der Theresienwiese rollte wohl der Fußball in München zuerst. Zur Abhaltung eines geregelten Übungs- und Wettkampfbetriebes bedurfte es jedoch nicht nur einer beliebigen freien Wiese, sondern eines gut planierten und gepflegten Rasens sowie eines klar abgegrenzten Spielfeldes. Die Vereine wandten sich an den Magistrat der Stadt München mit der Bitte um Unterstützung, da dieser mit den bereits angelegten Jugendturnspielplätzen über den geeigneten Grund verfügte. Terra Pila und MTV München von 1879 treten im Jahr 1898 als Nutzer des auf dem Südteil der Theresienwiese angelegten städtischen Sportplatzes auf[16]; auch anderen Vereinen wurde ab 1900 die Genehmigung dazu erteilt. Die Fußballmannschaft des TV München von 1860 konnte auf dem nahe dem Vereinsheim gelegenen Turnspielplatz auf der Schyrenwiese in den Isarauen üben und Wettkämpfe veranstalten[17]. Mit der Nutzung dieser Plätze waren jedoch strenge Auflagen verbunden. Die Plätze durften grundsätzlich nur im Sommerhalbjahr bespielt werden. »Eine Benützung der Spielplätze vor Beginn des Spieljahres, oder bevor dieselben nicht genügend trocken geworden sind, ist verboten«, so lautete eine der Vorschriften. An Regentagen oder bei noch durchweichtem Boden durfte kein Spiel stattfinden. Darüber hinaus sollte beachtet werden, nicht immer die gleichen Flächen eines größeren Feldes zu bespielen, um den Rasen nicht übermäßig zu beschädigen. Jeder Verein mußte alljährlich vor Mitte April ein Gesuch einreichen, in dem er seine Wünsche angab, an welchem Tag und zu welcher Stunde er welchen Platz benutzen wollte. Dabei galt es auf die Belegung des jeweiligen Platzes durch Schulgruppen Rücksicht zu nehmen. Die Genehmigung wurde dann »in stets widerruflicher Weise« für eine Saison erteilt[18]. Die städtischen Behörden betrachteten es durchaus als ihre Aufgabe, das »Bewegungsspiel im Freien« nicht nur bei den schulpflichtigen Jugendlichen zu fördern, sondern auch die kleineren und größeren Vereine zu unterstützen, in denen sich weitere Bevölkerungskreise zu Spiel und Sport zusammenfanden. Der magistratische Oberspielleiter nannte in diesem Zusammenhang 1901 ausdrücklich die Fußballclubs, da diese im Gegensatz zu Lawn-Tennis-Clubs und größeren Turnvereinen nicht in der Lage waren, »sich aus eigener Kraft ihre Spielplätze in München oder in dessen nächster Umgebung zu verschaffen«[19]. Längst nicht allen Gesuchen konnte jedoch stattgegeben werden, vor allem als nach der Jahrhundertwende die Zahl der Neugründungen deutlich anstieg und auch Hobbymannschaften aus anderen Interessengruppierungen Anträge stellten[20].

In Anbetracht dieser Bedingungen ist es um so leichter zu erklären, daß sich gerade die Fußballmannschaften am erfolgreichsten entwickelten, die aus großen etablierten Turnvereinen hervorgingen oder die wenige Jahre nach ihrer Gründung den Anschluß an einen mitglieder- und finanzstarken Verein suchten. Gute Trainings- und Spielmöglichkeiten beflügelten ihre Erfolge und verlockten immer wieder talentierte Nachwuchsspieler zum Beitritt. Manche Vereine warben zunächst mit vereinseigenen oder gepachteten Waldspielplätzen, die außerhalb der Stadt lagen und auf denen sich wegen der langen Anfahrt nur an Sonn- und Feiertagen ein reges Sporttreiben entfalten konnte. Der MTV von 1879 besaß seit 1897 einen Waldspielplatz in Gräfelfing, der mit dem Vorortzug erreichbar war. Neben Spielplätzen für Fußball, Faustball und Tennis hatte der Verein dort ein Unterkunftshaus, eine offene Halle sowie Umkleide- und Waschräume für Männer und Frauen errichten lassen. Für das Training unter der Woche standen jedoch neben der Vereinshalle an der Häberlstraße nur die von der Stadt zugewiesenen Flächen zur Verfügung. Mit ähnlichen Bedingungen mußten sich die Fußballer des TV 1860 zufriedengeben. Sie beantragten alljährlich das Benützungsrecht für die Schyrenwiese neu, konnten jedoch im Herbst 1904 zusätzlich einen Waldspielplatz in Holzapfelkreuth pachten. Als das Zuschauerinteresse so stark anwuchs, daß man Eintrittsgelder erheben konnte, suchte der Verein ein mit der Straßenbahn erreichbares Grundstück. Im Frühjahr 1908 wurde eine Wiese in der Nähe des Alpenplatzes in Giesing gepachtet, die allerdings nur wenige Jahre als Spielfeld diente.

Der FC Bayern konnte in seinen Anfangsjahren auf großzügige Unterstützung durch Sponsoren vertrauen. So stellte der Kochherd- und Ofenfabrikant Friedrich Wamsler sen., dessen Söhne Carl und Fritz zu den Gründungsmitgliedern zählten, schon 1901 ein umzäuntes Grundstück an der Clemensstraße zur Verfügung, so daß der Club von magistratischer Platzzuweisung unabhängig war. Die Fusion mit dem ebenfalls in Schwabing ansässigen MSC brachte dann die Verlagerung des Spielgeschehens auf deren Platz an der Karl-Theodor-Straße. Als dieser einem Schulhausbau weichen mußte, verpachtete die Stadt München dem MSC an der äußeren Leopoldstraße ein Grundstück. Durch umfangreiche, vom Verein getätigte Investitionen für Planierungsarbeiten und verschiedene Bauten entstand hier der erste Münchner Sport- und Fußballplatz mit einer überdachten Tribüne. Die FA Bayern weihte ihn am 15. September 1907 mit einem 8 : 1-Sieg über den FC Wacker ein. Die ganze Anlage umfaßte außerdem ein Hockey-Spielfeld, Leichtathletik-Übungsplätze, 14 Tennisplätze, Garderoben- und Waschräume, ein Klubhaus und ein Wohnhaus für den Platzwart. Den mit einer Summe von 320 Mark jährlich günstig erscheinenden Pachtbedingungen stand eine äußerst knappe Kündigungsfrist von einem halben Jahr gegenüber. Die Stadt München wollte sich so jederzeit die anderweitige Nutzung des Geländes vorbehalten.

Die anderen großen Vereine zogen jedoch bald nach, und in München standen schließlich schon vor dem Ersten Weltkrieg vier gut ausgebaute Spielplätze mit Tribünen für den größeren Besucherandrang zur Verfügung: neben dem Bayernplatz der Wackerplatz an der Plinganserstraße, die Anlage des TV München von 1860 an der Grünwalder Straße und der MTV-Platz an der Marbachstraße, auf dem im Jahr 1911 das erste Länderspiel auf Münchner Boden stattfand. Alle diese Spielfelder waren auf gepachtetem Grund und mit umfangreichen finanziellen Investitionen der jeweiligen Vereine entstanden. Ein 1912 erschienener Bericht in der Zeitschrift »Das Bayerland«, die regelmäßig die »Offiziellen Mitteilungen des Münchner Sport-Clubs« publizierte, listet etliche weitere Vereine auf, die ihre Abhängigkeit von städtischer Spielplatzvergabe durch die Schaffung einer festen Anlage gelöst hatten: der Verein Turnerschaft mit Spielplätzen in Freimann und an der Clemensstraße, der Fußballklub Germania an der Welfenstraße, die Turngemeinde an der Hohenzollernstraße, der Turnverein München-West an der Ganghoferstraße, der Fußballklub Teutonia an der äußeren Dachauer Straße, der Turnverein München-Au an der Balanstraße und andere mehr. Der Autor des Beitrags, Dr. Angelo Knorr, ein Vorstandsmitglied des MSC, mahnte dennoch ausdrücklich eine engere Zusammenarbeit von Staat, Stadt und Vereinen bei der Errichtung von Spielplätzen an, die auch für die behördliche Seite erhebliche Vorteile bringen sollte[21]. Denn in der rasant wachsenden Großstadt München fielen immer wieder von Schülern benutzte Spielplätze der Bebauung zum Opfer. Ein großes Sportgelände an der Säbener Straße, das von der Stadt München und den Münchner Hochschulen gemeinsam finanziert und errichtet werden sollte, hätte eine deutliche Entspannung in die dringliche Spielplatznotlage gebracht. Die vom Magistrat dazu getroffenen Entscheidungen konnten vor dem Ersten Weltkrieg nur noch partiell umgesetzt werden.[22]

Auch der Wettspielbetrieb entwickelte sich in München langsam. Vor der Jahrhundertwende noch lautete einer der Standardsätze in den wenigen erhaltenen Vereinschroniken, daß mangels Gegner nur selten Spiele ausgetragen werden konnten. Anfangs bestanden sicherlich noch gewisse Regelunsicherheiten. Üblicherweise erfolgte die Wettkampfaufforderung an eine gegnerische Mannschaft schriftlich; die wenigen überlieferten Anschlagzettel mit derartigen Aufforderungen[23] erläutern jeweils in Kurzform die Regeln, nach denen gespielt werden sollte. Der im Jahr 1900 als Dachverband gegründete Deutsche Fußballbund arbeitete schließlich ein allgemein gültiges Regelwerk aus, das am 15. September 1903 in Kraft trat. Nachdem der internationale Dachverband FIFA beschlossen hatte, die Regeln der englischen »Football Association« zu übernehmen, mußte allerdings der DFB 1906 noch einmal seine Regeln in vielen Punkten revidieren.

Der erste Titel, um den in München wohl gekämpft wurde, war derjenige der Münchner Meisterschaft. Der FC Bayern konnte diesen Titel erstmals in der Saison 1901/02 gewinnen und in den folgenden Jahren verteidigen, bis er ihn 1905 an die Mannschaft des MTV abtreten mußte.

Zeitweilig gab es in München zwei konkurrierende lokale Verbände, die sich um die Durchführung eines geregelten Wettkampfbetriebes bemühten. Diese Zweiteilung hing mit der alten Auseinandersetzung zwischen Turnern und Sportlern zusammen, die sich in dem wechselseitigen Verbot zum Beitritt in die jeweiligen Dachverbände äußerte. Im »Münchner Fußballbund« waren die Turnvereine tonangebend, im »Verband Münchener Fußball-Vereine« hatten sich dagegen die Sportvereine organisiert. In der Mitglieder-Zeitung der Fußballabteilung des MTV hieß es dazu im Jahr 1905: »Was unsere Stellung zu den hiesigen Sportsvereinen anlangt, so standen wir mit denselben nach ihrem Austritt aus dem Münchner Fussball-Bund in keinerlei Beziehung. ›Da nicht sachliche und prinzipielle Bedenken der Anlass dieses Vorgehens waren (so schreibt die Neue Sportwoche in No. 41), sondern lediglich die Furcht des Schwächeren vor dem Starken, so ist diese Zersplitterung im Interesse des Münchner Fussball-Lebens nur zu bedauern.‹ Der Versuch der Sportsvereine, uns durch ihren Austritt zu schädigen und uns durch gehässige Zeitungsangriffe Wettspiele mit auswärtigen Mannschaften unmöglich zu machen, misslang gänzlich. Um aber für die Zukunft vor derartigen Angriffen gesichert zu sein, reichten wir beim Verband süddeutscher Fussballvereine unser Beitrittsgesuch ein, und ist unsere Aufnahme in den Verband in den nächsten Tagen sicher zu erhoffen.« Die Konkurrenz fand wohl 1907 ein Ende, als nur noch ein einheitlicher Münchner Verband innerhalb des Süddeutschen Fußball-Verbandes existierte. Von dieser Zeit an spielten die Mannschaften um die Münchner Bundesmeisterschaft. 1907 beispielsweise errang der FC Bayern den Titel, 1909 wurde der TV München von 1860 Frühjahrsbundesmeister, der erste Titelgewinn dieser Mannschaft.

Der entscheidende Anstoß zur Einführung eines geregelten Spielbetriebes ging jedoch von der Gründung des DFB 1900 und der erstmaligen Ausschreibung einer Deutschen Meisterschaft im Jahr 1903 aus, die dann jährlich durchgeführt wurde. Der Titelkampf fand jeweils zeit- und ortsgleich mit dem alljährlichen DFB-Bundestag statt und wurde unter acht Mannschaften, den Meistern der sieben Landesverbände und dem Titelverteidiger, ausgetragen. Bis zum Ersten Weltkrieg konnte sich keine Münchner Mannschaft je für den Endkampf qualifizieren. Den Vorsprung, den etwa Berliner, Leipziger oder (in Süddeutschland) Karlsruher Mannschaften durch die längere Erfahrung im Fußballspiel besaßen, hatten die Münchner in der kurzen Zeitspanne noch nicht aufgeholt. Sie beteiligten sich jedoch an dem Kampf um die Süddeutsche Meisterschaft. Das Verbandsgebiet war zur Durchführung der notwendigen Spiele in vier Kreise (West-, Süd-, Ost- und Nordkreis) aufgeteilt, von denen das Königreich Bayern den Ostkreis bildete. Die Münchner Mannschaften gehörten darin zum Gau Oberbayern. Im Ostkreis trugen die der Ligaklasse angehörenden Vereine sowie die in A-, B- und C-Klasse eingruppierten Mannschaften ihre Meisterschaftskämpfe aus. Im Jahr 1911 beispielsweise beteiligten sich die elf Münchner Vereine, die im Süddeutschen Verband als Mitglieder geführt wurden, an den Entscheidungen: FA Bayern, FA Wacker, MTV von 1879 und TV 1860 in der Ligaklasse; FC Union, FC Germania, TV Jahn, Turnerschaft, TV München-West, Turngemeinde München und TV Neuhausen-Nymphenburg in der B-Klasse.[24] Der FC Bayern errang im Frühjahr 1910 und 1911 jeweils den Titel des Ostkreismeisters und war damit faktisch Bayerischer Meister. Im weiteren Kampf um die süddeutsche Meisterschaft erreichte er im Jahr 1910 immerhin den zweiten Platz. Dies stellte aber auch schon den größten Erfolg dar, den eine Münchner Mannschaft vor dem Ersten Weltkrieg für sich verbuchen konnte. Der TV 1860 stieg 1913 für ein Jahr in die A-Klasse ab; 1914 hätte Wacker das gleiche Schicksal ereilt, wenn nicht durch Verbandsbeschluß die Zahl der Ligavereine in den einzelnen Kreisen von acht auf neun angehoben worden wäre. Neben diesen Meisterschaftsspielen wurden natürlich etliche Freundschaftsspiele veranstaltet, unter denen vor allem diejenigen eine große Attraktivität ausübten, die gegen ausländische Mannschaften ausgetragen wurden. Erstaunlicher Beliebtheit erfreuten sich auch die sogenannten Städtespiele, bei denen aus verschiedenen Vereinen zusammengestellte Repräsentativmannschaften zweier Städte gegeneinander antraten.

Nur spärliche Nachrichten sind von den zahlreichen »wilden« Mannschaften, wie sie in einigen Chroniken bezeichnet wurden, überliefert. Sie entstanden überall dort, wo sich mindestens elf fußballbegeisterte Jugendliche zusammenfanden, um sich mehr oder weniger regelmäßig auf dem nächstgelegenen unbebauten Rasengrundstück zu treffen. Aus fast allen Stadtteilen sind Namen derartiger Clubs bekannt, auch wenn viele von ihnen nur kurzzeitig bestanden: Asozio, FC Pfeil, FC Veronia, FC Sturm, FC Vulkan, FC Concordia, FC Wittelsbach und viele mehr. Ihre genaue Anzahl ist in keiner Statistik fetgehalten, dem bürgerlichen Fußballverband traten sie – sei es aus Geldmangel oder aus anderen Gründen – nicht bei. Im Jahr 1908 gründeten einige dieser Clubs die Freie Fußballvereinigung München, die eine eigene lokale Meisterschaftsrunde ins Leben rief. Mannschaften, die aus Arbeiter-Turnvereinen hervorgegangen waren, oder neugegründete Arbeitersportvereine, wie beispielsweise der FC Sportfreunde, schlossen sich dieser Vereinigung an.

Freunde und Gegner des Fußballspiels in München

Die hier aufgelisteten Erfolge und die erkennbar angestiegene Zahl der Fußballvereine vor 1914 verdeutlichen die relativ große Popularität, die das Spiel inzwischen genoß. An dieser Stelle soll deshalb noch einmal ausführlich rekapituliert werden, gegen welche Widerstände es sich hatte durchsetzen müssen, wo es Freunde und Förderer fand und wie der enorme Zulauf, der spätestens seit 1910 erfolgte, neue Gegnerschaft provozierte.

Die Animositäten zwischen traditionsbewußten Turnern und den Fußballspielern der ersten Stunde lassen sich – soweit es bürgerliche Schichten betraf – mit unterschiedlichen ästhetischen Wertmaßstäben erklären. Vergleicht man alte Fotografien von Turnvorführungen, auf denen Ordnung und Symmetrie in akrobatischem Gleichmaß zur Schau gestellt wurden, mit den frühen Aufnahmen von Fußballspielen, auf denen die Laufschritte und Kopfballsprünge der Akteure »nur« den puren Kampfgeist verraten, so werden die konträren Standpunkte schnell augenscheinlich. Der Mangel an Form, die Verletzungsgefahr beim Kampf um den Ball und die Überbewertung des Wettspielergebnisses gegenüber der individuellen sportlichen Leistung wurden in zahlreichen Druckschriften als Hauptargumente gegen die Sportbewegung, insbesondere das Fußballspiel angeführt. Die um die Jahrhundertwende stark nationalistisch geprägte Deutsche Turnerschaft lehnte den englischen Sport als »undeutsch« und der eigenen Tradition widersprechend ab. Erst 1910 genehmigte sie den Spielabteilungen von Turnvereinen offiziell, dem DFB beizutreten. Die Gründung von Fußballmannschaften innerhalb dieser Vereine hatte sie zwar nicht verhindern können, doch sie hatte den Spielwilligen große Hindernisse in den Weg gelegt und die Vereinheitlichung des Spielbetriebes unter einem Dachverband verzögert. Die schon erwähnte Zweiteilung der lokalen Fußballverbände legt Zeugnis davon ab.

Der 1893 gegründete Arbeiter-Turnerbund (ATB) kritisierte zudem an der Sportbewegung den übertriebenen Hang zur individuellen Höchstleistung. Der sportliche Wettkampf rückte das Gegeneinander der Einzelkämpfer oder Mannschaften in den Mittelpunkt des Interesses und verdrängte das Solidaritätsprinzip des gemeinschaftlichen Ausführens von Leibesübungen. In München wie in anderen Städten ließen sich fußballbegeisterte Jugendliche unter den Arbeitern spätestens 1908 dennoch nicht mehr davon abhalten, Mannschaften in Turnvereinen, die dem ATB nahe standen, oder eigene Fußballvereine zu gründen. Um nicht zu viele fußballspielende Arbeiter an den bürgerlich geprägten DFB zu verlieren, gab der ATB schließlich seine ablehnende Haltung auf, auch wenn die Arbeiter-Turn-Zeitung immer wieder kritische Kommentare publizierte, so zum Beispiel 1913 unter der Überschrift »Fußballfanatismus und Lokalpatriotismus in Südwestdeutschland«: »Wenn wir uns mit diesem Thema beschäftigen, so deshalb, weil die Massen der arbeitenden Bevölkerung die aktiven und passiven Teilnehmer der bürgerlichen Fußballvereine bilden und weil wir die Pflicht haben, eben diese Massen aufzuklären über das Treiben dieser Vereine, und auch darüber, daß man Sport und Spiel nur zur Pflege einer vernünftigen Körperkultur betreiben soll. (...) Wenn es uns gelänge, nur den zehnten Teil jener Massen, die Sonntags nach den Fußballplätzen der Städte und der Dörfer pilgern, über die Nützlichkeit der Leibesübungen aufzuklären und sie für die Turnerei zu gewinnen, wir wären herzlich froh. Es kann nicht nur das Interesse an dem Fußballspiel sein, das diese Massen bei Regen, Schnee und Kälte Sonntag für Sonntag in allen Orten, ob Stadt ob Land, hinaustreibt. Da müssen andere Moment mitwirken, die diese Menschen beiderlei Geschlechts dazu veranlassen, auf den Fußballplätzen auch noch ihre sauer verdienten Groschen als Eintrittsgeld abzuladen. (…) Aber die Masse des Publikums hat doch etwas für ihr Eintrittsgeld; sie bekommt was sie sucht: Nahrung für Sensationslust, Nervenkitzel und ekelhaften Lokalchauvinismus.«[25] Die nicht gewünschte, aber tatsächlich wachsende Begeisterung der Arbeiterschaft für das Fußballspiel, die diese Zeilen zum Ausdruck bringen, darf nicht darüber hinwegtäuschen, daß Fußball vor dem Ersten Weltkrieg eine Sportart geblieben ist, die mehrheitlich bürgerliche Schichten anzog. Die dementsprechend bürgerlich geprägten Verbände bedienten sich folgerichtig eines in ihren Kreisen erprobten und bewährten Mittels, um das Ansehen ihrer Sportart noch zu heben: Sie sicherten sich die Unterstützung eines Familienmitgliedes aus königlichem Hause und warben mit dessen Namen für den Verband und für die Sportart.[26] Der Wittelsbacher Prinz Alfons von Bayern, ein Neffe des Prinzregenten Luitpold, übernahm das Protektorat über den Verband Süddeutscher Fußballvereine. In großen Buchstaben stand dies auf allen Mitteilungsblättern des Verbandes; Fotos und Fotopostkarten, auf denen Prinz Alfons mit den Mannschaften anläßlich eines Wettkampfes zu sehen ist, wurden zahlreich vergrößert und verkauft.

Eine entscheidende Förderung im Hinblick auf seine spätere Durchsetzung als Massensportart erfuhr das Fußballspiel vor dem Ersten Weltkrieg durch die Einführung und Verbreitung beim Militär. Zahlreiche Notizen in den Akten des Bayerischen Kriegsministeriums weisen auf Kontakte zu örtlichen Fußballvereinen und auf gegeneinander ausgetragene Wettspiele hin.[27] Die Turnvorschriften für die Infanterie enthielten seit 1910 Anweisungen über das Fußballspiel. Auf diesem Weg lernten viele junge Männer diese Sportart kennen und lieben; wenn sie sie schließlich als bevorzugtes Freizeitvergnügen adaptierten, waren neue Vereinsmitglieder und Protagonisten der Bewegung gewonnen. Der DFB nahm zu den einzelnen Kommandostellen Kontakt auf, um diesen Trend zu fördern, und publizierte in den verschiedenen Ausgaben des Fußball-Jahrbuches immer wieder Artikel über Wettkampfsport, insbesondere Fußballspiel beim Heer.[28] Eisenberg verweist in diesem Zusammenhang in ihrer Untersuchung »Fußball in Deutschland 1890–1914« zu Recht auf das der Militärsprache entlehnte Vokabular der »Fußballschlachten« hin: von Angriff, Verteidigung, Flügelkämpfen, Flanken und Deckung ist in solch einem von »Schlachtenbummlern« besuchten Kampf die Rede.

In diesem Spannungsfeld zwischen Befürwortern und Gegnern fand der Fußballsport unentwegt einen größeren Verbreitungsradius, sprengte den Rahmen einer geregelten Vereinssportart und eroberte als bevorzugtes Spiel die Freiräume, die den Münchner Kindern zur Verfügung standen. Der städtische Oberspielleiter August Meyer, zuständig für die behördlich organisierten Jugendturnspiele, berichtete im Mai 1910 an die Königliche Lokal-Schulkommission: »In allen Teilen der Stadt, überall wo nur ein halbwegs geeigneter Platz zur Verfügung steht, sogar auf öffentlichen Straßen sieht man Knaben sich mit dem Fußball beschäftigen. Und fehlt der Ball, so tritt an seine Stelle ein aus Lumpen gefertigter Knäuel, ein kleiner Gummiball, ein runder Stein, eine zerbrochene Flasche usw. usw. – kurz alles, was mit dem Fuße fortgestoßen werden kann. Selten sieht man vollständige Spielgruppen. Zwei, drei und mehr Knaben machen sich zusammen; durch Steine oder durch die abgelegten Kleider wird ein Tor, »ein goal« markiert und nun geht es an. Der Grund dieser Erscheinung dürfte vor allem in dem Nachahmungstrieb der Jugend zu suchen sein. Jeden Sonn- und Feiertag finden auf verschiedenen Spielplätzen Wettspiele der Fußballklubs statt. Der Wettkampf lockt: (…) die besondere Kleidung – das Sportgewand –, die bloßen Knie, hie und da ein kräftiges Schimpfwort, dabei auf niemand Rücksicht zu nehmen, kein Lehrer usw. – das paßt der Großstadtjugend. Unvernünftige Eltern geben schon den 8-9jährigen Jungen den Fußball zum Spielen. Sie haben etwas läuten gehört vom Werte und der Notwendigkeit freier Bewegung in frischer Luft. Jugendvereine und wie alle die Vereine heißen mögen, die der Jugendfürsorge ihr Bestehen verdanken, schlagen auf ihren Spielplätzen feststehende Tore auf und den ganzen Sommer über wird Fußball gespielt, denn das geht am leichtesten; bei größter Spielunkenntnis vermag man Spielleiter zu sein. Auch unsere Volksschulklassen werden von dieser Fußballwut gepackt und wenn in den Turnstunden noch nicht Fußball gespielt wird, so werden fußballspielende Knaben doch in ihrem Treiben von den Lehrern unterstützt. Die Knaben bilden Klubs, sammeln wöchentliche Beiträge ein usw. Und die Folgen? Die Mütter klagen in der Schule, daß die Jungen nicht mehr nach Hause kommen und zu nichts mehr zu gebrauchen seien.«[29] Diese Entwicklung stieß auf deutliche Mißbilligung der Amtsperson, und der Oberspielleiter bat die Schulkommission um ein Eingreifen. Sein schärfstes Argument, daß nämlich bei einer schulärztlichen Untersuchung der 8. Knabenklasse an einer Münchner Schule festgestellt worden wäre, »daß alle Knaben, die fleißig Fußball spielen, an einem kleinen Herzfehler leiden, der sich in einer Unregelmäßigkeit in der Herztätigkeit geltend macht«, wurde allerdings postwendend in einem Antwortschreiben der Schulärzte widerlegt. Nicht abzustreiten war die Tatsache, daß es beim Fußballspiel auf Schulhöfen immer wieder Verletzungen gab, die die Besorgnis von Eltern und Pädagogen hervorriefen und schließlich das Eingreifen von allerhöchster behördlicher Stelle, dem bayerischen Innenministerium für Kultus- und Schulangelegenheiten veranlaßte. Mit einer Ministerialentschließung vom 11. Januar 1912 wurde das Fußballspiel an bayerischen Schulen verboten.[30] Schulleiter sollten ortsansässige Vereine dazu bewegen, Schüler unter 17 Jahren nicht mehr in ihre Fußballmannschaften aufzunehmen. Trotz heftiger Kritik von Verbandseite, von den Vereinen, aber auch von vielen Pädagogen[31] hielt das Ministerium die Entschließung aufrecht.

Fußballereignisse in München vor 1914

Etliche Faktoren bremsten also den Aufstieg des Fußballspiels in München. Doch die Faszination, die von der Sportart ausging, gewann ihr unaufhörlich neue Anhänger. Da auch das Zuschauerinteresse kontinuierlich anstieg, konnten die Münchner Fußballplätze noch vor dem Ersten Weltkrieg als Kulisse für überregionale Wettkämpfe dienen. Der DFB verfügte 1911 erstmals die Austragung eines Länderspieles in der süddeutschen Metropole, das vor einer Rekordzuschauerzahl von 6000 Fußballanhängern auf dem MTV-Platz an der Marbachstraße stattfand. »In breitem Strom wallten die Sportfreunde dem Spielplatze zu, ein Auto um das andere knatterte die Lindwurmstraße entlang; die Straßenbahn, die sich für das Spiel entsprechend vorbereitet hatte, brachte in überfüllten Wagen immer neue Menschenmengen. (…) In einem überaus spannenden und wechselvollen Kampfe ist die Repräsentativmannschaft Ungarns gegen jene Deutschlands siegreich geblieben. (…) Eine unermüdliche, mit allen Fähigkeiten des modernen Fußballspiels ausgestattete Mannschaft stellten uns die Ungarn. Sie waren famos im Start, gute Schützen und hatten eine gründliche Balltechnik mit entzückenden Tricks. Dazu das prächtige Sichstellen. Jeder Mann wußte, wo sein Platz beim Angreifen war, ebenso wenn es galt sich zu verteidigen. Man vermeinte, im Spiele eine seit Jahren zusammengespielte Klubmannschaft vor sich zu sehen, so klar prägte sich das einheitliche Denken der Elf aus. (…) Unsere deutsche Mannschaft hat gut gespielt. Man sah es jedem Manne an, daß Wille und Können vorhanden waren. Bei einem mehr, beim anderen weniger, aber alle waren beseelt von der verantwortungsvollen Aufgabe. Aber trotz dieser anerkennenswerten Bemühungen lag kein System dem Spiel zu Grunde.«[32]

Wettkampfspiele gegen auswärtige Mannschaften auszutragen, konnten sich nur die großen Münchner Vereine leisten, da Reisen oder Einladungen für auswärtige Teams immer mit finanziellen Opfern verbunden war. Die anschaulichsten Informationen zu diesem Thema überliefert – wie so oft – die Festschrift zum 25-jährigen Bestehen des FC Bayern. 1905 sollte der damalige Süddeutsche Meister, der Karlsruher Fußball-Verein, eingeladen werden: »So gab man denn an die Mitglieder Gutscheine hinaus, um wenigstens das Fahrgeld, wie verlangt, vorher nach Karlsruhe senden zu können. Aus den Einnahmen sollten dann in erster Linie diese Gutscheine wieder zurückgezahlt werden.« (S. 30). Die erste Mannschaft des FC Bayern, die dank einiger Sponsoren aus dem Münchner Wirtschaftsleben in ihren Reihen und schließlich nach der Fusion mit dem Münchner Sportclub über einen vergleichsweise gesicherten Finanzhintergrund verfügte, reiste beispielsweise bis 1914 lediglich einige Male in das direkt benachbarte Ausland: nach Böhmen, Österreich und in die Schweiz. Nach den vereinseigenen Auflistungen trug sie kein einziges Spiel in einer der damaligen Fußballmetropolen Norddeutschlands aus; die weiteste innerdeutsche Reise führte nach Dresden. Der Verein konnte es sich jedoch mehrfach leisten, attraktive Gegner aus dem Ausland nach München einzuladen, wobei das Kräftemessen mit englischen Profimannschaften zu den Höhepunkten im Fußballgeschehen zählte. Die Münchner Zuschauer der Spiele gegen Sunderland am 31. Mai 1909, gegen die Blackburn Rovers am 18. Mai 1910, gegen Middlebrough am 12. Mai 1913 und gegen die Tottenham Hotspurs am 9. Mai 1914 mußten ihre Mannschaft zwar regelmäßig und teilweise hoch verlieren sehen, konnten aber – folgt man dem Zeitungskommentar zu dem Spiel 1913 – den Genuß eines technisch ausgefeilten Spielablaufs als Gewinn für sich verbuchen: »(…) das Spiel gegen die Münchner Mannschaft hat alle Zweifel über die Vollkommenheit des Spiels verscheucht. Was in unserer Besprechung über die Feinheiten des englischen Fußballspiels, über die nuancenreiche Behandlung des Balles durch diese Spieler gesagt worden ist, wurde übertroffen durch das Spiel selbst und durch das gezeigte Können.«[33] Um den Anschluß an diese fußballtechnischen Leistungen zu gewinnen, hatten FA Bayern, aber auch der MTV von 1879 zu dieser Zeit bereits englische Trainer eingestellt.

Die Organisation eines Oster-Fußball-Turniers in München unternahmen die beiden führenden Mannschaften 1914 gemeinsam: FA Bayern und MTV von 1879 luden die Mannschaften von Hannover 96 und FC Basel ein und lockten damit an beiden Turniertagen 2500 Zuschauer auf ihre Plätze. FA Bayern gewann das Turnier knapp vor dem MTV von 1879 durch ein besseres Torverhältnis. Vergleichbar hohe Besucherzahlen konnten in diesen Jahren für entscheidende Spiele der höchsten Ligaklasse verzeichnet werden. Den Einsatz von Sonderzügen, mit denen den Enthusiasten die Fahrt von nicht allzuweit entfernten Städten zum Spiel ihrer Mannschaft ermöglicht wurde, melden die Münchner Neuesten Nachrichten im November 1911[34] noch als Besonderheit anläßlich eines Spiels zwischen Bayern und dem 1. Nürnberger Fußballklub. In den folgenden Jahren wurden sie immer mehr zur Routine. Dieser Trend machte es für die erfolgreichen Vereine äußerst lukrativ, Eintrittsgebühren zu erheben. Wollten sie dabei nicht mehr auf freiwillige Beiträge der Zuschauer vertrauen, die mittels Umherreichen eines Korbes eingesammelt werden konnten, so war ein eigener eingezäunter Platz unabdingbare Voraussetzung. Mit Preisnachlässen für Jahreskarten warb der MTV von 1879 schon in seiner Mitgliederzeitung von 1911, um zu einem möglichst regelmäßigen Besuch der Spiele anzuregen. Die Mitglieder-Jahreskarte sollte fünf Mark kosten.[35] Über die seit 1910 von der Kämmerei eingezogene Lustbarkeitssteuer profitierte die Stadt wiederum von den sportlichen Veranstaltungen – sehr zum Leidwesen der Vereine. Der Münchner Sport-Club mußte beispielsweise schon im Sommerhalbjahr 1910 rund 600 Mark seiner Einnahmen an den Fiskus weiterleiten.[36]

Spärliche, allerdings deutliche Nachrichten aus den überlieferten Unterlagen bezeugen, daß für die erfolgreichen Spieler Entschädigungen finanzieller Art zunehmend eine Rolle spielten. Der DFB entschied zwar in den regelmäßig aufkeimenden Diskussionen für die Beibehaltung des Amateurprinzips und gegen die Einführung des Berufsspielertums nach englischem Vorbild, dennoch kam es auch in München schon vor dem Ersten Weltkrieg zu Geldstreitigkeiten. Die Münchner Neuesten Nachrichten meldeten in ihrem Sportteil am 18. November 1911 den Ausschluß des Torwarts Pekarna aus dem Verband Süddeutscher Fußballvereine.[37] Pekarna war 1908 als bereits bekannter Torwart von Wien nach München gekommen; zunächst gelang es dem FC Wacker, ihn für die Mannschaft zu gewinnen, doch im Jahr 1911 wechselte er zur FA Bayern. Daß die Annahme von Geld dabei eine Rolle gespielt und zum Verbandsausschluß geführt haben könnte, wird in dem erwähnten Artikel angedeutet, genauere Informationen lagen dem Journalisten jedoch offensichtlich nicht vor. Karl Pekarna spielte jedenfalls bald wieder für den FA Bayern.

Geselligkeit im Vereinsleben

Ein kurzer Ausblick auf das gesellige Vereinsleben markiert dessen Stellenwert, zumindest bei den aus bürgerlichen Kreisen zusammengesetzten Vereinen. Die erste Schilderung ist einem Polizeibericht über den 1. Münchner Fußball-Club entnommen: »Am 4. dieses Monats abends gegen 10 $\frac{1}{2}$ begab sich genannter Verein ca. 30 Personen, darunter auch einige Frauenspersonen, vom Vereinslokal aus, von rückwärts durch den Hofraum unter Vorantragung der Vereinsfahne auf den Spielplatz. Mehrere der Vereinsmitglieder waren mit Degen versehen. Unter diesen Umständen marschierten dieselben in zwei Reihen hintereinander auf dem Spielplatze herum, wobei die Beteiligten ein mehrere hundert Meter weit hörendes Schreien verübten. Dieses Schreien, welches von mir und Schutzmann Dotterweich diesseitiger Station gelegentlich des Patrouillierens durch die Plinganserstraße (also einige hundert Meter von dem Spielplatze entfernt) sehr laut vernommen wurde, war ohne Zweifel geeignet, nicht nur die in der Meindlstraße wohnhaften Personen, sondern auch auf größere Entfernung, die in der Plinganserstraße wohnhaften aus dem Schlafe zu wecken, bezw. in der Nachtruhe zu stören.«[38]

Den zweiten Bericht überliefert die Festschrift des FC Bayern: »Die Hegemonie hatte man 1905 in München dem spieltüchtigen M.T.V. überlassen müssen, und als der Versuch, sie im Herbst 1906 wieder zurückzugewinnen leider fehlschlug, da beging man den Verlust der Meisterschaft in höchst feierlicher Weise, diesmal unter Zuziehung der alten Herren im Pschorr. Alle Bayern rückten in abendlicher Stunde mit mächtigen Zylindern aller Formate und Größen auf den Häuptern zum feierlichen Begräbnis an. Beyssel Hanne als Spielführer versinnbildlichte auf der Tragbahre die verlorene Meisterschaft, Hellwig zelebrierte das Requiem, Veith ministrierte und die Trauerversammlung schluchzte und weinte herzzerbrechend. Erst gegen zwölf Uhr nachts hatten die Trauerfeierlichkeiten mit sich anschließendem Leichentrunk ihr Ende erreicht. Zum größten Erstaunen sammelte sich in der Neuhauserstraße um Mitternacht eine vielköpfige, mit den Zylindern ›bewaffnete‹ Schar und zog in geschlossener Ordnung an den staunenden Passanten vorüber noch lange in der Stadt umher.« (S. 36).

Nicht die »Fußballfans« beeinträchtigten also zur damaligen Zeit die öffentliche Ruhe, sondern die Aktiven selbst. Die Accessoires ihrer nächtlichen Eskapaden (Fahne, Degen etc.) ähnelten denjenigen, die Mitglieder studentischer Verbindungen in der Öffentlichkeit präsentierten.

Fußballspiele während des Ersten Weltkrieges

Die Mobilmachung im August 1914 löste mit einem Schlag viele bestehende Mannschaften auf. Das öffentliche Interesse war wohl in den ersten Kriegsmonaten ganz auf die politische und militärische Lage konzentriert. Übereinstimmend ist in den Chroniken der größeren Vereine von einem »Brachliegen« jeglichen Fußballgeschehens die Rede. Es dauerte etliche Monate, bis sich die in München gebliebenen Vereinsvorstände und -mitglieder wieder zusammenfanden, um das Aufstellen neuer Mannschaften aus Nachwuchsspielern sowie aus Fußballspielern, die noch nicht eingezogen waren oder in der Heimat ihren Dienst versahen, zu beratschlagen. Die erste Bayern-Mannschaft trug am 7. Januar 1915 nach mehrmonatiger Pause wieder ein Spiel aus. In der zweiten Jahreshälfte 1915 fanden bereits wieder reguläre Spiele um die Verbandsmeisterschaften statt. Allerdings gab es kaum Wettkämpfe, für die eine weitere Reise – und sei es nur in den angrenzenden Gau – erforderlich gewesen wäre. Lediglich der jeweilige Kriegsmeister von Südbayern konnte sich mit dem Konkurrenten aus Nordbayern messen. FA Bayern scheiterte im Kampf um die gesamtbayerische Meisterschaft während des Krieges zweimal an der SpVgg Fürth und zweimal am 1. FC Nürnberg. Die Zahl der jährlich ausgetragenen Kämpfe und die Zuschauerzahl hatten bald wieder das Niveau der Vorkriegsjahre erreicht. Die an der Front stehenden Kameraden wurden mit gedruckten Feldpostbriefen über Erfolge und Mißerfolge auf dem laufenden gehalten. Weder die schlechte Versorgungslage, die im Winter 1916/17 ihren Höhepunkt erreichte, noch die revolutionären Unruhen im November 1918 hinderten die Mannschaften von FA Bayern, TV 1860 München, MTV München, FA Wacker, FC Phönix-Germania und der anderen noch bestehenden Vereine am sonntäglichen Spiel. Lediglich etliche kleinere Vereine hatten das Nachsehen, wenn ihre angemieteten Spiel- und Trainingsplätze durch amtliche Verfügung in Heimgärten umgewandelt wurden.[39]

ANMERKUNGEN

[1] StadtAM, Vereine 1350
[2] Zu den Anfängen des Fußballspiels in Deutschland vgl. Eisenberg, 1994, und Koppehel.
[3] Krombholz, S. 145 ff.
[4] StadtAM, Schulamt 1936, 1952.
[5] StadtAM, Nachlaß 1. Münchner Fußballclub.
[6] Festschrift FC Bayern und StadtAM, Polizeimeldebögen.
[7] Eisenberg, 1994, S. 190.
[8] Festschrift SC Armin und StadtAM, Polizeimeldebögen.
[9] StadtAM, Vereine 1350, und Nachlaß 1. Münchner Fußballclub.
[10] StadtAM, Städtischer Grundbesitz 689.
[11] Festschrift MTV von 1879.
[12] Festschrift Fußballabteilung von TSV 1860.
[13] Karl Schwarz, Ludwig und Heinrich Spanier. Jubiläumszeitung s. StadtAM, Zeitgeschichtliche Sammlung.
[14] Festschrift FC Bayern.
[15] Vereinschronik FC Wacker.
[16] StadtAM, Städtischer Grundbesitz 689.
[17] StadtAM, Schulamt 1966.
[18] StadtAM, Städtischer Grundbesitz 689.
[19] StadtAM, Städtischer Grundbesitz 689.
[20] Z.B. StadtAM, Schulamt 1955.
[21] Knorr, 1912.
[22] StadtAM, AfL 34/1.
[23] StadtAM, Nachlaß 1. Münchner Fußballclub.
[24] Dunn, S. 174.
[25] Arbeiter-Turn-Zeitung, 21. Jg., 1913, Nr. 5.
[26] StAM, Polizeidirektion 3452.
[27] BayHStA, MKR 2930, 2953, 2954, 4241.
[28] Vgl. dazu Koppehel; Eisenberg, 1994.
[29] StadtAM, Schulamt 1933.
[30] BayHStA, MK 13917; dazu auch Krombholz, S. 167 ff.
[31] Vgl. u.a. StadtAM, Chronik 1912, Bd. 385, S. 1564 ff.
[32] MNN Nr. 591 vom 19. 12. 1911.
[33] MNN Nr. 240 vom 13. 5. 1913.
[34] MNN Nr. 538 vom 17. 11. 1911.
[35] Hierzu einige Vergleichswerte aus den zeitgenössischen Veröffentlichungen des Statistischen Amtes: Der Tageslohn eines ungelernten Arbeiters betrug in diesen Jahren beispielsweise bei der Stadt zwischen 3,50 und 4,50 Mark, ein gelernter Maurer konnte mit einem Verdienst zwischen 4,90 und 5,50 Mark rechnen. Ein Pfund Brot kostete 1910 in München 17 Pfennige, ein Zentner Kartoffeln 3,06 Mark und ein Liter Bier 29 Pfennige.
[36] Dunn, S. 174.
[37] MNN Nr. 540.
[38] StadtAM, Vereine
[39] StadtAM, AfL 328.

QUELLEN UND LITERATUR

Archivalien:

Stadtarchiv München (StadtAM):
Schulamt Nr. 1933, 1936, 1952, 1955, 1966.
Vereine Nr. 1350
Amt für Leibesübungen (AfL) Nr. 34/1, 328.
Städtischer Grundbesitz Nr. 689
Nachlaß 1. MFC
Polizeimeldebögen
Chronik 1912
Staatsarchiv München (StAM):
Polizeidirektion Nr. 3452,
Bayerisches Hauptstaatsarchiv (BayHStA):
MK Nr. 13917.
BayHStA, Kriegsarchiv, MKR Nr. 2930, 2953, 2954, 4241,

Zeitungen, Zeitschriften:

Münchner Neueste Nachrichten
Fußballabteilung des Männer-Turn-Vereins München e.V., Mitgliederzeitung.
Arbeiter-Turn-Zeitung.

Literatur:

Dunn, in: Das Bayerland 1911
Eisenberg, 1990
Eisenberg, 1994
Festschrift FC Bayern, 1925
Festschrift FC Sportfreunde, 1982
Festschrift Freie Turnerschaft München – Gern, 1967
Festschrift Fußballabteilung des TSV 1860, 1929
Festschrift Männer-Turn-Verein München von 1879, 1955
Festschrift SC Armin, 1953
Filter, 1988
Gehrmann, 1988
Knorr, in: Das Bayerland 1912
Koppehel, 1954
Krombholz, 1982

Auf der Theresienwiese trainierten die ersten Münchner Fußballspieler. Hier die Mannschaft des 1899 gegründeten FC Bavaria vor der Ruhmeshalle im Jahr 1901.

Briefkopf mit Jugendstilornamentik.

Die Mannschaft des 1. MFC (links) mit einigen Mitgliedern der ältesten gegnerischen Vereine, FC Nordstern (gegr. vermutlich 1896) und FC Bavaria (gegr. 1899), vor der Bavaria im Jahr 1900.

Oben: Frühe Aufnahme der Vereinsmitglieder von »Terra Pila« auf der Theresienwiese, mit Fußball und Baseballschläger. Entsprechend dem in den Statuten genannten Vereinszweck trainierten die Clubmitglieder in den ersten Jahren verschiedene der in Mode gekommenen englischen Rasensportarten. 1899 erfolgte die Umbenennung des Vereins in 1. Münchener Fußball-Club und die Festlegung auf das Fußballspiel.

Unten: Der 1. Münchner Fußball-Club mußte 1896 den aktiven Spielbetrieb einstellen. Die Vereinsmitglieder trafen sich weiterhin zu geselligen Veranstaltungen; hier ein Kegelabend im Gesellschaftshaus zur Lacke in der Holzstraße, März 1915.

1897 gründete der Männer-Turn-Verein von 1879 als erster Münchner Turnverein eine Fuß-ballabteilung. Die Mannschaft warb bei verschiedenen Gelegenheiten für die neue Sportart, wie zum Beispiel auf dem XI. Bayerischen Turnfest in Landshut.

Oben: FC Bayern – Mannschaft 1901. Untere Reihe (v.l.): Kaepplin, Friedrich, Eiche, Spaeth, Pollack; Mitte: Schmidt, Walter, Belle; obere Reihe: Wilke, Geis, Nägele, Zöpfel.

Unten: Die Mannschaft des FC Wacker anläßlich eines Spieles gegen den MTV von 1879 in Gräfelfing 1906.

Die ersten Münchner Fußballvereine erhielten vom Magistrat der Stadt die Genehmigung, auf einem der städtischen Jugendturnspielplätze zu trainieren und Wettspiele auszutragen. Spielplatz auf der Schyrenwiese, aufgenommen anläßlich eines Spieles zwischen dem 1. MFC (Mitte) und dem TV München von 1860 (weißes Trikot) im Jahr 1904.

Oben: Die großen Turnvereine kauften oder pachteten häufig Areale außerhalb der Stadt, um einen Sportplatz mit Fußballfeld anzulegen. Wegen der langen Anfahrtszeit konnten diese Plätze nur an Sonn- und Feiertagen genutzt werden. Hier der Waldspielplatz des Männer-Turn-Vereins von 1879 in Gräfelfing, Station Lochham; der Sportplatz war 1897 eingeweiht worden, die Aufnahme stammt aus dem Jahr 1900.

Unten: Als erste Münchner Mannschaft konnte der FC Bayern (seit 1906 Fußballabteilung Bayern des Münchner Sportclubs) auf einem umzäunten Platz innerhalb der Stadt an der Leopoldstraße (Höhe Parzivalplatz) spielen, der Fußballplatz war sogar mit einer Tribüne ausgestattet; Aufnahme um 1910.

Das vom Deutschen Fußballbund (gegründet 1900) herausgegebene Regelheft.

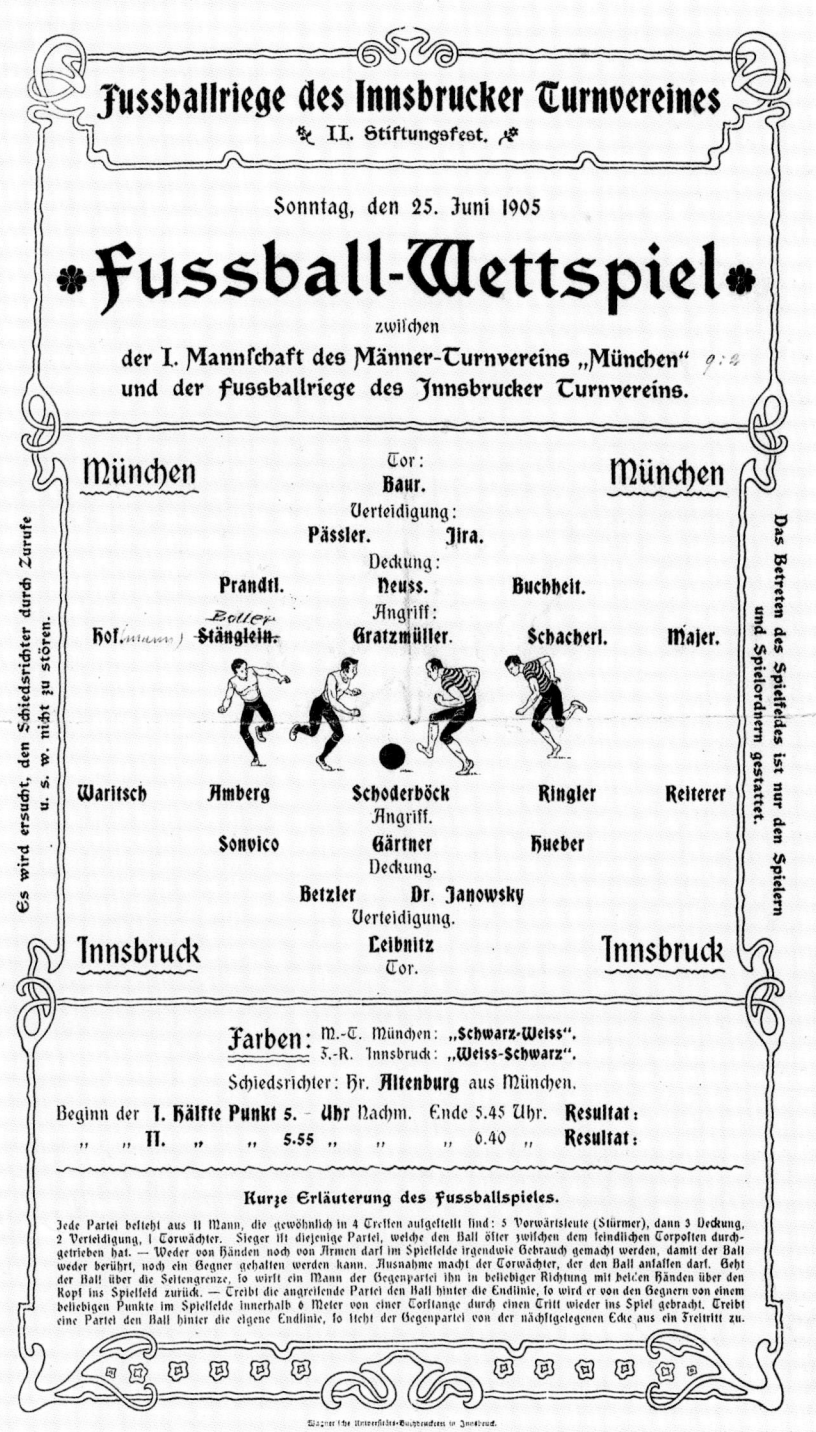

Spielankündigung aus dem Jahr 1905 mit kurzer Erläuterung der Regeln.

Der Footballanthropos communis im 21. Jahrhundert. Man beachte genau die Entartung der Beine, Füsse und des Kopfes, sowie die Verkümmerung der Arme und Hände.

In den Reihen der Turner genoß die neue Sportart des Fußballspiels in der ersten Zeit wenig Ansehen. Kritisiert wurden der Mangel an Form, die Verletzungsgefahr beim Kampf um den Ball und die Überbewertung des Wettspielergebnisses gegenüber der inividuellen sportlichen Leistung. Karikatur aus der Zeitung zur Weihnachtskneipe 1903 des Männer-Turnvereins von 1879.

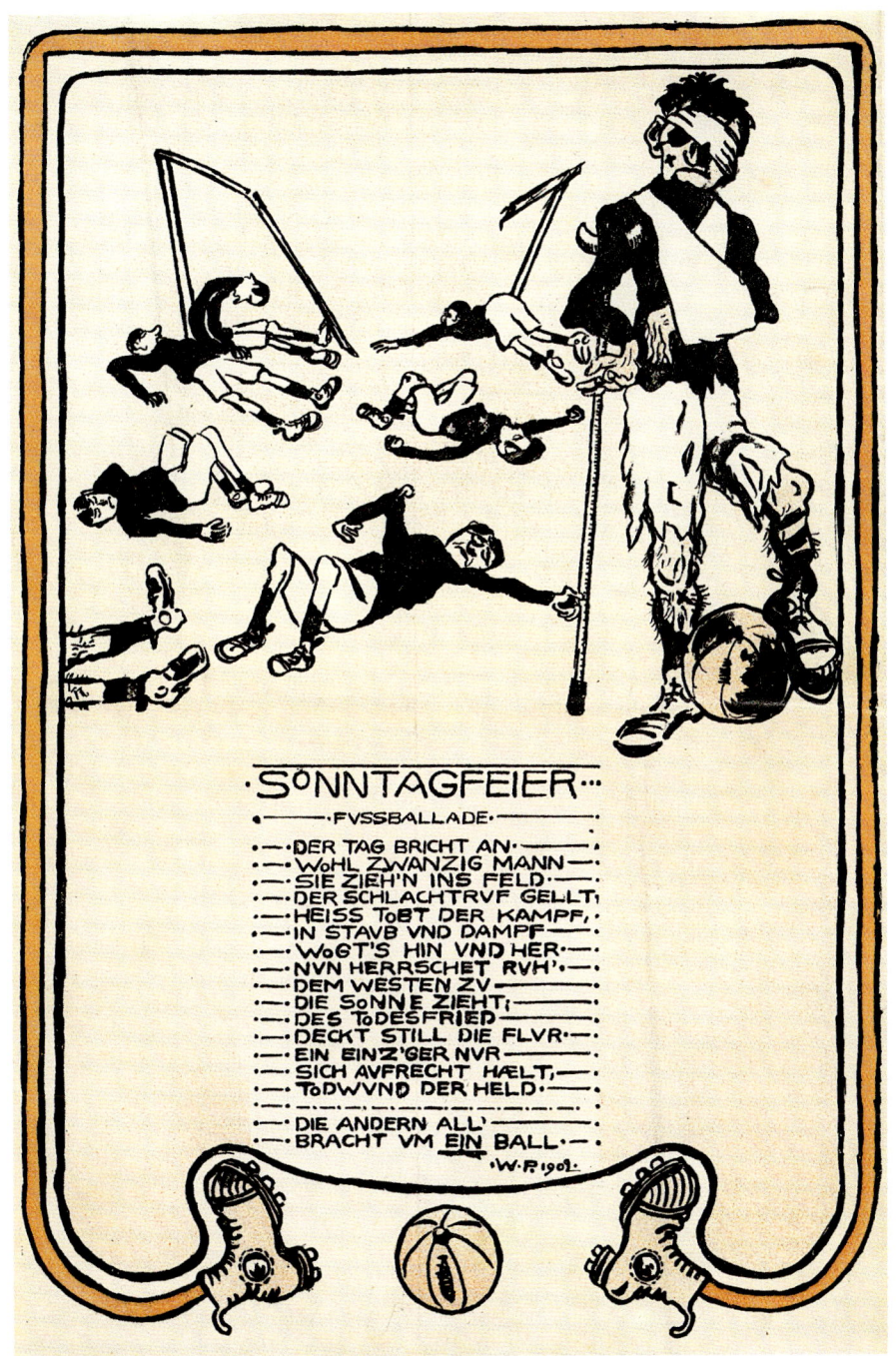

Karikatur aus der Zeitung zur Weihnachtskneipe 1902 des Männer-Turnvereins von 1879.

Das Ansehen der Sportart sollte mit Hilfe eines adligen Fürsprechers gehoben werden. Prinz Alfons von Bayern (Mitte, in Uniform) als Protektor des Verbandes süddeutscher Fußball-Vereine; aufgenommen anläßlich eines Spieles zwischen den Auswahlmannschaften des Ostkreises (= Königreich Bayern) und des Nordkreises des Verbandsgebietes am 23. Mai 1909 im Ausstellungspark. Die bayerische Mannschaft (links) spielte im weißen Trikot mit blauem Längsstreifen. Foto: Ostermayr.

Oben: Die Gegenüberstellung zweier Fotos der beiden Sportarten bringt die Gegensätze zum Ausdruck: Formation einer Turnerriege, um 1905, ausgeführt von der Jugendabteilung des Arbeiterturnvereins München-Ost.

Unten: Ein Spiel zweier Lokalrivalen in den Stadtteilen östlich der Isar auf dem Sportplatz an der Welfenstraße. Der 1907 gegründete FC Germania spielt gegen die Fußballabteilung des Turnvereins Jahn.

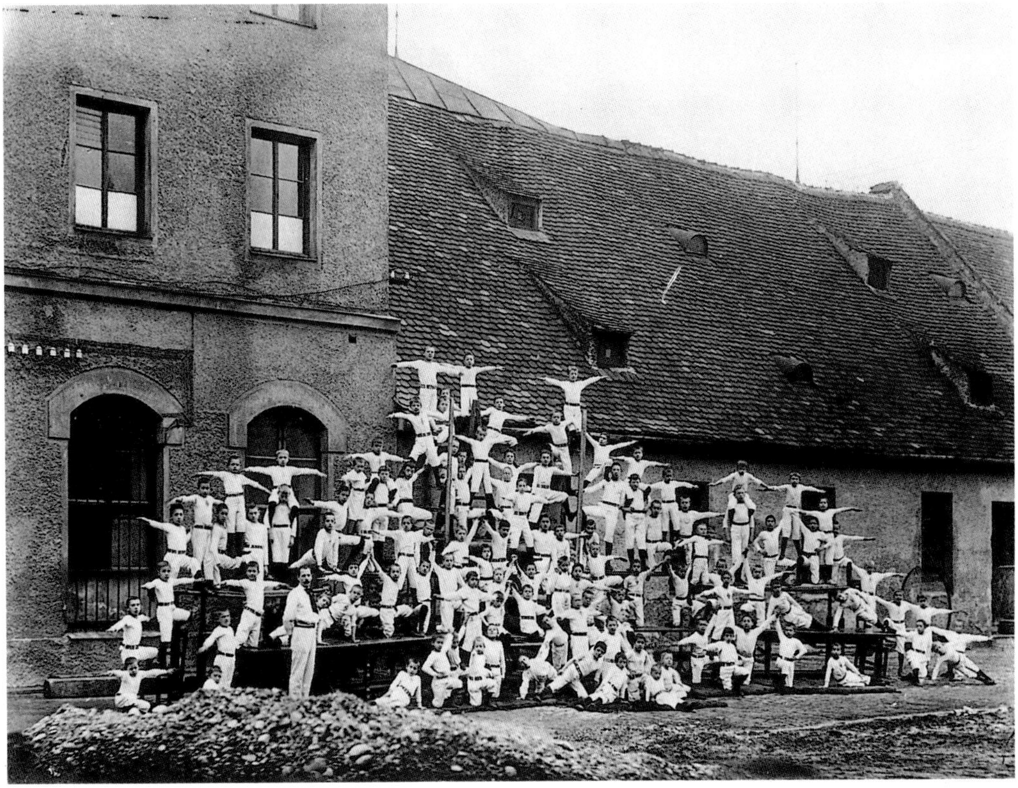

Germania I : Jahn 2:2
Herbst 1911

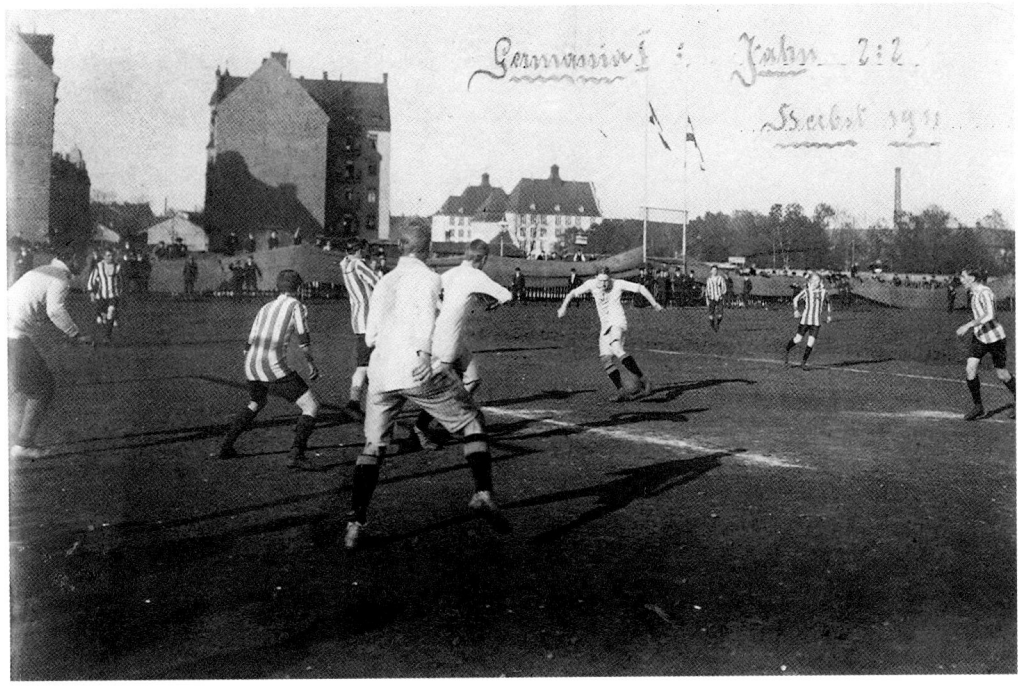

F.A. Bayern-München
Ostkreis-Meister 1910-11.

Die größten Erfolge konnte unter den Münchner Vereinen die Mannschaft der Fußballabteilung (FA) Bayern vor dem Ersten Weltkrieg erringen. Sie gewann zweimal die Ostkreismeisterschaft des Süddeutschen Fußballverbandes und damit den Meistertitel im Königreich Bayern.

Viele kleine Münchner Vereine traten nicht dem bürgerlich geprägten Fußballverbänden bei. Sie gründeten die »Freie Fußball-Spiel-Vereinigung München« und trugen ihre eigene Meisterschaft aus. Die Meistermannschaft im Herbst 1910: die erste Mannschaft des Fußball-Clubs Asocio, aufgenommen auf dem Sportplatz bei der Radrennbahn Milbertshofen.

Ungarn : Deutschland

„Middlesborough" England

Internationales Oster-Fußballturnier 1914 in München, veranstaltet von FA Bayern und
MTV von 1879. Die beteiligten Mannschaften, aufgenommen vor der Tribüne auf dem Sport-
platz an der Leopoldstraße; von hinten: FC Basel, Bayern München, Hannover 96, MTV
München. Foto: Graeber.

Oben: Erstes Länderspiel in München auf dem Fußballplatz des MTV von 1879 an der Marbachstraße am 17. Dezember 1911. Deutschland unterlag 1 : 4. Untere Bildhälfte: Der ungarische Stürmer Imre Schlosser (dunkles Trikot) läuft vorbei an dem deutschen Verteidiger
Koenen. Im deutschen Tor Walter Borck. Foto: Graeber.

Unten: Die englische Profimannschaft Middlesborough auf dem Spielplatz der F.A. Bayern
an der Leopoldstraße, 12. Mai 1913. Die heimische Mannschaft wurde 9 : 1 geschlagen.

1916

Münchener Sportvereinigung

Aus den Reihen unserer Mitglieder starben den Heldentod:

Unt.-Off. **Altenauer Otto,** 8. Infanterie-Regiment,

Infant. **Koch Ludwig,** 20. Infanterie-Regiment

Infant. **Heckel Alois,** 16. Reserve-Infant.-Regimt.,

Jäger **Niederbichler Hans,** 17. Res.-Inf.-Rgt.,

Unt.-Off. **Ostermeier Georg,** 1. Res.-Russ-Art.-Rgt.,

Infant. **Kleninger Otto,** 17. Res.-Infant.-Regt.,

Infant. **Heubert Eduard,** 8. Infanterie-Regt.,

Infant. **Kolber Franz,** 14. Infanterie-Regt.,

Inf.-Pion. **Kraus Albert,** 1. Mineur-Komp.,

Infant. **Haberl Karl,** 1. Infanterie-Regt.,

Unt.-Off. **Schuster Fritz,** Infanterie-Leib-Regt.,

Infant. **Uhl Georg,** 15. Landwehr-Infant.-Regt.,

Infant. **Schöffmann Josef,** 18. Res.-Infant.-Regt.,

Infant. **Wissmiller Josef,** 8. Infanterie-Regt.

Ihr Angedenken wird stets in uns fortleben!

Der Ausschuss.

175300

48

Städtewettkampf Stuttgart – München am 18. August 1918 auf dem MTV-Platz an der Marbachstraße. Die Münchner Mannschaft in weißen Hemden, die Stuttgarter Mannschaft in
hellen Hemden mit dem Stadtwappen.

Oben: Der Ausbruch des Ersten Weltkrieges im August 1914 ließ den Spielbetrieb zunächst
fast vollständig zum Erliegen kommen. Viele Spieler, teilweise ganze Mannschaften, wurden
eingezogen. Für einige Vereine bedeutete dieses Ereignis das Ende ihres Bestehens, andere
konnten bald aus Mitgliedern ihrer Jugendabteilungen und aus Soldaten, die in der Heimat
ihren Dienst ausübten, wieder Mannschaften aufstellen und einen geregelten Spielbetrieb
durchführen.
Jugendliche Fußballmannschaft des FC Pfeil im Oktober 1916 auf dem Spielfeld neben der
Max-II-Kaserne.

Unten: Zeitungsanzeige der Münchner Sportvereinigung zum Gedenken an gefallene Vereinsmitglieder.

Fußball-Stiefel.

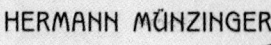

Nr. 1001 **„Trojan"**, gekörntes braunrotes **Rindleder** mit geriefter, fester Kappe, Sohle aus zähem Rindleder mit Klötzen.

    Knaben: Größe 2— 6 . Paar M. 5.50
    Männer: „ 7—11 . „ „ 6.50

Nr. 1001.

Nr. 1002 **„Roland"**, hellgraues, geschmeidiges **Chromleder** mit breiter Mc Gregor-Kappe, wasserdichte Sohle aus Rindleder mit Klötzen.

    Knaben: Größe 2— 6 . Paar M. 7.25
    Männer: „ 7—11 . „ „ 8.—

Nr. 1002, 1004, 1009.

Nr. 1003 **„Liga"**, weißes **Chromleder**, doppelte Chromsohle und Mc Gregor-Kappe mit Klötzen oder Leisten

    Männer: Größe 6—11 . Paar M. 9.50

Nr. 1004 **„Clinker"**, graues englisches **Chromleder**, mit fester Chromsohle, Mc Gregor-Kappe, Sohlenklötze.

    Männer: Größe 6—11 . Paar M. 11.—

Nr. 1005 **„McGregor"**, eisengraues **Chrom-Rindleder** mit Mc Gregor-Kappe und Chromsohle mit Klötzen. Durchaus geschmeidiges, unverwüstlich. Leder.

    Männer: Größe 6—11 Paar M. 12.—

Nr. 1003 und 1005.

Nr. 1007.

Nr. 1006 **„Bayern"**, **Chromleder** mit Mc Gregor-Kappe, ähnlich 1005, jedoch mit verstärkten Ristwänden, wasserdichte, starke Rindledersohle, gestiftet, mit Klötzen und Leisten, Stahleinlage in der Sohle, wodurch ein Durchbrechen der Sohle ausgeschlossen ist.

    Männer: Größe 6—11 Paar M. 13.50

Nr. 1007 **„King"**, braunes, starkes Leder, mit kräftiger Ledersohle und Leisten mit aufgenähten Rillen zum Schutze des Fußes, speziell für Hockey. Sehr zu empfehlen.

    Männer: Größe 6—11 Paar M. 13.50

Nr. 1008.

Nr. 1008 **„Stürmer"**, neue, beliebte Stürmerform, alles **Kalbleder**, mit doppelter, starker, angenähter Sohle. Klötze. Dieser Stiefel ist äußerst leicht, dabei unverwüstlich und angenehm im Tragen.

    Männer: Größe 6—11 Paar M. 14.—

Nr. 1009 **„Verteidiger"** mit Mc Gregor-Kappe, alles Kalbleder mit doppelter, starker, genähter Sohle. Klötze. Dieser Stiefel ist schwerer und etwas stärker als Nr. 1008, speziell für Verteidiger und Torwächter.

    Männer: Größe 6—10 Paar M. 14.50

Bei Bestellungen von Sport-Schuhen und -Stiefel aller Art ersuche ich höflich, den Umriß des mit einem Strumpf bekleideten Fußes mit einem ganz senkrecht gehaltenen Bleistift deutlich auf Papier aufzuzeichnen.

Nr. 1015 Breite **Baumwoll-Nestel** für Fußball-Stiefel, 120 cm lang . . . . Paar M. —.15

Klötze für Fußballstiefel:

rund 10mm hoch, satzweise in Karton verpackt.
1 Satz = 12 Stück.

Nr. 1016

	Stück	1 Satz	3 Satz
Rindleder . M.	—.03	—.35	1.—
Nr. 1017			
Chromleder „	—.05	—.55	1.50

Knöchelschützer:

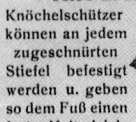

Knöchelschützer können an jedem zugeschnürten Stiefel befestigt werden u. geben so dem Fuß einen festen Halt, gleichsam eine Bandage, ohne jedoch beim Laufen hinderlich zu sein.

Nr. 1018 Aus grauem Chromleder Paar M. 2.25.

Fußgelenkhalter:

Diese Fußgelenkhalter sind speziell für schwache Knöchel sehr zu empfehlen, da sie gleich einer Bandage wirken.

Nr. 1019

Aus grauem Chromleder Paar M. 1.50.

— 4 —

Aus einem Sportartikelkatalog der Firma Münzinger 1908.

Grandioser Aufschwung und Krise
Der Münchner Fußball von 1919 bis 1945

Anton Löffelmeier

Neuanfänge und Entwicklungen

Am Ende des 1. Weltkrieges befanden sich die Münchner Turn- und Sportvereine in einer schwierigen Lage. Schon bald nach Kriegsausbruch war ein Großteil der wehrfähigen Vereinsmitglieder zum Militärdienst eingezogen worden, die meisten Abteilungen mußten nach und nach ihre Aktivitäten stark reduzieren oder den Betrieb ganz einstellen. Von der »Fußballabteilung (F.A.) Bayern« des ruhmreichen Münchener Sportclubs standen im März 1918 von 415 Mitgliedern über 300 im Feld. Bei Kriegsende waren 61 gefallen. Der SC Armin, 1914 noch von der A-Klasse in die Gauliga, der damals höchsten Klasse im Gau Oberbayern, aufgestiegen, verlor bis 1918 einen Großteil der Ligaspieler im Krieg. Für manch kleineren Fußballverein wie den SC Südstern oder den FC Münchener Sportfreunde bedeutete der Krieg aber zunächst einmal das Ende jeglicher Aktivitäten.

Schon bald nach Kriegsende kehrte jedoch wieder Leben in die Sportvereine ein. Die eingeschlafenen Abteilungen lebten wieder auf, neue wurden gegründet. Neben dem auch als Zuschauersport äußerst populär werdenden Boxen erhielten insbesondere die Spiel- und Leichtathletikabteilungen der Vereine enormen Zulauf. Im Turnverein von 1860 kamen zu den bereits bestehenden Sportabteilungen (Fußballer, Bergsteiger, Schwimmer, Skifahrer, Hockey, Kraftsport/Schwerathletik) weitere hinzu: eine Turnspielabteilung (1919), dann Abteilungen für Motorsport (1920), Faltbootfahrer (1921) und Handballer (1927). Der dem Arbeiter Turn- und Sportbund angeschlossene Turnverein München-Ost erweiterte bis zum Jahr 1924 seine Sparten um die Bereiche Gewichtheben, Ringen, Boxen und Jiu-Jitsu. Der Aufschwung erfaßte aber nicht nur die großen Sportclubs und Turnvereine – letztere benannten sich infolge der Entwicklung nach dem Krieg meist in »Turn- und Sportverein« um –, sondern auch die kleinen Vereine erweiterten ihre Sparten: beim 1910 gegründeten SC Bajuwaren, der zunächst nur den Gehsport aktiv betrieb, bildete sich im Januar 1920 eine Fußballabteilung, 1921 eine Kraftsportabteilung und 1923 eine Boxabteilung.

Die größte Attraktivität für die Jugend besaß aber zweifelsohne der Fußball. Hatte man in einigen traditionsreichen Münchner Turnvereinen bisher die Fußballer noch draußen halten können, so brachen nun – mißtrauisch beäugt von den altgedienten Riegenturnern Jahnscher Prägung – die letzten Dämme: beim TSV Turnerbund hielt die Fußballabteilung am 17. März 1920 ihre Gründungsversammlung ab. Manche bisher »wild« spielende Fußballgruppen suchten und fanden Anschluß an größere Turnvereine, um so Zugang zu einem offiziellen Spielplatz zu erhalten, was wiederum die Voraussetzung für die Teilnahme an einem geregelten Spielbetrieb bildete. Der Turnverein Jahn, einer der größten bayerischen Turnvereine, nahm 1919 die Fußballer des FC Bayern, die bis dahin die Fußballabteilung des im Krieg weitgehend zusammengebrochenen Münchener SC gebildet hatten, wie auch die gesamte Leichtathletikabteilung des MSC (zusammen über 1000 Sportler) bei sich auf. Im Jahr 1923 erfolgte nach internen Querelen, die sich insbesondere an den von der FA Bayern gewünschten Platzkapazitäten entzündeten, jedoch die Loslösung der »Bayern« vom TV Jahn. Sie traten von nun an wieder als selbständiger Fußballclub auf, allerdings unter Beibehaltung der roten Hosen des MSC, die man bis in die 1980er Jahre hinein überall als Wahrzeichen der Bayern kannte.

Die Gründe für den großen Zulauf in die Fußballabteilungen der Vereine und in die neu gegründeten Fußballvereine lassen sich vorläufig nur allgemein fassen: Zum einen setzte sich ein schon vor dem Krieg erkennbarer Trend fort, der sich durch den Nachholbedarf der Kriegsjahre noch verstärkte. Zum anderen war das Fußballspiel schon vor dem Krieg in den Ausbildungsplänen der Armee fest verankert worden und durch die zahlreichen Kompanie- und Regimentswettkämpfe an der Front und im Hinterland dürfte das Spiel neue Anhänger auch unter den Arbeitern gefunden haben. Förderlich dürfte ebenfalls der in den Jahren 1918 bis 1923 für weite Bereiche des Arbeitslebens erkämpfte Achtstundentag gewesen sein. Erst der freie Spätnachmittag ermöglichte es Vielen, an einem geregelten und intensiven Trainingsbetrieb unter der Woche teilzunehmen[1]. Dazu kamen wohl auch die positiven Auswirkungen der schon bald nach dem Krieg in vielen Kommunen einsetzenden öffentlichen Sportförderung. Anhand der Aktenüberlieferung des Stadtamtes für Leibesübungen läßt sich sehr schön belegen, daß die vom Münchner Stadtrat ausgeschütteten Mittel zwar bei weitem nicht an die beantragten Gelder heranreichten, daß aber damit viele kleine Vereine überleben konnten, sei es durch Beschaffung von Ausrüstungsgegenständen für die Mannschaften oder durch Beihilfen für die Sportplatzpacht. Nicht zu vergessen sind die indirekten Hilfen der Stadt durch Schaffung von Spielplätzen oder durch Zuweisung eines Spielfeldes auf einem öffentlichem Spielplatz, was vielfach die Existenz eines Vereines erst ermöglichte.

Entscheidend scheint jedoch zu sein, daß die Jugendlichen den Fußballsport inzwischen als »ihren« Sport entdeckt hatten. Fußball war zum Lebensgefühl der Münchner Jugend geworden. Und das, obwohl das Bayerische Kultusministerium das im Jahr 1912 erlassene Spielverbot für Schüler unter 17 Jahren im Jahr 1920 nur wenig erleichterte: Für Schüler der 5. bis 9. Klasse ließ man das Spiel nun wieder versuchsweise zu, die Höchstdauer von 1 Stunde sollte jedoch nicht überschritten werden. Erst zum Jahresende 1934 wurde das Fußballspiel allgemein ab der 5. Klasse an den Münchner Volksschulen eingeführt und mit der Abhaltung von Schulmeisterschaften begonnen. Nach dem 1. Weltkrieg waren aber bereits auf allen Wiesen, öffentlichen Plätzen und Anlagen, vor allem aber auch auf Straßen und in Hinterhöfen, Scharen von fußballspielenden Kindern und Jugendlichen anzutreffen. Als Ball dienten dabei kleine Gummibälle, von Tennisplätzen stibitzte neue und abgespielte Tennisbälle, Bälle aus Stofflumpen und nur selten die geradezu unerschwinglichen Lederbälle. Das Spielverbot auf öffentlichen Plätzen oder in Hinterhöfen kümmerte die Buben kaum, selbst die Anlagenaufseher waren machtlos gegen die Scharen, die zu jeder Jahreszeit dem Ball nachjagten. So beobachtete der städtische Aufseher Max Scherr am 21. Februar 1920 ca. 90 fußballspielende Kinder auf dem Spielplatz bei der Sieboldschule, ca. 120 Kinder am Schyrenplatz und ca. 80 Kinder an der Frühlingsstraße – kein einziges Kind ließ sich jedoch durch seine Ermahnungen vom Spiel abbringen.[2]

Die Mitgliederzahlen der Vereine erreichten schon bald nach Kriegsende wieder das Vorkriegsniveau. Der TSV München-Ost, 1914 aus 903 Mitgliedern bestehend und im Frühjahr 1919 nach den Revolutionswirren mit 200 Mitgliedern auf dem Tiefstand, zählte zum Jahresende 1919 bereits wieder 1034 Mitglieder. Der Turn- und Sportverein von 1860, im Jahr 1909 bei 2870 Mitgliedern angelangt, zählte 1919 bereits wieder 2696 Mitglieder, im Jahr 1921 waren es 3782, am Jahresende 1931 dann 3682. Der FC Bayern, im März 1918 bei 415 Mitgliedern, nahm nach dem Krieg einen rasanten Aufschwung. 1920 war er mit 700 Mitgliedern der größte Münchner Fußballklub, Ende 1922 waren es 900, im Juli 1928 schon 1608, im Juli 1930 1383 und im Juli 1931 dann 1268 Mitglieder. In ähnlicher Weise explodierten die Mitgliederzahlen des Deutschen Fußballbundes (DFB). Zählte er am 1. Januar 1914 noch 189 294 Mitglieder, so waren es zum Jahresanfang 1920 bereits 467 962, die bis zum Jahr 1932 langsam, aber stetig auf den Höchststand von 1 025 326 zwischen den Weltkriegen anstiegen. Den größten Landesverband im DFB bildete der auch den Bezirk Bayern umfassende »Süddeutsche Fußball- und Leichtathletik-Verband«, der im Jahr 1920 161 093 Mitglieder in 980 Vereinen vertrat, das heißt, etwa ein Drittel der Vereine wie auch der Mitglieder im DFB. Bis 1932 hatte er an seiner zahlenmäßigen Dominanz im DFB kaum etwas eingebüßt (2193 Vereine, rund 301 000 Mitglieder). Allein in den Boomjahren 1922 und 1923 nahm der Süddeutsche Verband über 1100 neue Vereine auf. Aufgrund seiner hohen Mitgliederzahl konnte der Süddeutsche Verband seit 1925 (ebenso wie der Westdeutsche Spielverband) drei Mannschaften zu den Schlußspielen um die Deutsche Meisterschaft entsenden, während die übrigen fünf Mitgliedsverbände des DFB je zwei Vertreter stellten. Dieser Modus blieb bis 1933 erhalten.

Gemessen an ihrer Mitgliederzahl nahmen die Münchner Fußballvereine innerhalb des Verbandes keine Spitzenposition ein. Mit 700 Mitgliedern standen die »Bayern« im Jahr 1920 weit hinter der SpVgg Fürth (1658 Mitglieder) und dem Nürnberger »Club« (2022 Mitglieder) zurück. Diese beiden lagen damit an fünfter bzw. dritter Stelle unter den DFB-Vereinen.

Zu einem großem Problem für die Vereine entwickelte sich in der Nachkriegszeit der Streit zwischen der Deutschen Turnerschaft (DT) und den unabhängigen Fachverbänden für Fußball, Leichtathletik und Schwimmen um die wechselseitige Mitgliedschaft in den jeweiligen Verbänden. Viele Münchner Turn- und Sportvereine erschütterte er bis in die Grundfesten und hatte teilweise jahrelange vereinsinterne Querelen zur Folge. Im Jahr 1921 kam es zwar zu einer scheinbaren Einigung, in der die DT den Fußballabteilungen der Vereine die Möglichkeit der Mitgliedschaft im DFB einräumte, doch bereits 1923 forderte der Vorstand der DT mit aller Schärfe die Vereine auf, die »reinliche Scheidung« durchzuführen, das hieß, entweder die Sportler aus dem Verein auszuscheiden oder sich für einen Übertritt in einen der

Fachverbände zu entscheiden. Die großen traditionsreichen Münchner Leibesübungsvereine standen vor einer Zerreißprobe. Sollte man wegen der Fußballer die langjährigen Bindungen zur DT, in deren bürgerlich-nationalen Gesinnung man sich ja wohl fühlte, aufgeben? Nach teils heftigen Kontroversen schlugen die Vereine verschiedene Wege ein: Der TSV Turnerbund wollte die erst im Jahr 1920 gegründete Fußballabteilung nicht behalten, sie mußte sich bereits ein Jahr später als »FC Eintracht« auf eigene Füße stellen. Ebenso geschah es beim ruhmreichen Männerturnverein von 1879, der bis dahin eine sehr erfolgreiche und bekannte Fußballabteilung führte. Hier gründeten die Sportler zu Jahresanfang 1924 den »Deutschen Sportverein München«. Durch Vertrag war dem DSV die Benützung des Vereinshauses, der Sportplätze und der sonstigen Einrichtungen des MTV zugestanden worden. Andere Vereine versuchten durch Gründung einer Trägerschaft mit zwei formell getrennten Unterabteilungen einerseits der Forderung der DT nachzukommen, andererseits aber die Einheit des Vereins zu wahren. So geschehen im Jahr 1924 bei der Turnerschaft Jahn von 1887 und beim TSV 1860. Bei den »Sechzigern« gliederte man im Mai 1924 die Sportler unter dem »Sportverein München von 1860« aus dem Verein aus, benamte den Hauptverein wieder in »Turnverein München von 1860« um und regelte deren Verhältnis durch Vertrag so, daß eine Zusammenarbeit des Turnvereins wie des Sportvereins unter einem Dach weiter möglich war. Die Aktiven selbst merkten wenig von der Trennung.Diese von der Vereinsführung um den Justizminister a. D. Dr. Ernst Müller-Meiningen und Heinrich Zisch sorgfältig ausgeklügelte Lösung sicherte zwar zunächst den ideellen Zusammenhalt des Gesamtvereins, hatte aber doch ihre Tücken. So war der Ausbau des Stadions an der Grünwalder Straße in den Jahren 1925–1927 vollständig vom »Turnverein« übernommen worden, während der »Sportverein« die Nutzung des Areals übertragen erhielt. Während nun dem »Sportverein« die Einnahmen aus den Fußballspielen zuflossen, rutschte der »Turnverein« in den folgenden Jahren immer tiefer in die rote Zahlen, da er bereits mit der Bezahlung der umfangreichen Darlehens- und Hypothekenzinsen hoffnungslos überfordert war. An eine Abzahlung der Darlehenssummen war gar nicht zu denken. Letztendlich rettete nur der Ankauf des Stadions durch die Stadt im Jahr 1937 den Verein vor dem Konkurs.

Die Ligavereine FC Bayern und TSV 1860 in den ersten Nachkriegsjahren

Die »Bayern« hatten unter ihrem im Januar 1919 neugewählten Vorsitzenden Kurt Landauer nach dem Krieg sofort mit dem Neuaufbau der ersten Mannschaft begonnen und absolvierten bereits im Februar 1919 wieder Privatspiele, das erste am 23. Februar gegen den SC Eldorado München (4:0 gewonnen). Daß inzwischen die politischen Verhältnisse in Bayern und insbesondere in München ins Chaos abglitten, kümmerte die Fußballer wenig: sie wollten Fußball spielen. Am 21. Februar 1919 war der bayerische Ministerpräsident Kurt Eisner auf dem Weg zum Landtag ermordet worden. Die Radikalisierung der Gesellschaft und des öffentlichen Lebens nahm besorgniserregende Formen an, in München kam es zu Plünderungen und Ausschreitungen. Am 9. März spielte der FC Bayern gegen den MTV München (3 : 1 gewonnen), am 16. März spielte man gegen den TV West München (5 : 0 gewonnen) und am 23. März gegen den FC Wacker (2 : 2). Am 7. April erfolgte die Ausrufung der Räterepublik in München, die neugewählte Regierung unter dem sozialdemokratischen Ministerpräsidenten Johannes Hoffmann wich noch am selben Tag nach Nürnberg, später nach Bamberg aus. In der Nacht zum 13. April erfaßte eine neue Revolutionswelle die Stadt. Bei Kämpfen zwischen Revolutionsgarden und regierungstreuer Republikanischer Schutzwehr gab es 17 Tote in der Stadt. Im Lauf des Tages riefen die revolutionären Bauern- und Soldatenräte im Hofbräuhaus die »Kommunistische Räterepublik« aus. – Am selben Tag trugen die Bayern gegen den Turnverein von 1860 ein Freundschaftsspiel aus (1 : 1). In den letzten Apriltagen spitzte sich die Lage in München dramatisch zu, die Stadt war praktisch von Freikorps- und Reichswehrtruppen, die zum entscheidenden Vorstoß ansetzten, eingeschlossen. Nichtsdestotrotz absolvierten am 27. April die »Bayern« ein Spiel gegen den alten Rivalen MTV München (3 : 0). Am 4. Mai, als die Weißen Truppen die Lage in der Stadt bereits weitgehend unter Kontrolle hatten und nur mehr in den östlichen Stadtvierteln vereinzelt Schüsse fielen, spielte man gegen den TV West München (2 : 2). Das Treffen gegen die »Sechziger« am 11. Mai (2 : 0) fand dann bereits wieder bei relativ stabilen politischen Verhältnissen statt.

Schon am 9. Juni begrüßte der FC Bayern mit dem FC St. Gallen den ersten ausländischen Gast an der Leopoldstraße. Dies ist deswegen bemerkenswert, weil die Schweiz als erster der neutralen Staaten bzw. Feindstaaten des 1. Weltkrieges nach Kriegsende den Spielbetrieb mit deutschen Vereinen wieder aufnahm. Auch das erste Länderspiel nach dem Krieg fand am 27. Juni 1920 in Zürich gegen die Auswahl der Schweiz statt.[4] Es endete 4 : 1 für den Gastgeber. Bemerkenswert, daß nach dem 2. Weltkrieg wiederum die Schweiz den ersten Gegner für die DFB-Auswahl stellte.

Daß bei den »Bayern« der Spielbetrieb wieder so schnell aufgenommen werden konnte, ist mit ein Verdienst von Kurt Landauer. Wie kaum ein anderer Vereinsvorsitzender sah er die Zukunft des Vereins vor allem in einer kontinuierlichen und systematischen Jugend- und Trainingsarbeit begründet.

Gute deutsche Trainer waren jedoch vor dem Krieg und auch noch in den 20er Jahren aufgrund einer fehlenden systematischen Trainerausbildung Mangelware. Wer etwas auf sich hielt und es bezahlen konnte, holte sich Trainer aus den Ländern, die im Fußball den Ton angaben: Österreich, Ungarn und natürlich von der britischen Insel, der Geburtsstätte des modernen Fußballs. Landauer gelang es im Herbst 1919, William Townley aus Blackburn, der bereits von Dezember 1913 bis zum Kriegsausbruch 1914 die erste Mannschaft und die Jugend mit großem Erfolg trainiert hatte, wieder nach München zu holen. Townley leistete nach dem Krieg wertvolle Aufbauarbeit, verließ aber im März 1921 den Verein wieder in Richtung Hamburg.[5]

Die Fußballabteilung des TSV 1860 konnte sich zu Beginn der zwanziger Jahre neben den »Bayern« und dem FC Wacker als dritte Kraft im Münchner Fußball etablieren und trat damit an die Stelle des MTV von 1879, der vor dem Krieg neben der FA Bayern die spielstärkste Münchner Mannschaft gestellt hatte, aber nun an Schlagkraft verlor. Die trotz des Krieges zielbewußt weiter betriebene Jugendarbeit des TSV 1860 brachte der stark verjüngten Mannschaft im Jahr 1919 bereits die Frühjahrsmeisterschaft im Gau Oberbayern ein. Die ab Herbst 1919 wieder regulär durchgeführten Verbandsspiele in der südbayerischen Kreisliga sahen die Sechziger beständig auf dem zweiten Platz, abwechselnd hinter den »Bayern« (1919/20, 1922/23) und dem FC Wacker (1920/21, 1921/22). Wenn man auch nicht mit so spektakulären Gegnern wie der FC Bayern oder der FC Wacker aufwarten konnte, gelangen doch gegen renommierte Gegner beachtliche Erfolge. So wurde der Wiener Athletik-Sport-Club (WAC) im Jubiläumsssspiel zum 20jährigen Bestehen der Fußballabteilung am 17. August 1919 mit 2:1 geschlagen. Das Rückspiel am 7. September gewann man gar mit 4:1. Der Wiener SC, immerhin Wiener Meister, wurde am 15. August 1922 zu Hause mit 2:1 besiegt. Ein Prestigeerfolg gelang im August 1921 in Berlin, als man das Jubiläumsturnier von Tennis Borussia durch Siege über Hertha BSC (2:0) und Tennis Borussia (2:1) vor diesen beiden namhaften Mannschaften für sich entscheiden konnte.

Daß der Münchner Fußball in dieser Zeit von der deutschen Spitze noch ein Stück entfernt war, zeigen die regelmäßigen Niederlagen gegen die Mannschaften aus Nürnberg und Fürth. Gegen die SpVgg Fürth, Deutscher Meister 1914, 1926 und 1929, und gegen den »Club«, zwischen 1920 und 1927 fünfmal Meister, gelangen in Privat- oder Verbandsspielen nur gelegentliche Achtungserfolge. Der 1. FC Nürnberg stellte für die Münchner Mannschaften auch auf eigenem Platz eine nahezu uneinnehmbare Festung dar. Gegen die spielerische Klasse von Heiner Stuhlfauth – er mußte in den Endspielen 1920–1927 kein einziges Tor hinnehmen –, Bumbes Schmidt oder Hans Kalb war zunächst kein Kraut gewachsen. Gerade an dem mächtigen Hans Kalb, Doktor der Zahnmedizin, Denker und Lenker des Nürnberger Spiels, zerschellten viele Münchner Angriffe. Kalb verkörperte mit seiner kraftvollen dynamischen Spielweise wie kein anderer in den zwanziger Jahren den klassischen »Center-half«, der den gegnerischen Mittelstürmer hielt, lautstark die Mannschaft dirigierte, gleichzeitig das eigene Offensivspiel ankurbelte und dazu noch Tore schoß. Noch im Alter von 39 Jahren war er 1931 entscheidend am 5:1 Sieg des »Club« über die große Elf des TSV 1860 beteiligt, die später im Endspiel um die Deutsche Meisterschaft Hertha BSC so unglücklich unterliegen sollte.

Gegen internationale Spitzenmannschaften, wie den »Deutschen Fußball-Club Prag«, MTK Budapest oder die Wiener Mannschaften, die alljährlich zum Jahreswechsel zu Gastspielen in München auftraten, gab es in der Regel nur Niederlagen. Wenn auch die einheimischen Vereine für die Wiener Renommierclubs Rapid oder Austria zunächst nur »Jausengegner« darstellten, dürften sie doch ganz gerne in München gespielt haben, denn hier waren sie eine Zuschauerattraktion und konnten mit einem guten Startgeld rechnen. Die Vergleichskämpfe mit kontinentalen Klassemannschaften galten allgemein als »Lehrspiele«, die man nützen wollte, um zu lernen und den eigenen Standard zu verbessern. Teams von der Insel kamen wegen des insbesondere von den Engländern forcierten und mißtrauisch überwachten

Sportboykotts der Siegermächte gegen Deutschland vorerst als Gegner nicht in Frage. Ein (gewollter) Nebeneffekt dieser Begegnungen bestand ebenso darin, sich als Verein mit internationalen Verbindungen beim örtlichen Fußballpublikum in Szene zu setzen. Im Sommer 1919 machte der ungarische Fußballmeister Magyar Testgyakorlok Köre (MTK) Budapest, eine der damals stärksten kontinentaleuropäischen Mannschaften, auf seiner Tournee in München Halt. Dem Klub, der fünf Tage vorher bereits den 1. FC Nürnberg mit 3:0 besiegt hatte, eilte ein phänomenaler Ruf voraus. Der Nürnberger Verteidiger Gustav Bark soll während des Spiels mehrfach innegehalten haben, um das Spiel der ungarischen Ballvirtuosen, gelenkt von dem grandiosen Mittelstürmer Alfred Schaffer, zu bestaunen. Schon lange vor Spielbeginn standen die Zuschauer am 27. Juli Kopf an Kopf auf dem MTV-Platz an der Marbachstraße in Sendling, besetzten Dächer, den Bahndamm und jeden höherliegenden Punkt um den Sportplatz. Das Spiel endete zwar mit dem erwarteten Sieg (7:1) der Ungarn, erfüllte aber doch die hochgesteckten Erwartungen. Gerade euphorisch berichteten die Münchner Neuesten Nachrichten hernach: »Der Münchner Fußballsport ist der Massensport der Münchner Bevölkerung. Der FA Bayern aber dankt die ganze Münchner Fußballgemeinde für die Schaffung dieses echten Werbespiels, das auch in den Eintrittspreisen solchen und nicht geschäftlichen Charakter trug«. Bei diesem Spiel mögen auch Kontakte zwischen Münchner Vereinen und den damaligen MTK-Spielern Schaffer und Szabo angebahnt worden sein, die deren späteren Wechsel nach München vorbereiteten.

Der FC Wacker und der Traum vom großen Fußballglück

Läßt man die Münchner Fußballgeschichte Revue passieren, dann zählt der FC Wacker sicher zu den interessantesten Vereinen. Er bewegte sich stets zwischen Extremen, griff einmal nach der Meisterkrone und fand sich im Jahr darauf im tiefsten Abstiegsstrudel wieder. Stabilität und gleichmäßiges Niveau konnten sich selten im Vereinsleben etablieren. Bekannte und schillernde Namen – sei es als Spieler, Trainer oder Präsidenten – wechselten sich oft innerhalb kürzester Zeit ab und konnten doch nie die Beständigkeit in den Verein bringen, um den großen Traum der Vereinsfuhrung, nämlich die Erringung der deutschen Meisterschaft, zu verwirklichen. Versucht haben es u.a. die ungarischen Fußballstars Peter Szabo und Alfred »Spezi« Schaffer (als Spieler und Trainer) sowie als Vorstände Alfred Bauer, nachmals einer der größten Propagandisten für eine deutsche Profiliga, Josef Kirmeier, der große Sportjournalist, und schließlich Eugen Seybold, Herausgeber des »Fußball«. Vielleicht war es aber gerade dieses schillernde Auf und Ab, das die Fußballanhänger so faszinierte und immer wieder anzog. Zwischen den Kriegen galt der FC Wacker als der beliebteste Münchner Verein, der bei den Ligaspielen und insbesondere bei den vielen Lokalderbys mit den »Bayern« oder den »Sechzigern« die meisten Zuschauer anzog.

Nach Kriegsende kamen die »Blausterne«, wie sie wegen ihres Vereinswappens auch genannt werden, am besten aus den Startlöchern und gaben unter den einheimischen Mannschaften eindeutig den Ton an. Die Kriegsmannschaft konnte sehr bald durch spielstarke Neuzugänge, wie Nebauer, Klingseis und Ostermaier von Teutonia, ergänzt werden. Die Saison 1920/21 brachte unter dem Trainer Schaffer bereits die Meisterschaft im Kreis Südbayern des Süddeutschen Fußballverbandes und damit die Berechtigung zur Teilnahme an den Rundenspielen zur Süddeutschen Meisterschaft. Obwohl die Mannschaft in diesen Rundenspielen scheiterte, wies der Weg doch steil nach oben. Im Frühjahr 1921 traf auch die sehnlichst erwartete Spielgenehmigung für den vom FC Basel gekommenen Schaffer ein, die lange auf sich warten ließ, da Schaffer als ausländischer Berufsspieler galt. So konnte ihn Wacker zunächst nur als Trainer beschäftigen. Dann erschien in der Zeitschrift »Fußball« eine fingierte Verlobungsanzeige von Schaffer mit der (fiktiven) Schwester Olga des Wacker-Tormannes Bernstein. Der DFB war überlistet und Schaffer erhielt als Verlobter Aufenthaltsrecht.[7] Die Zuschauer kamen in Scharen, der Verein nahm in einzelnen Spielen oft mehrere Zehntausend Mark durch Eintrittsgelder ein und begann mit den Planungen für eine große Sportanlage mit Stadion an der Forstenrieder Straße im Gesamtvolumen von 2,5 Mio Mark. Daß ein Teil der Gelder in – vom DFB verbotene – Spielerspesen floß, war dabei ein offenes Geheimnis. Selbst das städtische Sportreferat wollte die Tatsache, daß die Fußballabteilung des FC Wacker »lukrativ« wirtschaftete, nur als internen Vermerk gewertet wissen.[8] Zum Jahreswechsel 1921/22 konnte die Vereinsführung eine Gastspielreise nach Italien abschließen und damit als zweiter bayerischer Verein – nach der SpVgg Fürth im Frühjahr 1920 – in dem ehemaligen Feindland auftreten. Die Reise, und insbesondere der 5:2 Sieg über Internazionale Mailand, wurde von der Münchner Presse denn auch als ein wichtiger Schlag gegen den Sportboykott der Entente und als ein »großer Triumph für das Deutschtum« gefeiert.[9]

Im Frühjahr 1922 gelang der große Coup: nach dem erneuten Gewinn der Kreismeisterschaft konnte man den nordbayerischen Meister SpVgg Fürth auf dessen Platz mit 3:2 besiegen. Dieser Sieg gegen die auf eigenem Platz als unschlagbar geltenden Fürther entfachte eine wahre Fußballeuphorie in München. Nach der Ankunft in München wurde die Mannschaft von begeisterten Anhängern unter Fanfarenklängen und Hipp-Hipp-Hurra-Rufen auf den Schultern aus dem Hauptbahnhof getragen. Zum Rückspiel in München am 19. März 1922 drängten sich auf dem Teutoniaplatz am Oberwiesenfeld über 20 000 Zuschauer. Da die Fürther mit einer glänzenden Abwehrleistung einen 1:0 Vorsprung trotz heftiger Attacken der Wackeraner über die zweite Halbzeit brachten, kam es zu einem Entscheidungsspiel am 29. April in Augsburg, das Wacker überlegen führte und durch ein Tor des Rechtsaußen Ostermaier mit 1:0 gewann. Schon vorher kannte die Begeisterung der Anhänger beider Vereine keine Grenzen. Eine bei einem Auswärtsspiel einer Münchner Mannschaft noch nie gezählte Schar von einigen Tausend Anhängern begleitete die Wackeraner nach Augsburg. Allein 1200 Zuschauer reisten mit einem Sonderzug von München an. Bei der Rückkehr aus Augsburg bereiteten 2000 Anhänger der Mannschaft auf dem Hauptbahnhof einen begeisterten Empfang. Nach einem überlegenen 4:1 Sieg über den VfR Mannheim in Stuttgart, zu dem allein der glänzend aufgelegte Sturmführer Schaffer drei Tore beisteuerte, standen die »Blausterne« am 14. Mai in Frankfurt im Endspiel um die Süddeutsche Meisterschaft gegen Borussia Neunkirchen. In einem vor allem in der zweiten Halbzeit technisch überlegen geführten Spiel, in dem insbesondere die Sturmreihe mit Schaffer, Nebauer und Altvater glänzte, sicherte sich Wacker in der Verlängerung durch ein Tor von Ostermaier mit 2:1 als erster Münchner Verein die Süddeutsche Meisterschaft. Das Ziel war nun die Deutsche Meisterschaft. Im ersten Spiel gelang ein überzeugender 5:0 Erfolg über den westdeutschen Meister Arminia Bielefeld, doch ging man in der Vorschlußrunde in Frankfurt gegen den Hamburger SV, der am 18. Juni gegen den 1. FC Nürnberg das denkwürdige und mit 190 Minuten längste Endspiel um die Deutsche Meisterschaft bestreiten sollte, sang- und klanglos mit 4:0 unter. Die sonst so gefürchtete Sturmreihe blieb harmlos und zeigte nur mäßiges Kombinationsspiel, insbesondere dem Trainer und Sturmführer Schaffer warf man »phlegmatisches, lustloses Spiel« vor.[10] Die Schuldzuweisungen quittierte Schaffer mit der Kündigung. Der Absturz für den Verein war tief: Unternahm man im September/Oktober 1922 noch eine der unter den deutschen Vereinen sehr begehrten Einladungsreisen nach Spanien, während der die Mannschaft mit 2:1 und 10:2 über den Racing Club Madrid, dem 5:0 über Valencia und 3:1 über den FC Europa Barcelona große Erfolge feierte und glänzende Kritiken erhielt, so hatte man in der südbayerischen Meisterschaft keine Chancen. In der ab 1923/24 einteiligen bayerischen Bezirksliga kämpfte man bald gegen den Abstieg, obwohl der Verein in dem Ungarn Peter Szabo, der 1920 mit dem »Club« die deutsche Meisterschaft errungen hatte, im Herbst 1923 einen absoluten Superstar verpflichtet hatte. Der Verein, im Lauf der Saison durch Spielerabgänge zusätzlich geschwächt, konnte sich letztendlich nur durch ein »Gemauschel« vom Abstieg retten, der bei zwei Nachholspielen und drei Punkten Rückstand auf den Vorletzten VfR Fürth eigentlich so gut wie besiegelt war. Die zwei Nachholspiele gegen den Meister SpVgg Fürth, der inzwischen bereits die Rundenspiele um die deutsche Meisterschaft absolviert hatte, fanden an zwei aufeinanderfolgenden Tagen (28./29. Mai 1924) in München statt und erbrachten gegen die lustlosen Fürther die zwei erhofften Siege und damit vorerst die Rettung. Ein Protest des VfR Fürth beim Süddeutschen Verband führte schließlich zu einem Entscheidungsspiel, das Wacker mit einem glücklichen 1:0 den Verbleib in der Liga sicherte.

Inzwischen verschlechterte sich die Finanzsituation des Klubs zusehends. Die Inflation ließ die für das geplante Stadion angesammelten Gelder wertlos werden, eine zweite Spanienfahrt im Sommer 1924 endete mit einem finanziellen Desaster, da die Vereinsführung die Spieler mit nur zwei gesicherten Spielabschlüssen abreisen ließ. Schließlich mußten die Spieler sogar noch einen Teil der Reisekosten auf eigene Kosten übernehmen. Bei der Rückkehr aus Spanien erfuhr die Mannschaft dann, daß inzwischen die Vereinsführung gestürzt worden war. Im Grunde war damit die Glanzzeit des Vereins bereits zu Ende. Die schwelende Finanzkrise ließ den Verein in der Folgezeit nicht mehr zur Ruhe kommen, die Vorstände wechselten häufig. Selbst die Stadt verweigerte im Jahr 1926 eine Finanzhilfe zum Bau des Sportplatzes. Oberstadtschulrat Hanns Baier begründete die Ablehnung damit, daß Wacker zu den Abstiegskandidaten in der bayerischen Bezirksliga zähle und bei Abstieg und damit sinkenden Einnahmen die Platzanlage ohnehin nicht ausgebaut werden könne. Interessanterweise hatte der TSV 1860 für den Ausbau des Sportplatzes an der Grünwalder Straße kurz zuvor durch Vermittlung der Stadtverwaltung ein großzügiges Darlehen der Städtischen Sparkasse erlangt. Versuche des FC Wacker, das hohe spielerische Niveau der frühen zwanziger Jahre wieder zu erreichen, scheiterten – abgesehen von einem kurzen Hoch in der Saison 1927/28, als man bis in die Vorschlußrunde der Deutschen Meisterschaft vordrang. Seit 1929 drohte dem Verein mehr oder wenig ständig der Abstieg aus der ersten Klasse. Starke Spieler, wie die Stürmer Josef Bergmaier (zum FC Bayern), Brandl und Lindner (beide zum Postsportverein) und sogar der langjährige ehemalige Nationaltorhüter Georg Ertl (zum DSV) kehrten nun dem Verein den Rücken. Der Neuaufbau einer erfolgreichen Mannschaft unter dem Vorstand Eugen Seybold und dem alten Lehrmeister Schaffer – obwohl propagandistisch im »Fußball« unterstützt – gelang jedoch nicht. Am Ende der so hoffnungsvoll begonnenen Saison 1931/32 stand ein 5. Platz, abgeschlagen hinter dem FC Bayern, dem TSV 1860, Jahn Regensburg und dem FC Teutonia München. Im Jahr 1938 kam dann der Abstieg aus der ersten Liga. Der sofortige Wiederaufstieg, erneut mit dem Nothelfer Schaffer als Trainer, mißlang. In den Kriegsrunden 1940/41 bis 1944/45 spielte die Mannschaft wieder in der obersten bayerischen Klasse.

München wird zur deutschen Fußballhochburg

Mitte der zwanziger Jahre begannen sich die Münchner Spitzenvereine allmählich aus dem übermächtigen Schatten der Fußballhochburg Nürnberg-Fürth zu lösen. Dies zeigte sich augenfällig in den Verbandsspielen der seit dem Spieljahr 1923/24 eingleisigen bayerischen Bezirksliga. Bereits in der Saison 1925/26 konnte sich der FC Bayern die bayerische Meisterschaft sichern, in der nächsten Saison erreichten die »Sechziger« den zweiten Platz hinter dem »Club«, aber noch vor der SpVgg Fürth und dem FC Wacker. Auch die prestigegeladenen Städtespiele gegen die Reichshauptstadt Berlin »kippten« nun zugunsten der Münchner Vertretung. Am 19. Juni 1927 konnte die Münchner Stadtauswahl im Sechziger-Stadion mit 4:1 den ersten Sieg über die Reichshauptstadt erringen. Am 29. Dezember 1929 kam es schließlich zu dem denkwürdigen Spiel im Sechziger-Stadion, in dem vor 25 000 Zuschauern ein glänzend aufgelegter Mittelläufer Alois Pledl vom SpV 1860 die Münchner Stadtmannschaft zu einem fulminanten 6:1 über eine größtenteils aus Hertha-Spielern bestehende Berliner Mannschaft führte. Dieses Münchner »Dream-Team«, das die damals besten einheimischen Spieler umfaßte und mit geringen Veränderungen jederzeit auch als Nationalelf hätte auftreten können, verdient es, noch einmal genannt zu werden:

Frey (Wacker)

Kling (1860) Kutterer (Bayern)

Neußendörfer (1860) Pledl (1860) Heidkamp (Bayern)

Welker (B) Bergmaier (B) Pöttinger (B) Nebauer (Wa) Hofmann (B)

Als Halblinker für das Berlin-Spiel war eigentlich der sehr torgefährliche Hans Schmid (Schmid II) von den »Bayern« vorgesehen, doch nach dessen Absage rückte der Halbrechte Nebauer auf dessen Position und Josef Bergmaier nach Halbrechts. Alternativen zu dieser Klassemannschaft waren durchaus vorhanden: Im Tor Georg Ertl, in der Verteidigung etwa Vetterle (DSV) oder Klingseis (Wacker), als rechter Läufer Heidkamp und links dann Naglschmitz (Bayern), oder im Sturm die rechte Seite mit dem wieselflinken Ludwig Lachner von 1860 und Haringer vom FC Bayern, der in späteren Jahren als Verteidiger zum Nationalspieler avancierte.

Vollends im Fiasko für Berlin um ihren großen Spielführer Hanne Sobek von Hertha BSC endete das zwölfte Spiel am 6. Januar 1931 in München, wiederum im Sechziger-Stadion: Auf schneebedecktem Boden gewann die Stadtauswahl – diesesmal ohne die 60er Spieler – auch in dieser Höhe verdient mit 7:1. Die Siege erregten im deutschen Fußball beachtliches Aufsehen und taten der süddeutschen Fußballseele wohl. Auch der Völkische Beobachter konnte sich eines hämischen Komentars nicht enthalten: »Sobek ist ja viel zu langsam, um nach süddeutschen Begriffen ganz erstklassig zu sein.«[11]

In internationalen Begegnungen konnten Münchner Mannschaften nun ebenfalls beachtliche Erfolge erringen. 1860 gewann im Juni 1927 ein internationales Turnier in Paris und kurz darauf Mitte August das Pokalturnier um die »Goldene Schale« des FC Wacker München (vor Wacker, Young Boys Bern und Kricketer Wien). Der FC Bayern – immer einen Schritt voraus, wenn es darum ging, internationale Gegner an Land zu ziehen – gewann 1926/27 Privatspiele gegen den FC Barcelona (4:1), den FC Basel (10:0) und am 10. April 1927 vor 30 000 Zuschauern im Sechziger-Stadion gegen den uruguayischen Meister Penarol Montevideo mit 2:1. Fußball boomte in München. Sogar bei den Ligaspielen waren nun oftmals über 10 000 Zuschauer zugegen. Publikumsmagnete blieben neben den Lokalderbys natürlich die Spiele gegen die SpVgg Fürth oder den Nürnberger »Club«, wobei die Derbys mit Wacker-Beteiligung die größere Anziehungskraft besaßen. Das Spiel Wacker – 1860 am 6. Februar 1927 sahen 20 000 Zuschauer, das zwischen Wacker und dem FC Bayern am 27. November 1927 (0:0) gar 25 000 Zuschauer, wobei in beiden Begegnungen die überwiegenden Sympathien der Zuschauer Wacker galten. Den absoluten Rekord setzte jedoch das Länderspiel gegen die Schweiz am 12. Dezember 1926 im neuerrichteten Sechziger-Stadion, das 40 000 Zuschauer anlockte und von der Presse allgemein als ein Markstein in der Entwicklung Münchens zur Sportstadt gewertet wurde.

Die Gründe für den spielerischen Aufschwung der Münchner Mannschaften sind in verschiedenen Faktoren zu suchen: Einmal zahlte sich gerade bei den größeren Vereinen die vor und nach dem Krieg intensiv geführte Jugendarbeit aus, die den Vereinen zu Beginn der zwanziger Jahre eine Vielzahl von Talenten für die erste Mannschaft zuführte. Dazu profitierten die großen Vereine nun immer mehr von der ungeheuren Popularität des Fußballspiels bei der Jugend, die auch bei den kleineren Vereinen zu einem großen Zulauf geführt hatte. Deren Talente wechselten nun über. Ludwig Goldbrunner wurde 1927 vom FC Sportfreunde zu den »Bayern« geholt. Der im Jahr 1926 vom SC Bajuwaren übergewechselte Hans Schmid

(Schmid II) sollte dann mit Josef Pöttinger, Franz Dietl, Ludwig Hofmann und mit dem im Volksmund »Kurvenfritz« genannten Fritz Kienzler auch jenen »Wundersturm« der »Bayern« bilden, der im Frühjahr 1926 die Mannschaft überlegen zur süddeutschen Meisterschaft schoß, dann aber im ersten Spiel der deutschen Meisterrunde gegen den vermeintlich schwächsten Gegner, Fortuna Leipzig, jämmerlich versagte. Im Lauf der Saison schoß der Sturm insgesamt 176 Tore, davon erzielte allein Pöttinger 57. Das Spiel gegen Leipzig ging dann mit 0:2 verloren.

Die Fußballabteilung des TSV 1860 konnte die Kriegsverluste ebenfalls bald wieder durch geschulten Nachwuchs auffüllen, wobei sich in der Nachwuchsarbeit der ehemalige Ligaspieler Josef Braumüller große Verdienste erwarb. Die Nachkriegself der »Sechziger« stammt hauptsächlich aus seiner Schule. Aus der erfolgreichen Mannschaft des Jahres 1919 um Börstler (Tor), Rechenmacher, Bruglachner (Verteidigung), Aiglstorfer, Reiter, Vogl (Läuferreihe) sowie Faubel, Harlander, Piehler, Fromm und Gabler (Sturm) bildete sich in den folgenden Jahren ein eingespieltes Team. Dazu stießen noch Kob im Tor, Hönig in der Verteidigung, Karl Huber im Sturm und der famose Techniker Alois Pledl, der über ein Jahrzehnt das spielerische Gesicht der Mannschaft prägen sollte. Dessen Fußballkunst ist umso höher einzuschätzen, wenn man berücksichtigt, daß er als Elfjähriger bei einem Unfall den linken Arm verlor.

Zur Jugendarbeit der Vereine kamen verbesserte Trainingsmethoden, die neben Konditions- und Schußtraining vor allem auf technische und taktische Schulung Wert legten. Hier waren mit dem Karlsruher Altinternationalen Max Breuning (seit 1925 bei 1860), dem Ungar Konrad Weiß (Bayern), Alfred Schaffer (DSV, Wacker) oder dem Wiener Richard Dombi (1860, Bayern) absolute Kapazitäten tätig, die die Mannschaften jeweils gewaltig nach vorne brachten. Gerade Breuning verstand es, aus der körperlich eher schwachen Sechziger-Mannschaft eine deutsche Spitzenmannschaft zu formen, die mit ihrem feinen taktischen und spielerischen Vermögen gegen weitaus robustere und kräftigere Mannschaften oftmals die Oberhand behielt. Als Bayerns Zweiter hinter dem »Club« zog die Mannschaft 1927 erstmals in die Rundenspiele um die Süddeutsche Meisterschaft ein, bei denen sie sich in der Runde der Zweitplazierten den ersten Rang erkämpfte. Durch einen 2:0 Sieg im Entscheidungsspiel gegen den Dritten der süddeutschen Meisterrunde, den FSV Frankfurt, gelang ihr auf Anhieb die Teilnahme an der Deutschen Meisterrunde. Nach einem 3:1 über den westdeutschen Zweiten Schalke 04 und einem 3:0 über den Altmeister VfB Leipzig stand die Mannschaft schließlich als erster Münchner Verein in der Vorschlußrunde, zusammen mit dem »Club«, der SpVgg Fürth und Hertha BSC, was eindrucksvoll die starke Position der bayerischen Mannschaften innerhalb des deutschen Fußballs belegte. Gegen den späteren Deutschen Meister 1. FC Nürnberg stand man jedoch am 29. Mai 1927 auf Gegners Platz auf verlorenem Posten. Das Spiel endete 1:4. Daß sich der Münchner Vereinsfußball inzwischen in der deutschen Spitze festgesetzt hatte, zeigte sich im Jahr darauf, als der FC Bayern und der wiedererstarkte FC Wacker bis in die Vorschlußrunde zur Deutschen Meisterschaft vordrangen. Ein rein Münchner Finale schien greifbar nahe, zumal sich insbesondere der FC Bayern imponierend die Süddeutsche Meisterschaft gesichert hatte

(10 Siege, 4 Unentschieden, 41:17 Tore) und mit Siegen über Wacker Halle (3:0) und Köln-Sülz (5:2) ungefährdet bis ins Halbfinale vorgedrungen war. Ganz München lag im Fußballfieber. Der Sender München schaltete eine Direktübertragung zum Wacker-Spiel in Leipzig. Doch die »Bayern« gingen am 22. Juli in Duisburg gegen den späteren Meister Hamburger SV sang- und klanglos mit 2:8 unter und Wacker verlor gleichzeitig in Leipzig gegen Hertha BSC unglücklich mit 1:2. Beim Wacker-Spiel hatte eine aus der Berliner Anhängerschaft auf das Spielfeld geworfenen Flasche für eine längere Unterbrechung gesorgt, da Zuschauer erst die Scherben zusammensammeln mußten.

Einen weiteren Beleg für die gewachsene Spielstärke der Münchner Mannschaften lieferte im Jahr 1928 der Aufstieg des FC Teutonia in die nun wieder auf Südbayern reduzierte erste Liga, womit München nun erstmals fünf der acht Erstliga-Mannschaften (1860, Bayern, Wacker, DSV, Teutonia) stellte. Die Teutonen besaßen eine über Jahre hinweg eingespielte Mannschaft, die mit den Außen Rausch und Wallner sowie mit der Läuferreihe um Stutzmiller, Wurzer und Reiter und den Innenverteidigern Weichselbaumer, Kalteis und Schrollinger ein technisch versiertes Spiel pflegte. Im Erfolgsjahr 1932 erreichten die Teutonen unter dem Trainer Josef Pöttinger gar den dritten Platz in der Bezirksliga und am 19. März 1932 die Bayerische Pokalmeisterschaft durch ein 4:2 über den FC Wacker.

Ihren Höhepunkt erreichte die »Münchner Ära« im Deutschen Vorkriegsfußball in den Jahren 1931 und 1932, als der SpV 1860 und der FC Bayern nacheinander in das deutsche Endspiel einzogen. Das Jahr 1931 sah zunächst einmal den Durchbruch einer jungen Sechziger-Mannschaft, deren technisch versiertes Kombinationsspiel Zuschauer und Fachpresse in Entzücken versetzte. Max Breuning, seit September 1930 wieder Trainer in München, verstand es, eine Mannschaft zu formen, die »wie ein Räderwerk« arbeitete[12] und durch körperliche Fitnes, Schnelligkeit, Technik und taktisches Vermögen bestach. Paradestück waren zweifelsohne der Sturm und die Läuferreihe um den überragenden Antreiber und Dirigenten Alois Pledl, den der »Fußball« einmal als »die fleischgewordene Idee des Fußballspiels« bezeichnete[13]. Der Sturm mit dem Innentrio Lachner, Huber und Oeldenberger sowie den etatmäßigen Außen Stiglbauer und Thalmaier spielte manche Abwehr schwindelig. So beendete die Mannschaft die Spiele in der Gruppe Südost der süddeutschen Runde der Zweitplazierten mit einem Punkteverhältnis von 26:2 und einem Torverhältnis von 70:21, das heißt, mit einer Trefferquote von durchschnittlich 5 Toren pro Spiel. Gegen Schwaben Augsburg gewann man zweimal mit 8:1, gegen den FV Rastatt mit 8:0 und 8:1, nur gegen den mit aller Macht kämpfenden »Club« setzte es am 1. Februar 1931 in Nürnberg eine 1:5 Niederlage. Das Rückspiel in München gestalteten die »Löwen« vor der Rekordkulisse von 25 000 Zuschauern jedoch überlegen und gewannen hoch verdient mit 1:0. Da traf es sich gut, daß eine Woche später der Meisterjongleur Enrico Rastelli auf seiner Gastspielreise durch Deutschland in München Station machte und den »Ballzauberern« von Giesing eine Sondervorstellung gab.

Nach einem 3:3 im ersten Treffen und einem 2:1 im Entscheidungsspiel gegen Phönix Ludwigshafen, dem Sieger der Gruppe Nordwest, war die Teilnahme an der

Deutschen Meisterschaft gesichert. Nach Siegen über den Meidericher SV (4:1), über die von Sepp Herberger trainierte Tennis Borussia aus Berlin (1:0) und über den Meisterschaftsfavoriten Holstein Kiel (2:0) in Duisburg stand die Mannschaft im Finale gegen den Vorjahresmeister Hertha BSC. Und dann kam jene »DFB-Endspiel-Tragödie« vom 14. Juni in Köln, die die »Sechziger« um den verdienten Lohn für eine großartige Saison bringen sollte. Was war geschehen? Von Spielbeginn an drängten die »Löwen« den Gegner durch imponierende Kombinationen in seine Hälfte zurück, so daß zwangsläufig das 1:0 durch Oeldenberger (24. Min.) fiel und kurz vor der Pause das 2:1 durch Lachner, nachdem der Berliner Sturmführer Hanne Sobek in der 41. Minute ausgleichen konnte. Zuschauer, Rundfunksprecher und Fachpresse schwelgten zur Pause in Superlativen über die »Sechziger«, die als klarer Sieger erwartet wurden. In der zweiten Hälfte nahte jedoch das Unglück in Form des Schiedsrichters Fissenewerth aus Mönchengladbach, der durch kuriose Entscheidungen das Spiel zum Kippen brachte. Zwar bestimmte nun Hertha mit seiner kraftvollen, robusten Spielweise immer mehr das Geschehen und der SpV 1860 wurde zusehends in die eigene Hälfte zurückgedrängt, doch tauchten die Münchner Spieler immer wieder schnell und gefährlich vor dem Berliner Tor auf. Bei klaren Fouls an Huber und Thalmaier im Strafraum versagte Fissenewerth den Elfmeterpfiff. Dann die Entscheidung in den letzten 10 Minuten: Sobek schoß aus klarer Abseitsposition zum 2:2 Ausgleich ein und kurz vor Schluß der Siegtreffer der Berliner durch Kirsei, ebenfalls aus klarer Abseitsposition. Nach allgemeiner Ansicht hatte Fissenewerth die Münchner um die Meisterschaft gebracht. Nahezu die gesamte deutsche Presse bedauerte die unglückliche Niederlage des SpV 1860 und bejubelte München als die eigentliche Fußballhauptstadt Deutschlands. Man tröstete die Münchner mit der Hoffnung, daß man sich im nächsten Jahr sicher wieder im Endspiel sehen werde. Doch es sollten mehr als 30 Jahre vergehen, bis der Verein wieder an diesen Erfolg anknüpfen konnte.

Der Gewinn der ersten Deutschen Meisterschaft für einen Münchner Verein sollte im Jahr darauf dem FC Bayern gelingen. Die »Bayern« zogen über die Meisterschaft in der auf Druck der kleineren Vereine wieder auf 10 Vereine vergrößerten südbayerischen Bezirksliga sowie als Sieger in der Süd-Ost Gruppe der Süddeutschen Meisterschaft in die Endrunde der besten 16 Mannschaften ein. Insbesondere die Sturmreihe, die durch die vielen verletzungsbedingten Ausfälle Pöttingers in den letzten Jahren sehr geschwankt hatte, war durch Neuzugänge wieder zu einer sicheren Bank im Bayern-Spiel geworden. Der vom FC Wacker gekommene Josef Bergmaier, ein blendender Dribbler, zählte anfangs der 30er Jahre zu den besten deutschen Rechtsaußen. In der Sturmmitte stieß im November 1931 mit Oskar Rohr vom VfR Mannheim ein absoluter »Goalgetter« hinzu, der in Verbandsspielen Tore wie am Fließband erzielte. Nach Siegen über den Berliner Meister »Minerva« (4:2), den Polizei-Sportverein Chemnitz (3:2) und den Rekordmeister 1. FC Nürnberg (2:0) standen die »Rothosen« im Finale gegen die Frankfurter Eintracht. Mit generalstabsmäßiger Planung und geschickter Desinformation von Öffentlichkeit und Presse gelang es dabei den Bayern, ihr Quartier in Nürnberg am Tag vor dem Spiel unbemerkt zu beziehen, während die Journalistenschar in Schwabach wartete.

Dort konnten sie am Sonntag morgen wenigstens den Fahrradkorso von 600 Arbeitslosen aus München, der bereits am Samstag gestartet war und in Weißenburg genächtigt hatte, durchfahren sehen. Der Verein hatte Verpflegung und Übernachtungskosten für die Teilnehmer übernommen und auch die Eintrittskarten spendiert. Im Spiel, das bei drückender Hitze vor 58 000 Zuschauern im Nürnberger Stadion stattfand, präsentierten sich die Bayern von Beginn an in bestechender Form. Die Verteidigung um Haringer und Heidkamp stand wie ein Bollwerk und vor allem der rechte Flügel mit Krumm und Bergmaier wirbelte die Frankfurter Abwehr ein ums andere Mal durcheinander. In der 35. Minute verwandelte Rohr einen Handelfmeter zum 1:0 und Krumm konnte in der 75. Minute in einer Drangperiode der Frankfurter das entscheidende Tor erzielen. Daß nach dem Spiel die Massen das Feld stürmten und die Sieger begeistert vom Platz trugen, gehörte inzwischen schon zum Ritual der Endspiele.

Beeindruckend der Kehraus im Stadion: 43 000 Limonadeflaschen, 30 000 Maßkrüge und insgesamt 10 Eisenbahnwaggons voll sonstiger Abfälle wurden eingesammelt. Die Rückkehr der Mannschaft am Montagabend entwickelte sich zu einem von der Vereinsführung geschickt vorbereiteten Triumphzug. In einer Kette von mit Schimmeln bespannten Pferdekutschen zogen die Spieler vom Hauptbahnhof über den Karlsplatz zum Marienplatz, bejubelt von annähernd 100 000 fähnchenschwingenden Menschen. Im Rathaus gab Oberbürgermeister Scharnagl einen Empfang für die siegreiche Mannschaft. Die abendliche Jubelfeier im Löwenbräukeller war umrahmt von Darbietungen der »Creme« der Münchner Volkssänger und Humoristen: Karl Steinacker, Weiß Ferdl im Bayern-Dreß und der bekannte »Krüglredner« Michl Ehbauer priesen Mannschaft und Verein in höchsten Tönen.

Das Jahr 1932 markierte zweifelsohne den bisherigen Höhepunkt des Münchner Fußballs. Im Jahr darauf konnten die »Sechziger« zwar noch einmal bis in die Vorschlußrunde der Deutschen Meisterschaft vordringen, doch dann wurde es ruhig um den Münchner Fußball. Die »Hauptstadt der Bewegung« konnte fußballerisch – abgesehen vom Erfolg der »Sechziger« im Tschammer-Pokal im Jahr 1942 – keine großen Akzente mehr setzen.

»Judenverein« und Parteigeklüngel: die Vereinsführung des FC Bayern und der TSV 1860 in der NS-Zeit

Die großen Erfolge der Münchner Mannschaften fielen bereits in eine Zeit, in der es um den Fußball in Deutschland und in München allenthalben kriselte und in der die Vereine die Auswirkungen dieser Krise schon zu spüren bekamen. Hatten die Zuschauerzahlen bis zum Jahr 1928 in München immer neue Rekordmarken erreicht, so bestimmte die im Jahr 1929 heraufziehende Weltwirtschaftskrise mit ihren steigenden Arbeitslosenzahlen auch hier den Wendepunkt. Der TSV 1860 beklagte von 1928 auf 1929 einen Rückgang der Gesamtzuschauerzahlen im Heinrich-Zisch-Stadion von 603 200 auf 355 663. Sicher war ein Teil des Schwundes durch Abwanderung von Veranstaltern in das am 2. Juni 1928 neu eröffnete Dantestadion verursacht, doch insgesamt war der Rückgang eklatant. Im Jahr 1931 betrug der Durchschnittsbesuch im Sechziger-Stadion nur noch 7 472 zahlende Zuschauer. Nur vier der insgesamt 62 Begegnungen zogen knapp über 20 000 Zuschauer an.[14] Auch die ab dem Jahr 1931 durchgeführten Doppel-Heimspiele der Münchner Ligamannschaften waren selten von mehr als 10 000 Zuschauern besucht. Mit Zuschauerschwund hatten jedoch die Verbände und Vereine rebublikweit zu kämpfen. Selbst Länderspiele verloren an Attraktivität. Daß sich beim Spiel Deutschland – Schweden in Nürnberg am 25. September 1932 kaum 30 000 Zuschauer einfanden, stellte für den DFB eine herbe Enttäuschung dar, »und das in der alten Hochburg Nürnberg-Fürth«.[15] Zu den sinkenden Wettspieleinnahmen gesellten sich rückläufige Beitragseingänge, die sich nicht nur aus einem Mitgliederschwund, sondern auch aus der hohen Arbeitslosigkeit unter den Verbleibenden ergaben. Beim TSV 1860 waren die Mitgliederzahlen von 3682 zum Jahresende 1931 ein Jahr später auf 2898 gesunken. Im Sommer 1933 waren 40 % der Mitglieder arbeitslos. Trotz eklatanter Finanzprobleme gab sich der Gesamtverein bei seinem 70jährigen Stiftungsfest im Deutschen Theater, das in Anwesenheit des Protektors Kronprinz Rupprecht gefeiert wurde, betont hoffnungsvoll, national und vaterländisch. Im Festspiel »Das zerbrochene Schwert« rangen Mutter Germania und der »Geist, der heut sein Wesen treibt«, um die Seele des Deutschen Michels. Die ideale Gesinnung, in der Turner und Sportler zum Besten des deutschen Volkes arbeiten, ließ Michel letztendlich aber doch auf eine bessere Zukunft seines Landes hoffen.[16] Es mag nicht überraschen, daß den völkisch-nationalen Parolen der Nationalsozialisten in manchen Kreisen des Vereins Sympathie entgegengebracht wurde und daß eine Reihe von Vereinsmitgliedern zu den Aktivisten der Bewegung zählten. Dies ermöglichte es NSDAP- und SA-Mitgliedern der Kampfzeit, nach dem politischen Umsturz relativ schnell und problemlos die Schlüsselpositionen im Verein an sich zu bringen. Die feierliche Wiedervereinigung von Turn- und Sportverein zum alten »Turn- und Sportverein von 1860« am 13. März 1934 nutzte die neue Vereinsführung unter Studienprofessor Hacker denn auch zu einem mit großem Pathos vorgetragenen Bekenntnis zur Neuordnung des Deutschen Sports. Am Schluß der Veranstaltung folgten das Deutschland-Lied und das Horst-Wessel-Lied. War 1933 in Wilhelm Hacker eine dem Geist der Deutschen Turnerschaft nahestehende Lehrkraft an der Bayerischen Landesturnanstalt für den zurückgetretenen Heinrich Zisch an die Spitze des Turnvereins und dann des Gesamtvereins getreten, so blieb von 1934 an die Position fest in Händen von SA-Mitgliedern. Dem im Dezember 1934 nach Berlin verzogenen SA-Sturmbannführer Fritz Ebenböck folgte ein Jahr darauf mit Regierungsrat Dr. Ludwig Holzer ebenfalls ein SA-Sturmbannführer nach. Für den bald darauf nach Bamberg versetzten Dr. Holzer führte ab 7. April 1936 bis zum Kriegsende der Arzt Dr. Emil Ketterer den Verein, dem er bereits seit 1908 als Mitglied angehörte. Ketterer, am 6. August 1883 in Neustadt in Baden geboren, war Weltkriegsteilnehmer, dann Mitglied der Einwohnerwehr, seit 1923 Mitglied des Kampfbundes »Reichskriegsflagge« und der NSDAP, Mitbegründer des national-

sozialistischen Deutschen Ärztebundes München-Oberbayern, seit 1931 SA-Mit-
glied, Inhaber des goldenen Ehrenzeichens der Partei und Blutordensträger. Er war
bereits Mitglied des am 26. April 1933 erstmals einberufenen »gleichgeschalteten«
Münchner Stadtrats und blieb Ratsherr bis zum Kriegsende. Im November 1933
wurde er zum Chef des Sanitätswesens der SA ernannt und danach zum Führer des
Deutschen Sportärztebundes.[17] Daß unter dieser Vereinsführung weitere Parteigenossen in einflußreiche Positionen gelangten, kann nicht verwundern. Seit mindestens 1941 war mit dem SA-Obersturmführer Sebastian Gleixner ebenfalls ein altge-
dienter und forscher Nationalsozialist Leiter der Fußballabteilung. Gleixner, seit
1928 Parteimitglied und seit 1933 ebenfalls Stadtrat, hatte sich als erster NSDAP-
Betriebsrat am städtischen Schlacht- und Viehhof einen Namen gemacht und avancierte wegen seiner Verdienste um die Bewegung 1933 zum Führer des – nur noch
formal bestehenden – Gesamtbetriebsrates der städtischen Arbeiterschaft (»Be-
triebsgemeinschaftswalter«). Im März 1949 verurteilte ihn die Hauptspruchkammer
München als Hauptschuldigen zu fünf Jahren Arbeitslager, 10jährigem Berufs-
verbot und Vermögensentzug bis auf 1000,- DM.[18] Voller Stolz hatte Dr. Ketterer
am 2. Februar 1941 Oberbürgermeister Fiehler vermeldet, daß »das Führerprinzip
[im Verein] immer stark ausgeprägt war und dass ein prozentual grosser Anteil der
Mitgliedschaft sehr früh bei der Fahne Adolf Hitlers zu finden war. Siehe grosse
Zahl der Blutordensträger«.[19]

Ein deutliches Zeichen für das gute Einvernehmen zwischen Verein und der neuen
Stadtführung setzte der Festabend zum 75jährigen Bestehen des Vereins am 26. Oktober 1935 im Vereinsheim an der Auenstraße. Nachdem Vereinsführer Dr. Holzer
ein Bekenntnis zum neuen Deutschland abgelegt hatte, erhielten Oberbürgermeister
Fiehler, der Ratsherr Dr. Ketterer und Ludwig Behr, Leiter des städtischen Amtes
für Leibesübungen, die Ehrenmitgliedschaft des Vereins zuerkannt. Mit dieser Ehrung erwies der Verein den neuen Machthabern im Rathaus deutlich seine Reverenz,
andererseits hatten die Verantwortlichen aber allen Grund, dem Oberbürgermeister,
der NSDAP-Rathausfraktion und dem Amt für Leibesübungen Dank dafür abzu-
statten, daß der Verein überhaupt noch existierte. Seit 1932 konnten die Zins- und
Tilgungsbeiträge an die Städtische Spar- und Girokasse nicht mehr bezahlt werden,
ebenfalls seit 1932 waren die an die Stadtkasse zu entrichtenden Gebühren aus dem
Betrieb der vereinseigenen Grundstücke ausständig, dazu etwa 25 000 Mark Leistungen an Firmen und Handwerker. Mit Petitionen an Fiehler und Behr erreichte
man, daß die Stadt die ausstehenden Gebühren zunächst bis Juli 1933 (insgesamt
2285,17 RM), dann bis einschließlich 1935 übernahm. Einen großen Fürsprecher
fand der Verein in Ludwig Behr, der sich bei den städtischen Referaten nach-
drücklich dafür einsetzte, daß ein Weg gefunden werde, »um diesen Verein vor dem
Ruin zu retten«. Selbst als 1935 eine große Allianz von Städtischer Sparkasse, Schulreferat, Finanzreferat, Grundstücksreferat und Amt für Leibesübungen den Erwerb
des vereinseigenen Freiturn- und Spielplatzes an der Auenstraße durch die Stadt be-
werkstelligte, konnte die Finanzkrise nicht behoben werden. Im Mai 1937 stand der
Verein bei der Stadt bereits wieder mit 5485,25 RM in der Kreide. Vermutlich war
das ganze Ausmaß der Finanzkrise des Vereins nur wenigen bekannt, sie wurde viel-

leicht auch durch die großen Erfolge der Gewichtheber, Handballer, Kunstturner und Leichtathleten Mitte der 1930er Jahre übertüncht. So konnte die Vereinsführung auf der am 7. April 1936 abgehaltenen Hauptversammlung auf die »gesunden finanziellen Verhältnisse« des Vereins verweisen. Als Sparkasse und Stadtkämmerei es im Januar 1937 wegen der bereits hohen Hypothekenbelastung des Sportplatzes an der Grünwalder Straße ablehnten, ein erneutes Darlehen von 80 000 RM zu gewähren, wandte sich Dr. Ketterer persönlich an den Parteigenossen Stadtschulrat Bauer. Dieser sah als letzte Möglichkeit für den Erhalt eines Darlehens von dritter Seite die Übernahme einer selbstschuldnerischen Bürgschaft durch die Stadt zugunsten des Vereins. Dazu müssten jedoch die geltenden rechtlichen Bestimmungen über den Geld- und Hypothekenverkehr der Kommunen umgangen werden, was nur von höchster Stelle zu erreichen wäre. Daraufhin wandte sich Ketterer am 11. März 1937 an Wilhelm Brückner, persönlicher Adjutant des Führers und ebenfalls seit 25 Jahren Vereinsmitglied. Er sollte im Falle TSV 1860 beim Führer eine Lockerung der Bestimmungen erreichen. Bereits vier Tage später erreichte den bayerischen Innenminister und Gauleiter von Oberbayern Adolf Wagner ein Schreiben Brückners aus Berlin mit der Bitte, »in dieser Sache etwas [zu] helfen«. Wagner schlug nun Fiehler einen Weg vor, wie unter Umgehung der Reichsaufsichtsbehörden die Stadt die Bürgschaftsübernahme doch bewerkstelligen könnte. Gegenüber der Städtischen Spar- und Girokasse sollte sich die Stadt aber auf keine schriftliche Verpflichtung einlassen, da sonst wiederum die Genehmigung der Aufsichtsbehörden nötig sei.[20] Das Projekt kam so jedoch nicht zur Durchführung, es war wohl für die Stadt mit zu vielen Risiken behaftet und hätte den Verein auf Dauer auch nicht saniert. Ein entsprechender Tagesordnungspunkt für die Stadtratssitzung am 8. Juni 1937 wurde kurz vorher wieder abgesetzt. Inzwischen bastelte die Stadtführung an einer anderen Lösung, nämlich am Erwerb der Stadionanlage durch die Stadt. Ein entsprechender Beschluß Fiehlers wurde am 13. Juli vom Stadtrat abgesegnet, wobei der Kauf mit der »Vorsorge für die zukünftige Durchführung einer Auffahrtsstraße und vorerst die Erhaltung des Turn- und Sportbetriebes auf dem Platz durch den Verein« begründet wurde. Die finanzielle Abwicklung des Kaufpreises von 357 560,– RM regelte man so, daß keine staatsaufsichtliche Genehmigung nötig war. Nach Fiehler war es »die einzige Möglichkeit, den Verein zu erhalten«.[21] Der Oberbürgermeister blieb dem Verein weiterhin verbunden: Zum 80. Stiftungsfest spendete er dem Verein aus »eigenen Verfügungsmitteln« 1000 RM. Anläßlich des Gewinns der Bayerischen Fußballmeisterschaft im Frühjahr 1941 wie der südbayerischen Meisterschaft im Jahr 1943 erhielten Spieler und Offizielle des Vereins eine Einladung in das Haus Fiehlers zu einem gemütlichen Beisammensein – eine Ehrung, die den »Bayern« beim Gewinn der »Südbayerischen« ein Jahr später verwehrt wurde.

Bei den »Bayern« hatte die Machtübernahme der Nationalsozialisten gewaltige innere Turbulenzen zur Folge, die letztendlich von der Auseinandersetzung einer zunächst relativ kleinen nationalsozialistischen Fraktion im Verein mit der bisherigen, weltanschaulich eher unpolitisch-liberal gestimmten, Führungsriege um Kurt Landauer bestimmt waren. Am 22. März 1933 trat Landauer auf politischen Druck hin mit Rücksicht auf die »staatspolitische Neugestaltung der Verhältnisse in Deutschland« von der Vereinsleitung zurück. Damit warf ein Mann das Handtuch, der über mehrere Jahrzehnte hinweg das fußballerische Geschehen in München mitgestaltete und zu den markantesten Gestalten der Münchner Fußballgeschichte gehört. Auf seine Biographie sei deswegen hier kurz eingegangen: am 28. Juli 1884 in Planegg als Sohn der jüdischen Kaufmannseheleute Otto und Hulda Landauer geboren, engagierte er sich seit 1901 zunächst als aktiver Fußballer, dann als Mitarbeiter, beim FC Bayern. Vom Jahr 1913 bis zum Kriegsbeginn bereits Präsident, leitete er nach seiner Rückkehr aus dem Krieg vom Frühjahr 1919 bis zum März 1933 – mit einjähriger Unterbrechung – die Geschicke des Vereins, den er mit immer neuen Ideen, Überzeugungskraft, beharrlichem und unermüdlichem Einsatz zu hohem Ansehen im In- und Ausland verhalf. In seine Amtszeit fielen die schönsten Erfolge der »Rothosen«: bayerische, süddeutsche Meisterschaften und als Krönung die Deutsche Meisterschaft von 1932. Die Tatsache, daß der FC Bayern viele jüdische Mitglieder hatte, die teilweise in leitender Funktion mitarbeiteten, und daß noch dazu ein Jude jahrelang den Verein geleitet hatte und man sich im März 1933 nicht sofort von ihm getrennt hatte, sollte den Bayern das ganze »Dritte Reich« hindurch als Makel anhängen. Landauer selbst konnte im Mai 1939 in die sichere Schweiz emigrieren, während seine Geschwister den nationalsozialistischen Terrormaßnahmen zum Opfer fielen. Der Bruder Dr. Paul Gabriel Landauer mußte am 20. November 1941 die Deportation nach Osten mitmachen und wurde mit etwa 1 000 anderen am 25. November in Kowno (Kaunas/Litauen) von Angehörigen der Einsatzgruppe A erschossen. Bruder Franz ging im Jahr 1939 nach Amsterdam, kam aber am 10. Juli 1943 im KZ Westerbark um. Bruder Leo, der im Jahr 1939 nach Berlin verzogen war, kam 1942 im Vernichtungslager Majdanek um. Schwester Gabriele, verh. Rosenthal, wurde am 4. April 1942 nach Piaski deportiert und ist seitdem verschollen. Kurt Landauer kehrte jedoch im Juni 1947 wieder nach München zurück und wurde auf der Jahresversammlung des FC Bayern erneut zum Vorstand gewählt. Dieses Amt bekleidete er bis zum Jahr 1951. Daneben war er nach dem Krieg noch als Vorsitzender der Interessengemeinschaft der süddeutschen Vertragsspielervereine tätig. Am 21.12.1961 ist er in München gestorben.[22]

Nun zurück zum Jahr 1933: Auf einer außerordentlichen Mitgliederversammlung am 12. April konnte zunächst Siegfried Herrmann, langjähriger Mitarbeiter Landauers, zum kommissarischen Vereinsführer bestimmt werden, der bis zu der auf den Oktober verschobenen regulären Hauptversammlung amtierte. Bis dahin hatte sich das Gefüge des Vereins bereits gewaltig verändert. Zahlreiche jüdische Vereinsfunktionäre und Mitglieder, so der Jugendleiter Otto Beer, zogen sich mehr oder weniger freiwillig von ihren Posten zurück, während Parteigänger der NSDAP in deren Positionen einzurücken versuchten. Forciert wurde die Ausschaltung der Juden aus den Vorstandschaften der Vereine durch einen Befehl des Beauftragten des Reichssportführers bei der Bayerischen Staatsregierung, wonach die Sportvereine Listen der Vorstandsmitglieder zu erstellen hatten, aus denen neben der politischen Einstellung auch deren arische Abstammung ersichtlich war. Diese Listen waren bis spätestens 15. September 1933 beim Münchner Stadtverband für Leibesübungen einzureichen. Bis zum 7. Oktober mußte der nach dem Führer-Prinzip neu zu wählende Vorstand gebildet sein. Im Jahr 1935 war dann von allen Vereinsmitgliedern der Nachweis der arischen Abstammung zu leisten. Bei den »Bayern« entwickelte sich nach 1933 die Schiabteilung zu einem Sammelpunkt der »Jungen und Unzufriedenen«.[23] Sie konnte im September 1934 den neuen Vereinsführer Dr. Karlheinz Oettinger durchbringen, die Leitung der Clubzeitung an sich bringen und vor allen Dingen den »Dietwart«, also den Beauftragten für die nationalsozialistische Umschulung, stellen. Dieser Kreis schaffte es jedoch nicht, die Führung im Verein zu behaupten. Dr. Oettinger warf ein Jahr später bereits wieder das Handtuch und machte Dr. Richard Amesmeier, einem langjährigen und altbewährten Mitglied, Platz. Ihm folgte am 18. November 1937 sein langjähriger Mitarbeiter Oberlehrer Nußhart. Da Nußhart als Nicht-Parteimitglied jedoch nicht mehr zu halten war, trug man dem langjährigen Vereinsmitglied Oberregierungsrat Dr. Kellner die Führerschaft an, um den Anfeindungen seitens der Partei ein Ende zu setzen und um in etwa den Anschluß an die von prominenten Nationalsozialisten geführten Ligakonkurrenten TSV 1860 und FC Wacker zu finden. Nach dem baldigen Wegzugs Dr. Kellners wurden die Vereinsgeschäfte de facto jedoch wieder von dessen Stellvertreter Nußhart geführt. Nach dessen Ausscheiden zum Jahresende 1942 konnte die nationalsozialistische Fraktion im Verein endlich ihren Kandidaten Sauter als Vereinsführer durchbringen. Unter Sauter, der am 9. April 1943 von Sportgauführer Breithaupt zum »Kommissarischen-Gemeinschaftsführer« ernannt wurde, veränderte sich das bisherige Un-Verhältnis zu Parteistellen und Stadtverwaltung nun eklatant. Hatte man den Verein bisher seitens der Stadt und der Parteistellen mehr oder weniger links liegen lassen, zogen bei Veranstaltungen nun SA-Kapellen um die Aschenbahn und die Presse würdigte die Erfolge der »Bayern« ausführlich. »Der FC Bayern wurde plötzlich ganz groß gemacht.«[24] Allerdings ließ die »Bayern« ihre Vergangenheit nicht los. Als der Verein im März 1944 mit großem Vorsprung die Südbayerische Meisterschaft errungen hatte, brachte Ludwig Behr, Leiter des Stadtamtes für Leibesübungen, am 6. März 1944 bei Oberbürgermeister Fiehler eine Ehrung von Spielern und Vereinsführung in Vorschlag, und zwar in ähnlicher Weise, wie sie das Jahr zuvor der TSV 1860 erhalten hatte. Dies wurde u. a. mit dem Bemerken abgelehnt, daß »bei 1860 andere Beziehungen zur Stadt bestehen durch die Ratsherrn Gleixner und Dr. Ketterer, [und] daß der FC Bayern bis zur Machtübernahme von einem Juden geführt worden ist …«.[25] Das in Aussicht genommene Buchgeschenk mußte sich der Verein selbst im Büro Behrs abholen. Im Lauf des Jahres zog sich Vereinsführer Sauter aus Furcht vor den Fliegerangriffen in ein schwäbisches Landstädtchen zurück, kam immer seltener nach München und ward nach dem Krieg schließlich nicht mehr gesehen.

Der Münchner Ligafußball in den 1930er Jahren

Rein sportlich gesehen konnte der Münchner Fußball seine Vorrangstellung in Deutschland nach 1933 nicht behaupten. In den Rundenspielen der ab September 1933 neu gebildeten (gesamt)bayerischen Gauliga waren nun die Vereine aus Nürnberg, Fürth und Schweinfurth tonangebend. Die Zahl der aktiven Spieler ging rapide zurück. Im Jahr 1936 stellte der FC Bayern gerade noch fünf Mannschaften für den Spielbetrieb, die Zahl der Jugendlichen war von der Höchstzahl 535 im Jahr 1928 auf 170 zum Jahresende 1936 zurückgegangen. Allerdings war den Vereinen seit dem Sommer 1934 die Jugendarbeit wesentlich dadurch erschwert, daß sie sich streng auf die sportliche Unterweisung zu beschränken hatten. Darüber hinausgehende Veranstaltungen (Wanderungen, kulturelle Veranstaltungen etc.) mußten unterbleiben. Mit der am 1. August 1936 zwischen Reichssportführer Hans von Tschammer und Reichsjugendführer Baldur von Schirach geschlossenen Vereinbarung ging die gesamte Jugendarbeit der Fußballvereine praktisch in die Hände der Hitlerjugend über. Die Betreuung der 10-14jährigen (Schülerklasse) wurde uneingeschränkt vom »Jungvolk« übernommen, die 14-18jährigen konnten unter der Voraussetzung, daß sie der HJ und den eigens in den Sportvereinen zu bildenden HJ-Gruppen angehörten, in den Vereinen bleiben. Kein Jugendlicher konnte also im Verein Fußball spielen ohne nicht gleichzeitig HJ-Mitglied zu sein. Außerdem war die sportliche Betreuung der Jugendlichen auf zwei Sonntage im Monat beschränkt, die übrigen Sonntage waren der vormilitärischen Ausbildung, den Geländespielen und der politischen Ausrichtung vorbehalten. Daß nach Kriegsende der Neuaufbau der Mannschaften mit Spielern erfolgen mußte, die bereits Mitte der Dreißiger Jahre aktiv gespielt hatten, ist – neben den großen Kriegsverlusten – auch in dieser Anordnung begründet, die gleichsam eine ganze Generation junger Spieler ausfallen ließ. Trotz der Beschränkung in der Jugendarbeit waren die Fußballvereine fest in die nationalsozialistische Sportpolitik eingebunden. Zu Länder-, Gau- und Auswahltreffen mußten immer wieder Spieler abgeordnet werden. In Spielen für das Winterhilfswerk und Veranstaltungen am Opfertag des deutschen Sports oder bei Jugendwerbespielen hatten sie – ohne Beteiligung an den Einnahmegeldern – ihren Beitrag für die Volksgemeinschaft und die Förderung des deutschen Sports zu leisten. Daß dadurch manch einträchtiges Privatspiel nicht abgeschlossen werden konnte oder – bei fehlenden Spitzenspielern – die Gage eben niedriger ausfiel, wurmte manchen Vereinskassier.

Andere Münchner Vereine schlossen in den 1930er Jahren zu den »großen« Drei auf. In Kämpfen gegen die renommierten Münchner Zweit(nun: Bezirks-)klassisten FC Teutonia, SC Bajuwaren, SC Armin, FC Viktoria, SpVgg Sendling, MSV, Hansa Neuhausen oder Alte Haide hatten die Gauligavertreter oftmals einen schweren Stand. So warfen im Jahr 1937 die Bajuwaren nacheinander den FC Bayern (2:0) und den TSV 1860 (4:0) aus dem Tschammer-Pokal, mußten aber dann in der ersten Hauptrunde gegen den Krefelder FV ausscheiden. Der FC München, im Jahr 1934 aus der Fusion des FC Teutonia mit dem DSV hervorgegangen, gab in der Saison 1936/37 ein einjähriges Gastspiel in der Gauliga. Der SC Armin, der sich am 26.

März 1937 vor 10000 Zuschauern über den SC Bajuwaren die Bezirksligameisterschaft erkämpft hatte, scheiterte in den Aufstiegsspielen zur Gauliga an den ehemaligen Erstligavereinen Schwaben Augsburg, Jahn Regensburg, 1. FC Bayreuth und Würzburger Kickers. Ein Jahr später scheiterte der Postsportverein München durch zwei Niederlagen gegen Neumeyer Nürnberg (0:2, 2:3) am Aufstieg in die erste Liga. Im selben Jahr 1938 mußte allerdings der FC Wacker in den sauren Apfel des Abstiegs aus der Gauliga beißen. Daß die Wackeraner in der Saison 1938/39 in der Bezirksklasse Gruppe B neben dem SC Bajuwaren auch Innsbrucker Mannschaften (SC, ASK) und den Luftwaffensportverein Neubiberg zum Gegner hatten, zeigte bereits die politischen Veränderungen am Vorabend des Weltkrieges an. Einberufungen zur Wehrmacht und Arbeitsdienstverpflichtungen hatten schon seit der Spielzeit 1936/37 das Gefüge mancher Mannschaften verändert.

Kriegs-Spiele

Der Kriegsausbruch am 1. September 1939 verhinderte den regulären Start der Verbandsspiele. Die Vereine behalfen sich dadurch, daß sie zunächst mit Stadtbezirksmannschaften, dann mit Vereinskombinationen eine eigene Münchner Stadtmeisterschaft ausspielten, die jedoch mit Beginn der Verbandsrunde am 15. Oktober wieder abgebrochen wurde. Die Spiele der Bayerischen Liga starteten am 5. November. Ziel der Sportführung war es, möglichst schnell wieder zum Tagesbetrieb zurückzukehren. Man wollte der Welt zeigen, wie wenig der Krieg das Alltagsleben beeinflußte. So wurden in den letzten vier Monaten des Jahres noch sechs Länderspiele angesetzt, im Erfolgsjahr 1940 waren es gar zehn. Sportliche Betätigung im Krieg galt nun als ein »wichtiges Mittel zur Erhaltung der Widerstandskraft der Nation«, durch planmäßige sportliche Ertüchtigung sollte die Wehrfähigkeit der Jugend gefördert werden.[26] Die Organisation, besser gesagt die Inszenierung von Großveranstaltungen lag nun allerdings ganz in Händen der Partei. Hatte beim Finnland-Länderspiel im Jahr 1935 noch der DFB bzw. das »Fachamt Fußball« im Reichsbund für Leibesübungen in Zusammenarbeit mit der Münchner Stadtverwaltung federführend gewirkt, so lag die Gesamtleitung für das Spiel Großdeutschland – Bulgarien am 20. 10. 1940 im Städtischen Stadion an der Grünwalder Straße bei Regierungsrat Oberhuber, dem Sportdezernenten im Innenministerium und NSKK-Oberführer. Gauamtsleiter Baumstängl übernahm die Betreuung der bulgarischen Gäste, unterstützt von Parteigenosse Dr. Max Schäfer, Trainer beim TSV 1860. Parteigenosse Herberger, verantwortlich für die »Technische Leitung« (des Spiels) besetzte lediglich einen der vielen Programmpunkte im Gesamtablauf der Inszenierung.[27] Zum Spiel: es endete vor 30000 Zuschauern 7:3 für die Gastgeber. Franz Hammerl vom Post-SV München absolvierte sein erstes (und einziges) Länderspiel, der Bayernspieler »Lutte« Goldbrunner sein 39. (und letztes), sein Vereinskamerad Jakob Streitle das siebte und Fritz Walter das vierte. Anwesend waren Reichssportführer Hans von Tschammer, Staatsminister Gauleiter Adolf Wagner und Staatssekretär Hermann Esser.

Inzwischen hatte sich die Münchner Vereinsszene verändert. Militärmannschaften, wie der Luftwaffensportverein (LSV) Neubiberg oder der LSV Bruck tauchten plötzlich in den obersten Ligen auf, um dann nach wenigen Jahren wieder zu verschwinden. In den unteren Klassen mussten viele Vereine den Spielbetrieb einstellen, so der SC Armin, später dann der ruhmreiche FC Teutonia (1943) oder der FC Viktoria (1944). Die Vereinsnachrichten des TSV 1860 und des FC Bayern gingen schon bald wieder, wie im ersten Weltkrieg, »Von der Heimat an die Front«. Der Soldat sollte wissen, daß man ihn weiterhin der Vereinsfamilie zurechnete und daß auch die Daheimgebliebenen im »Ringen um Deutschlands Zukunft Pflichten zu erfüllen haben«.[28]

Von den Münchner Ligavereinen war der TSV 1860 am besten über die ersten Kriegsjahre gekommen. Neuzugänge, wie der Student Heinz Krückeberg aus Hannover, Ernst Willimowski vom PSV Chemnitz und Franz Hammerl vom Post-SV München, hatten das spielerische Niveau der Mannschaft sehr gehoben. Der Innensturm mit Krückeberg, Willimowski und Ludwig Janda zählte zum Paradestück der Elf und war kaum zu halten. Insbesondere der im September 1940 aus Hannover gekommene junge, technisch ungemein beschlagene und kopfballstarke Angriffsführer Heinz Krückeberg hatte beste Anlagen, um zu einer großen Spielerpersönlichkeit heranzureifen. Er ist im Krieg gefallen. Im Jahr 1941 gewann der TSV 1860 erstmals die Bayerische Meisterschaft und scheiterte in den Gruppenspielen um die Deutsche Meisterschaft nur knapp am späteren Meister Rapid Wien. Im Jahr darauf drang die Mannschaft jedoch bis ins Finale des Tschammer-Pokals vor, in dem sie vor 80 000 Zuschauern am 15. November 1942 im Berliner Olympiastadion den favorisierten sechsfachen Deutschen Meister Schalke 04 mit 2 : 0 besiegte. Entscheidend für den Sieg war, daß die Verteidiger der »Löwen« den Angriff der Schalker früh störten und so der gefürchtete »Kreisel« sich nicht entwickeln konnte. Technisch waren beide Mannschaften gleichwertig, doch besaßen die Sechziger das größere Stehvermögen und erzielten in den letzten Minuten die entscheidenden Tore durch die überragenden Stürmer Willimowski und Schmidhuber.

Die Auswirkungen der sich verschlechternden Kriegslage auf das öffentliche Leben in Deutschland war nun aber auch im Sport zu spüren. Schon im Frühjahr 1942 gab es die Anweisung an die Sportbehörden, ihre Arbeit »auf das äußerste« einzuschränken. Das Länderspiel gegen die Slowakei am 22. November 1942 sollte das letzte der Kriegszeit sein. Die Vereine waren gezwungen, mit dauernd wechselnden Besetzungen zu spielen. Um den Ligasport nicht zum Erliegen zu bringen, gab man Ligavereinen allerdings die Möglichkeit, einige namentlich zu benennende Spieler bei der Wehrmacht anfordern zu können und von der Front in die Heimat zurückzuerhalten. »Gastspieler« waren nun sofort spielberechtigt. Durch die zahlreichen Rüstungsbetriebe und Garnisonen vor Ort konnten die Münchner Ligavereine viele ihrer Spieler wieder heimatnah unterbringen und auch zahlreiche gute Gastspieler engagieren. Zum FC Wacker stieß im Juni 1940 mit dem in München stationierten Nationalspieler Ernst Pörtgen von Schalke 04 ein Klasse-Mittelstürmer, dem Post-SV schlossen sich 1941 Koch und Probst (Wacker Wien) sowie Palladin (Wiener AC) an.

Die sich rapide verschlechternde militärische Lage führte ab Jahresbeginn 1943 zu einer weiteren Einschränkung der Reichssportwettkämpfe. Reisen über die Gau- bzw. Bereichsgrenzen hinaus bedurften einer besonderen Genehmigung. Die bayerische Liga spielte seit der Saison 1942/43 bereits in einer Nord- und einer Süd- gruppe. Die weiterhin bestehenden Städte- und Gauvergleichskämpfe sollten jedoch nach außen hin den Eindruck eines ungestörten Spielbetriebes vermitteln. Auch die Verbandsspiele in der im Herbst 1944 nun auf München-Oberbayern beschränkten Gauklasse begannen am 10. September 1944 noch regulär. Während Spielplätze, Sta- dien und Geschäftsstellen bereits zerstört waren, der öffentliche Nahverkehr eigent- lich gar nicht mehr existierte, das Vereinsgefüge sich bereits aufgelöst hatte und Ver- einssitzungen in Privatwohnungen stattfinden mußten, hielt das Spiel als letztes Band und einzige (relativ sichere) Größe den Verein und die verbleibenden Mitglie- der zusammen. Die Bayernspieler Heibach und Dr. Loogen kamen per Rad von Kempten und Rosenheim nach München zu den Ligaspielen. Der nach München dienstverpflichtete Regensburger Nationaltorhüter Hans Jakob fuhr, nachdem er in München zweimal ausgebombt wurde, jeden Sonntag von Tegernsee nach Mün- chen, um für die »Bayern« im Tor zu stehen. Das mag dem heutigen Betrachter zwar absurd und sinnlos vorkommen, aber in einer Zeit, in der der Krieg schon lange sinnlos geworden war und auch das Leben Manchem bereits sinnlos erscheinen mußte, stellte da nicht das Fußballspiel eine der wenigen sinn-vollen Beschäftigun- gen dar, die das Bedrängende der Zeit auch vergessen halfen? – Fußball als Über- lebensstrategie in einer existenzbedrohenden Zeit. Beredtes Zeugnis hierfür liefern die vielen Privatspiele, die der FC Bayern noch im Frühjahr und Sommer 1944 nach Beendigung der Verbandsspiele absolvierte. Am 25. März 1945 fand das letzte Spiel der »Bayern« in der Verbandsrunde gegen die SpVgg Sendling am Neuhofer Berg statt, am 2. April spielte man auf dem Sportplatz der Verkehrsbetriebe gegen die Ba- juwaren in der oberbayerischen Runde des Tschammer-Pokals und verlor sensatio- nell mit 0:1. Im oberbayerischen Pokalendspiel standen die Bajuwaren dann am 15. April 1945 gegen den TSV 1860 auf verlorenem Posten (1:5). Wenige Tage vor Ein- marsch der Amerikaner absolvierten die Sechziger gegen die »Bayern« am 23. April noch ein Privatspiel, das sie mit 2:3 verloren. Dann untersagten die Besatzungs- behörden zunächst jegliche sportliche Veranstaltung. Aber die Spieler schnürten be- reits wieder ihre Fußballstiefel …

ANMERKUNGEN

[1] Eisenberg, 1990, S. 22. Schulze-Marmeling, S. 77.
[2] StadtAM, Schulamt 1952.
[3] Koppehel, S. 155, 161.
[4] Koppehel, S. 148.
[5] StadtAM, PMB D 171.
[6] Böttiger, S. 123.
[7] Bausenwein, S. 34.
[8] StadtAM, Vereine 2107.
[9] MNN Nr. 5 v. 4.1.1922; München-Augsburger AZ Nr. 4 v. 4.1.1922.
[10] MNN Nr. 235 v. 6.6.1922.
[11] VB 1929, Nr. 302.
[12] Fußball, Nr. 6 v. 10.2.1931, 12 f.
[13] Fußball, Nr. 3 v. 20.1.1931, 11.
[14] StadtAM, AfL 217.
[15] Fußball und Leichtathletik, 1932 Nr. 51.
[16] StadtAM, AfL 217.
[17] StadtAM, BuR 1570.
[18] StadtAM, BuR 1561. Münchener Gemeindezeitung 1933, Nr. 32. MM Nr. 33 v. 18.3.1949.
[19] StadtAM, AfL 217.
[20] StadtAM, AfL 217.
[21] StadtAM, RP 710/1.
[22] Institut für Zeitgeschichte, Fa 208, 209. StadtAM, Polizeimeldebogen (PMB) L 13, Einwohnerkartei. SZ Nr. 309 v. 27.12.1961.
[23] FS Bayern 1950, S. 107.
[24] FS Bayern 1950, S. 118.
[25] StadtAM, AfL 151.
[26] Bernett, Sportpolitik, S. 100 f.
[27] StadtAM, AfL 146.
[28] Von der Heimat zur Front. Clubnachrichten des F.C. Bayern e.V. München. Juni 1943, Nr. 1.

QUELLEN UND LITERATUR

Archivalien:

Stadtarchiv München (StadtAM)
Amt für Leibesübungen (AfL), Nr. 125, 127, 146, 151, 167, 217.
Bürgermeister und Rat (BuR), Nr. 1561, 1570.
Polizeimeldebogen (PMB) D 171, L 13. Meldekartei. Kennkarten-Doppel.
Ratssitzungsprotokolle (RP), Nr. 710/1.
Schulamt, Nr. 1952, 1955.
Vereine, Nr. 2107.

Institut für Zeitgeschichte:
Fa 208, 209.

Zeitungen/Zeitschriften:

Allgemeine Zeitung.
Bayerische Radiozeitung.
Bayerische Staatszeitung.
Der Fußball.
Fußball und Leichtathletik.
München-Augsburger Abendzeitung.
Münchener Sportzeitung.
Münchener Gemeindezeitung.
Münchener Zeitung.
Münchner Ilustrierte Presse.
Münchner Merkur.
Münchner Neueste Nachrichten.
Münchner Post.
Sport-Tagblatt.
Süddeutsche Zeitung.
Telegramm-Zeitung.
Völkischer Beobachter.

Literatur:

Bausenwein, 1996.
Bernett, Sportpolitik, 1971.
Bernett, Sportkritik, 1982.
Böttiger, 1993.
Eisenberg, Arbeiterfußball, 1990.
Eisenberg, Fußball, 1994.
Festschriften FC Bayern München, 1925, 1950, 1990.
Festschrift FC Wacker, 1953.
Festschriften Münchener Sportclub, 1949, 1959.
Festschrift Postsportverein München, 1956.
Festschrift SC Armin, 1953.
Festschrift SC Bajuwaren, 1960.
Festschrift Turnerschaft Jahn, 1987.
Festschriften TSV München von 1860, 1910, 1949, 1960.
Festschrift TSV München-Ost, 1977.
Festschrift TSV Turnerbund, 1972.
Filter, 1988.
Gedenkbuch Berlin, 1995.
Gehrmann, 1988.
Koppehel, 1954.
Schauppmeier, 1975.
Schulze-Marmeling, 1992.

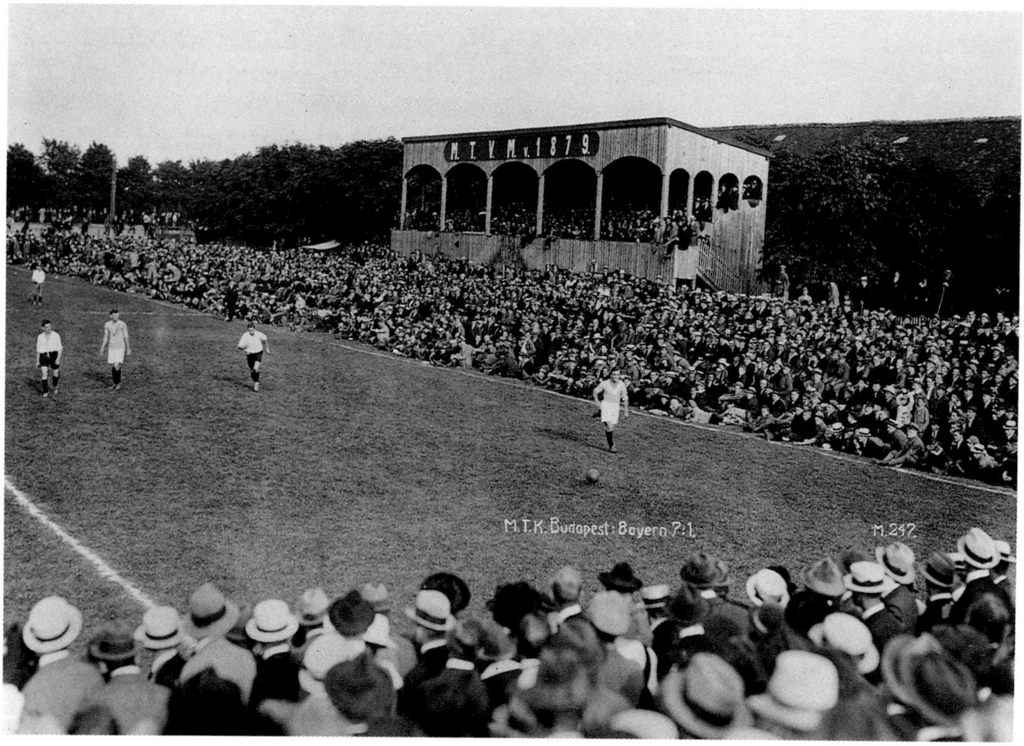
M.T.V.M.v.1879.
M.T.K. Budapest: Bayern 7:1.
M.242.

M.244.
M.T.K. Budapest: Bayern 7:1.

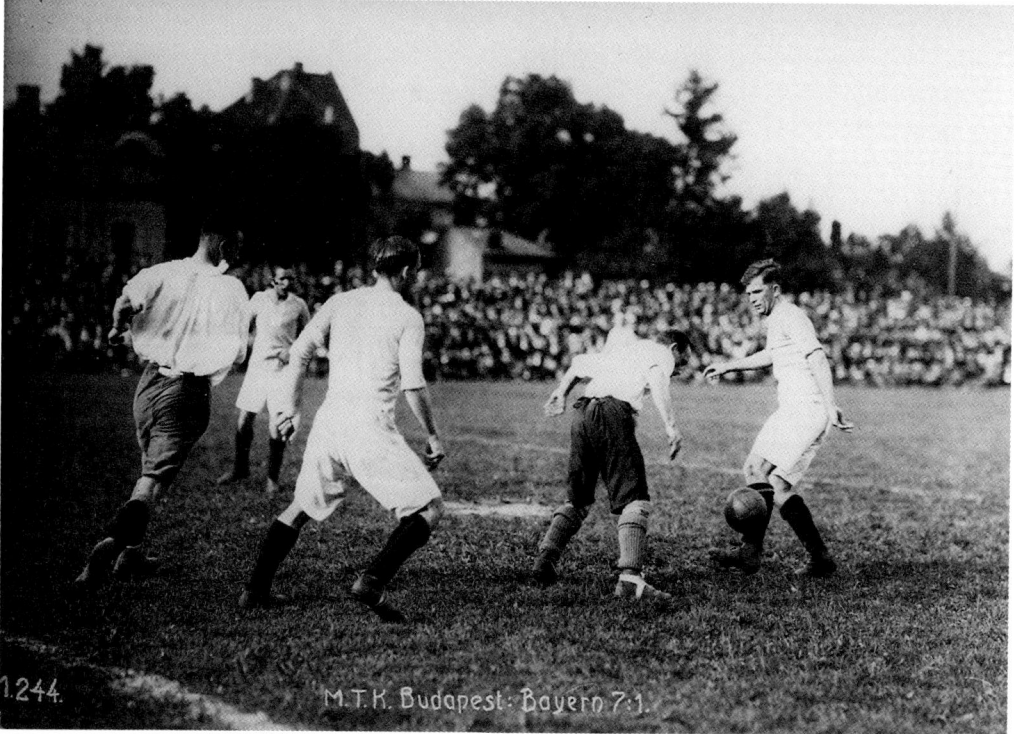

Die 1. Mannschaft des FC Bayern um 1920. In der ersten Reihe 3. v. l. der englische Trainer William Townley, der die Mannschaft bereits vor dem 1. Weltkrieg sehr erfolgreich betreute. Foto: Graeber.

Oben: Die europäische Spitzenmannschaft MTK Budapest gastiert am 27. Juli 1919 auf ihrer Deutschland-Tournee in München. Im schon lange vor Spielbeginn überfüllten MTV-Stadion an der Marbachstraße schlägt sie den FC Bayern 7:1. Am Ball: Peter Szabo. Foto: Graeber.

Unten: Der ungarische »Wunderstürmer« Alfred Schaffer verlädt einen Abwehrspieler des FC Bayern, 27. Juli 1919. Foto: Graeber.

Bayern : Wacker 1:1

Hofmeister muss eingreifen

F 397

F 447

78

Städtespiel München – Berlin (1:1) am 22. Mai 1921 vor angeblich 20 000 Zuschauern auf dem Platz des FC Teutonia an der Lerchenauer Straße am Oberwiesenfeld. Die Münchner Neuesten Nachrichten vom 23. Mai berichten nur von 10 000 Zuschauern.

Oben: Lokalderby zwischen dem FC Bayern und dem FC Wacker am 31. Januar 1921 (1:1) auf dem Sechziger-Sportplatz an der Grünwalder Straße. Bayern-Torwart Ludwig Hofmeister kann vor dem anstürmenden Ostermaier retten, dahinter: Josef Hofmeister (FC Bayern). Foto: Graeber.

Unten: Repräsentativspiel Süddeutschland – Niederösterreich am 8. Mai 1921 in Fürth. Georg Schneider (FC Bayern, Mitte), der populärste Münchner Spieler der Nachkriegszeit, bei der Platzwahl. Foto: Graeber.

F 624. Die Sensation in Süddeutschland – – Sp.Vg.Fürth geschlagen "

Die „Schaffer Elf" Wacker München siegt 3:2. Vor dem Fürther Tor.

Sohrmann Löblein. Lang   Wellhöfer   Gaul   Schaffer

F.C.Wacker
=München=
Süddeutscher Meister 1922

Ostermaier · Gaul · Schaffer · Nebauer · Altvater

Höss · Bernstein · Huiras · Eschenlohr · Rehle · Klingseis

Gabler · Passant · Daiser · Spitzweg · Semmler

S.-C. Teutonia München. 18. Mai 1924 in Freising (Jahnhöhe).
Wettspiel mit Spielvereinigung Freising I. Mannschaft.

Ausflüge, Reisen und gesellige Veranstaltungen wurden von allen Vereinen trotz großer wirtschaftlicher Nöte sehr gepflegt. Hier: Die 1. Mannschaft des FC Teutonia mit den Spielerfrauen anläßlich eines Privatspiels bei der SpVgg Freising.

Oben: Der FC Wacker besiegt am 12. März 1922 im ersten Spiel um die Bayerische Meisterschaft den nordbayerischen Meister SpVgg Fürth auf dessen Platz sensationell mit 3:2.
Foto: Graeber.

Unten: Die Meistermannschaft des FC Wacker, 1922. Foto: Graeber.

Mitglieder der deutschen Fußball-Nationalmannschaft beim Olympia-Vorbereitungskurs 1927 in Berlin-Grunewald, darunter die vier Bayernspieler Ernst Nagelschmitz und Hans Schmid (2. u. 3. v. l.), Ludwig »Wiggerl« Hofmann und Josef Pöttinger (7. u. 8. v. l.).

Oben: Die Mannschaft des TSV 1860 mit dem weltberühmten Ballartisten Enrico Rastelli, 19. April 1931.
1. Reihe v. l. n. r.: Neumaier, Henhapl, Eiberle, Brandmaier, Stock; Mitte: Schmidl, Wendl, Alois Pledl, Schäfer, Rastelli, Huber, Oeldenberger, Thalmayr, Trainer Max Breuning; hinten: Torwart Riemke, Masseur Lechner.

Unten: Am 14. Juni 1931 steht der TSV 1860 München im Endspiel um die Deutsche Meisterschaft gegen Hertha BSC Berlin. Einlauf der Mannschaft in das Kölner Stadion. V. l. n. r.: Huber, Stock, Stiglbauer, Schäfer, Thalmayr, Oeldenberger, Torwart Riemke.

82

Rundfunk- und Zeitungsreporter vor der Sitztribüne des Sechziger-Stadions an der Grünwalder Straße, zweite Hälfte der 1920er Jahre.

Blick auf die Stehhalle des neuerbauten Sechziger-Stadions an der Grünwalder Straße. Postkarte um 1927.

Fußball

Illuſtrierte Sportzeitung

München, 13. X. 1931 Herausgeber Eugen Seybold Nr. 41. / 21. Jahrgang

20 Pfg

Das Spiel des Tages — Das entscheidende Tor

1860—Bayern-München 2:0 Wie der Sturmwind fegt Lachner durch die Reihen des Gegners, bis in den Strafraum — ein unhaltbarer Schuß aus dem Lauf vollendet den blendenden Angriff

Empfang des Deutschen Fußballmeisters
FC Bayern in München am 13. Juni 1932.
Die Spieler Ludwig »Lutte« Goldbrunner, Josef Bergmaier und Josef Lechler
mit Lorbeerkränzen vor dem Hauptbahnhof. Foto: Valérien.

Karikatur von R. P. Bauer in: Telegramm-Zeitung Nr. 134 v. 13. Juni 1932.

Links: Lokalderby FC Bayern – TSV
1860 (0:2) am 11. Oktober 1931 vor
20 000 Zuschauern im Sechziger-Stadion.
Ludwig Lachner erzielt bereits nach fünf
Minuten das 1:0.

Der Münchner im Himmel!
„Daß i dös nimma dalebt hab'!"

Länderspiel Deutschland – Finnland am 18. August 1935 (6:0). Die deutsche Mannschaft dominiert das Spiel. Hier: der linke Läufer Gramlich (Eintracht Frankfurt), Mittelläufer Goldbrunner (FC Bayern) und der rechte Verteidiger Janes (Fortuna Düsseldorf) bei der Abwehr eines der seltenen finnischen Angriffe.

Oben: Länderspiel Deutschland – Finnland am 18. August 1935 im Heinrich-Zisch-Stadion. Einlauf der deutschen Mannschaft, voran Spielführer Szepan (Schalke 04) und Torwart Jakob (Jahn Regensburg). Foto: Valérien.

Unten: Wie die Alten, so die Jungen. Eine Fußball-Schülermannschaft auf einem Sportplatz im Münchner Norden, aufgenommen im Mai 1935 von dem Fotografen Heinz W. Valérien. Im Hintergrund die Wohnsiedlung Alte Haide.

Der Zuschauerrückgang macht sich auch bei den Lokalderbys bemerkbar. Am 12. Februar 1939 besiegt der FC Bayern vor 12 000 Zuschauern den TSV 1860 mit 3:2. Fickenscher (FC Bayern) grätscht in einen Schuß von Ludwig Janda (TSV 1860), beobachtet von den Mannschaftskameraden Framke und Goldbrunner.

Dem DFB kritisch gegenüber stehende Kreise versuchen, die Gleichschaltungsparolen der Nationalsozialisten für die Etablierung eines Konkurrenzverbandes zu nutzen. Als Mitveranstalter der Kundgebung am 5. Mai 1933 im Münchner Bürgerbräukeller zeichnet der Baurat Ludwig Kraus, seit November 1932 Vorsitzender des vom DFB bekämpften »Süddeutschen Verbandes für Berufsfußballspiele«.

Oben: Generalfeldmarschall Hermann Göring ruft im April des ersten Kriegsjahres zu einer Metallsammelaktion auf. Sie soll das »Geburtstagsgeschenk der Deutschen Nation für den Führer« sein. Der FC Wacker spendet seine Pokale.

Unten: Dankurkunde Hermann Görings für die Metallspende des FC Wacker, 1940.

Die **Fußball-Woche**

Deutschland-Belgien 4:1

SONDERBERICHT AUS BELGIEN VON E.W.

Ein strammer Soldat! Das ist Streitle aus München, der im Länderkampf gegen Belgien sich in den Abwehrrahmen gut eingefügt hat. Bild. Schirner

Jakob Streitle (FC Bayern) auf dem Titelblatt der »Fußball-Woche« nach seinem zweiten Länderspiel am 29. Januar 1939 in Brüssel gegen Belgien.

19. Jahrgang   Juni 1943   Nummer 1

Von der Heimat zur Front

Clubnachrichten des F. C. Bayern e. V. München

Geschäftsstelle u. Vereinsanschrift:	Für den Inhalt verantwortlich:	Druck: Buch u. Kunstdruckerei
Weinstraße 14/II, Fernruf 297101	Karl A m b a c h, München 9,	Hanns Lindner, München 23
Vereinslokal: Bürgerbräu-Keller	Schlierseestrasse 76/II	Herzogstr. 7, Fernruf 35025

Liebe Clubkameraden in der Heimat und an der Front!

Nachdem der bisherige stellvertretende Vereinsführer, Herr Nußhart, seinen Rücktritt erklärt hatte, wurde ich am 9. April ds. Js. vom Sportkreisführer zum K.-Gemeinschaftsführer des F. C. Bayern ernannt. Ich habe dieses ehrenvolle Amt in einer Zeit übernommen, in der das deutsche Volk seinen schwersten Kampf um Sein oder Nichtsein führt, und ich freue mich, feststellen zu können, daß unser Club den tiefen Sinn der Leibesübungen in höchstem Maße erfüllt hat, den Sinn nämlich, aus der ihm anvertrauten Jugend harte und entschlossene Kämpfer für Führer, Volk und Vaterland heranzuziehen. Viele unserer Mitglieder tragen das graue Ehrenkleid und mancher brave Kamerad hat die Treue zu den hohen Idealen mit seinem Blut besiegelt und ist vor dem Feinde geblieben. Wir werden sie nie vergessen und ihr Heldentum soll uns immer Vorbild und Ansporn sein.

Auch wir in der Heimat haben in diesem Ringen um Deutschlands Zukunft Pflichten zu erfüllen und nicht unsere kleinste soll es sein, den F. C. Bayern trotz aller zeitbedingten Schwierigkeiten auf seiner bisherigen stolzen Höhe weiterzuführen und ihn darüber hinaus eine dauernde Spitzenstellung unter den deutschen Großvereinen zu sichern. Reichsminister Dr. Goebbels und der verewigte, unvergeßliche Reichssportführer von Tschammer und Osten haben wiederholt erklärt, daß Sport kriegswichtig ist. Wir haben diesen Ruf verstanden und werden bestrebt sein, uns mit aller Kraft und Begeisterung für die gestellte Aufgabe einzusetzen.

Unsere Jugend wächst heran und wird zu Männern. Sie soll von uns mit dem gleichen geistigen und körperlichen Rüstzeug versehen werden, das Euch zu unsterblichen Heldentaten befähigt hat. Zehntausende von Volksgenossen sollen an den Sonntagen auf den Sportplätzen Zerstreuung und Erholung von harter, schwerer Wochenarbeit finden. Für Euch aber soll der Club eine zweite Familie sein, in der in kurzen Urlaubstagen eine liebevolle Aufnahme und eine gesellige Kameradschaft auf Euch wartet. Wenn Ihr dann nach siegreich bestandenem Kampfe endgültig in die Heimat zurückkehrt, dann sollt Ihr die Überzeugung haben, daß wir die Zeit nicht tatenlos verstreichen ließen, sondern alles versucht und vorbereitet haben, den F. C. Bayern in seinem alten Glanz wieder neu erstehen zu lassen.

Ich wünsche Euch, liebe Kameraden, auch weiterhin alles Gute und eine baldige, glückliche und siegreiche Heimkehr!

Mit sportkameradschaftlichem Bayern-Gruß und

Heil Hitler!

J. S A U T E R
K.-Gemeinschaftsführer.

Der nunmehrige Führerrat setzt sich wie folgt zusammen:

K.-Gemeinschaftsführer:	Sauter,
Stellv. „	Heilmannseder,
Kassier:	Haerpfer,
Schriftführer:	Billner,
Spielausschuß und Mannschafts-Betreuung:	Heidkamp, Hötzl,
Mitgliederbetreuung:	Ambach,
Jugendleitung:	Lämmle, Veitl,
Dietwart:	Meier Ferdinand,
Geschäftsstellenleiter:	Plank,
Ältestenrat:	Baumann, Schwab, Staudinger.

Aus dem Spielbetrieb:

Einesteils gestattet es der räumlich beschränkte Platz in unserem Nachrichtenblatt nicht, zurückblickend den Spielbetrieb unserer Mannschaften, speziell den der 1. Mannschaft, ausführlich zu schildern und damit Versäumtes nachzuholen, andererseits dürfte sich dies deshalb erübrigen, weil die Kameraden an der Front großteils durch Funk, Tages- und Sportpresse wenigstens über die Ergebnisse einigermaßen unterrichtet werden. Es soll auch in Zukunft nicht näher auf die einzelnen Spiele eingegangen werden, sondern es wird außer einem kurzen Überblick über die Ergebnisse hauptsächlich nur das mitgeteilt, was einen „Bayer" interessiert.

Die 1. Mannschaft

Am Sonntag, 9. Mai 43 stieg auf der „Hanns-Braun-Kampfbahn" an der Grünwalderstraße das oberbayerische Endspiel um den Tschammerpokal, für den in diesem Jahre aus zeitbedingten Gründen ein anderer Austragungsmodus festgelegt wurde. Nach Feststellung der Gausieger tragen diese dann ähnlich wie bei der „Deutschen" den Pokalmeister aus. Für das Endspiel in unserem Gau setzten sich durch: Unsere 1. Mannschaft in den Spielen: gegen Teutonia 9:0 am 17. 4. 43, gegen 1880 4:0 am 25. 4., gegen Wacker 8:0 am 2. 5. 43. Besonders dieser Sieg ist als ein sehr großer Erfolg zu werten, nachdem unser aller Widersacher in stärkster Aufstellung angetreten war und allerhand vor hatte. Unsere Ligaelf spielte in der Aufstellung: Brückl-Wagner, Ungerhofner, Heidkamp, Streitle-Simetsreiter, Seidl, Lindemann, Reitter, Maschauer. Unser Schlußdreieck war äußerst sicher, ganz hervorragend die Läuferreihe und aus dem wunderbar kombinierenden Sturm stachen noch besonders Lindemann und Simetsreiter heraus, wobei ersterer 6 Tore erzielte und das gegen das Schlußtrio Streb, Bader, Leidenberger. Die beiden anderen Treffer markierten Reitter und Simetsreiter. Als Endspielpartner stand bereits am Ostermontag Bajuwaren fest, das für die größte Überraschung im ganzen Reich sorgte, da es den letztjährigen Tschammerpokalsieger TSV 1860 mit 1:0 aus dem Rennen warf. Damit kam zwar der erwartete große Schlager 1860 – Bayern nicht zur Durchführung, jedoch war auch das Spiel gegen Bajuwaren von vornherein nicht reizlos. Wer 1860 in bester Aufstellung schlagen konnte, war auch gegen Bayern nicht ohne Chancen, zumal die Ramersdorfer, wie man allgemein hörte, gute Gründe dafür hatten, sich gegen uns besonders in Zeug zu legen (siehe die letzte südbayerische Meisterschaft!). Die erste halbe Stunde war dann auch demnach. Die Bajuwaren konnten durch unbändigen Fleiß und hartes Spiel, dem übrigens Hofner zum Opfer fiel, fast eine Halbzeit lang ein 1:1 halten. Noch knapp vor dem Wechsel sorgte Lindemann durch sein 2. Tor für die Führung und unmittelbar vor der Pause war der wiedererschienene Statist Hofner Thamerl mit glücklichem Weitschuß erfolgreich. Dem Anstoß in der 2. Halbzeit folgte eine schöne Kombination in den Bajuwarenstrafraum, dem Seidl auf Flanke von Lindemann als Abschluß das 4. Tor erbrachte, dem kurz darauf letzterer Nummer 5 und 6 folgen ließ. Damit war der „Pokalschreck" aussichtslos abgeschlagen und hatte für die restliche Spielzeit nichts mehr zu bestellen. Unsere Mannschaft, die mit Ausnahme des verletzten Wagner, für den Lindner spielte, dieselben Leute wie gegen Wacker (also auch den Urlauber Maschauer) zur Stelle hatte, spielte trotz des strömenden Regens wieder mit einer Begeisterung und Hingabe, die vielleicht nicht zuletzt auch auf den frischen Wind in der Vereinsleitung zurückzuführen sind. In der jetzigen Verfassung ist unsere Ligaelf durchaus in der Lage, noch einige Runden weiter zu kommen. Der nächste Pokalgegner wird entweder der Pokalmeister von Schwaben, BCA oder von Oberpfalz/Niederbayern, 1. F. C. Straubing sein.

Von der Heimat zur Front. Clubnachrichten des FC Bayern, Juni 1943.

Endspiel um den Deutschen Pokal (Tschammer-Pokal) zwischen dem TSV 1860 und Schalke 04 am 15. November 1942 im Berliner Olympiastadion (2:0). Der Schalker Torwart Flotho wird von den beiden Sechziger-Spielern Heinz Krückeberg und Ernst Willimowski (Rücken) bedrängt. Foto: Hoffmann.

Gausportführer General Breithaupt überreicht dem FC Bayern anläßlich der Erringung der südbayerischen Meisterschaft im Dante-Stadion einen Lorbeerkranz, 5. März 1944.

Ruinenjahre und Konsolidierung
Spiele und Geld in den Zeiten der Oberliga Süd

Ingo Schwab

In den Jahren 1945 bis 1963 bestimmte vorrangig die Süddeutsche Oberliga den Spielbetrieb der Münchner Spitzenmannschaften. Der Zeit zwischen dem Ende des 2. Weltkrieges und der späten Adenauer-Ära haftet in der Rückschau fast etwas Vorläufiges an, so, als hätte der deutsche Fußball diese 18 Spielzeiten bis zur Einführung der Bundesliga als Reifeprozeß nötig gehabt. Dabei spiegeln die in den Jahren 1945 bis 1947 eingerichteten obersten Ligen Süd, Südwest (bis 1950 zusätzlich in Süd und Nord unterteilt), Nord, West sowie Berlin nur die politische Situation wieder, in der sich das westliche Deutschland nach dem Zusammenbruch von 1945 befand. Ab 1948 waren diese Ligen bereits in der Lage, mit dem 1. FC Nürnberg vor 70 000 Zuschauern in Köln wieder einen Deutschen Meister zu ermitteln: Der Club hatte in einem packenden Spiel den vom früheren Reichstrainer Sepp Herberger inoffiziell betreuten 1. FC Kaiserslautern mit 2:1 Toren geschlagen. Der Deutsche Fußballbund selbst hatte schon im Spieljahr 1946/47 eine gemeinsame Deutsche Fußballmeisterschaft zu organisieren versucht, ein Unterfangen, das letztlich an der Haltung der Besatzungsbehörden scheiterte. Auch in München setzten die Amerikaner nach ihrem Einmarsch am 30. April 1945 die nicht nur das politische Leben prägenden Maßstäbe.

Nur das Interesse am rollenden Ball

Blättert man durch die ersten Seiten der »Chronik der Stadt München 1945-1948«, so zeichnen Not und Unheil das Leben der Menschen in diesen Tagen: die Bedrohung durch die Luftangriffe, der sich abzeichnende Einmarsch der westlichen Alliierten, die ungewisse Versorgungssituation in diesem letzten Kriegswinter prägten den Alltag der Münchner, der durch absurde Durchhalteaktionen der braunen Machthaber eine mitunter groteske Brechung erfuhr.

Die Menschen konzentrierten sich ganz auf die Sicherung ihrer Existenz, Brennstoffmangel und eine katastrophale Versorgungslage führten zu gewalttätigen Plünderungen, die von der Geisel des Krieges reduzierte Bevölkerung leidet unter Obdachlosigkeit und der Angst vor dem Morgen.

Und gleichwohl, zwischen den Angaben »Luftwarnung« und »Alarm« der beiden Einträge zum 17. und dem 20. Februar notiert der Chronist für Sonntag, den 18. Februar 1945: »Der FC Bayern München wird durch einen 1:0 Sieg über Wacker München Oberbayerischer Fußballmeister.«[1]. Und es wird weiter gespielt. Wohl am 23. April 1945 kommt es zu einem Spiel zwischen dem FC Bayern und dem TSV 1860 München, das die Bayern mit 3:2 für sich entscheiden. »Das Münchner

97

Derby«, einzig auf die spielerische Auseinandersetzung fixiert, berichtet: »Es war kein Freundschaftsspiel wie jedes andere, sondern wieder einmal ein Prestigeduell. Und zwar das zwischen dem oberbayerischen Meister und dem frischgebackenen oberbayerischen Pokalsieger, dem TSV 1860. Darüber hinaus … das letzte Spiel, das beide Mannschaften zu Kriegszeiten bestritten.«[2] Es war in der Tat »kein Freundschaftsspiel wie jedes andere«, in den frühen Morgenstunden hatten die Spieler der Mannschaft des FC Bayern ihren Mannschaftskameraden Wittmann tot aus den Trümmern seines bei einem Fliegerangriff zerstörten Hauses geborgen.[3] Knappe acht Wochen später, am 24. Juni 1945 trafen die Mannschaften von Wacker und dem FC Bayern erneut aufeinander.

Das 1000jährige Reich hatte inzwischen endgültig aufgehört zu bestehen. In München war bereits am 4. Mai Karl Scharnagl von den Amerikanern das Amt des Oberbürgermeisters übertragen worden. Dr. Anton Fingerle übernahm als berufsmäßiger Stadtrat die Leitung des Schul- und Kulturreferates und wurde zuständig für den Sportbereich. Dem Fußball brachten die sich verändernten politischen Gegebenheiten zunächst formale Konsequenzen.

Hatte der FC Bayern am 2. 01. 1945 den Behörden lapidar mitgeteilt: »Infolge Totalschadens unserer Geschäftsstelle haben wir nunmehr unser Ausweichbüro bezogen.«[4] und als neue Anschrift die Agnes Bernauerstraße 106 gemeldet, so definierte man eine Woche nach der Kapitulation das Verhältnis zwischen Verein und dem neuen Stadtregiment in einem Anschreiben zwischen Glückwünschen und Unterstützungserklärungen an den neuen Oberbürgermeister deutlich: »Wir sind bereit, Ihnen bedingungslos und treu Gefolgschaft zu leisten, hat doch mit Ihrer Amtsübernahme auch für uns »Bayern« wieder eine Zeit neuen Aufbau's begonnen, nachdem wir bisher als »Juden-Club«, der es ablehnte, sich eine nationalsozialistische Vereinsführung aufzwingen zu lassen, mit allen Mitteln gedrückt wurden.«[5]

Beabsichtigt ist vom Verein die baldige Wiederaufnahme des Spielbetriebes, um »Entspannung und Unterhaltung zu bringen«, wobei die Hoffnung ausgedrückt wird, »dass … weder von Seiten der Besatzungsbehörden noch von Seiten der Stadtverwaltung Bedenken bestehen …«.

Die Folgen des Kriegsgeschehens veranlassen die Vereinsführung, zugleich mit dieser ersten Kontaktaufnahme auch die Hemmnisse aufzuzeigen, die den Spieltrieb vorrangig beschnitten: »Wir ersuchen Sie …, uns bei der Vergebung der städtischen Sportplätze wohlwollendst zu berücksichtigen, da unsere gesamten Anlagen, Sportgeräte und Verwaltungseinrichtungen den Luftangriffen zum Opfer fielen und wir bei den bisherigen Sportbehörden keinerlei Unterstützung fanden.«. Das Spiel am 24. Juni mußte schon deshalb wohl am Wackerplatz an der Khidlerstraße angepfiffen werden. Wacker siegte mit 4:3 Toren. Eine Woche später traten beide Mannschaften erneut gegeneinander an, gespielt wurde am 30. Juni am Platz der Hypothekenbank an der Grünwalder Straße und diesmal gewannen die Bayern mit 3:1. Ausgetragen wurden diese Spiele nicht vom Verband, sondern allein von den Mannschaften. Zum einen fehlten den Vereinen die Mitglieder, von den Möglichkeiten einer funktionierenden Kommunikation ganz zu schweigen. Zum anderen drohte sich auch die Situation zu verschärfen, da die Vereine durch die Verordnung des Alliierten Kontrollrates verboten werden sollten. Wie ungesichert für die Beteiligten das Agieren zwischen alliierten Kontrollen, deutsch-behördlichen Bedenklichkeiten und materiellen Sachzwängen gewesen ist, mußte der provisorische Vorsitzende der Bayern Xaver Heilmannseder erfahren. Da die Militärbehörden über das geplante Spiel vom 24. Juni nicht informiert worden waren, wurde er von der amerikanischen Militärpolizei festgenommen und als Verantwortlicher 48 Stunden inhaftiert, bis er auf Intervention des neuen Polizeipräsidenten von Seisser wieder frei kam.

Auch um die beiden ersten Begegnungen zwischen den Bayern und dem TSV 1860 München war vor den Genehmigungsbehörden mehrfach verhandelt worden. Nach Angaben des Staatsrates Meinzolt wurde vor ca. 1000–1500 Zuschauern auf dem Platz der Hypobank an der Grünwalderstraße am 29.07.1945 ein Spiel FC Bayern – TSV 1860 durchgeführt. Zunächst war die für den 22.07. geplante Begegnung »von der örtlichen amerikanischen Stelle der Militärregierung im Rathaus abgelehnt worden …«[6]. Auch die Polizei war durch ein Schreiben der Militärregierung informiert worden, daß kein Spiel stattfinden dürfe und bot dem städtischen Platzwart »Schutz … im Falle der Nichtbefolgung« an, berichten die behördlichen Akten. Nach der privaten Überlieferung hat anscheinend das für den 22. Juli terminierte Spiel tatsächlich nicht stattgefunden, dafür trafen dann beide Mannschaften am 29.7 und am 26. August aufeinander, im ersten Spiel trennte man sich 2:2 auf dem Platz der Hypobank. Die zweite Begegnung fand vor 12 000 Zuschauern im Stadion an der Grünwalder Straße statt. Herbert Moll, der spätere Ehrenspielführer des FC Bayern München erinnert sich: »Unsere Aufstellung lautete: Fink, Haringer, Streitle, Reiter, Moll, Mayer, Seidl, Heibach, Fritz, Steppberger, Simetsreiter. Die Einnahmen wurden an die Verfolgten des Hitler-Regimes abgeführt.«[7] Knappe drei Wochen später, am 15.9.1945, spielte 1860 gegen den FC Wacker 4:3, bald darauf gegen den gleichen Gegner 2:2, der zuvor den Bayern ein 1:1 abgetrotzt hatte.

Die Besatzungsbehörden verhielten sich gegenüber den Wünschen nach Spielgenehmigungen zögerlich. So beschied das Amt für öffentliche Sicherheit der Militärregierung den FC Bayern, mit der Abhaltung von öffentlichen Spielen noch einige Wochen zu warten. Gleichzeitig versuchten die städtischen Behörden, den Wünschen des Fußballs möglichst entgegenzukommen: so heißt es in einem Anschreiben des FC Bayern vom 6. Juli 1945 an den Direktor des Amtes für Leibesübungen: »Leider können wir bei unserem Spiel gegen den FC Wacker am 8.7.45 das uns von Ihnen freundlichst zur Verfügung gestellte Dantestadion nicht benützen.«[8]

Es ist der Findigkeit der Vereine zuzuschreiben, daß es immer wieder gelungen ist, schließlich doch die Spiele auszutragen. Stadtschulrat Fingerle signalisiert in einem Aktenvermerk sein Verständnis: »Es darf wohl als selbstverständlich angesehen werden, daß gerade das Fußballspiel nicht das mindeste mit Militarismus oder ähnlichen Zielen zu tun hat, daß vielmehr alle Beteiligten nur ein Interesse haben, nämlich das am rollenden Ball.«[9]

Fingerle wußte sehr wohl zwischen dieser ursprünglichen Lust am Spiel und dem Agieren der Funktionäre zu differenzieren. Für die städtischen Behörden war es dabei vor dem Hintergrund der amerikanischen Militärregierung nicht immer leicht, die Vereine uneingeschränkt zu fördern und zu unterstützen. Als Heinrich Zisch sich am 31. August 1945 an den Oberbürgermeister Scharnagl mit der Bitte um eine Aussprache wandte, fiel die weitere Behandlung dieser Angelegenheit ressortgemäß dem Leiter des Stadtschulamtes zu. In einem Bericht schildert Fingerle die Aussprache mit Heinrich Zisch: »Der Hauptpunkt war die Fortführung der Arbeit des Turn- und Sportvereins von 1860 in einer den neuen Weisungen entsprechenden Form. Ich gewann den Eindruck, als ob der Verein durch eine Anzahl seiner führenden Persönlichkeiten soweit belastet wäre, daß der Verein sich selbst über seine Zukunftsmöglichkeiten nicht im klaren ist … konnte ich nur anheim stellen, in privater Form und unter Vermeidung eines versammlungsähnlichen Treffens zu verhandeln. Ich forderte ihn auf, auf jeden Fall die Fragebogen der für die Weiterführung vorgesehener Personen und verantwortlichen Stellen vorzulegen. Darüber hinaus ist der gesamte Fragenkomplex jedoch nur im Rahmen des gesamten sportlichen Wiederaufbaus zu behandeln, was demnächst geschehen soll.«[10]

Während ein so formulierter Aktenvermerk die Hemmnisse erahnen läßt, die die Schatten der NS-Zeit vielen Vereinsfunktionären das nahtlose Wiederanknüpfen an ihre Aktivitäten erschweren bzw. gar verhindern sollten, scheinen die Spieler der Vereine Bayern und TSV 1860 recht schnell den Anschluß an ihre Mannschaften haben finden können. Herbert Moll, der schon 1934 als Außenläufer in der ersten Mannschaft der Bayern gespielt hatte, berichtet: »Wir von den Bayern waren bei den Funkern in der 2. Kompanie, auch unser Nationalspieler Jackl Streitle. Die Sechziger waren dagegen alle bei den Fernsprechern in der 1. Kompanie zusammengefaßt.«[11] Bei Kriegsende tat er in seiner Heimatstadt als Wachtmeister in einer Nachrichten-Einheit Dienst und so blieben ihm Internierung und Gefangenschaft erspart.

Die letztlich kontinuierlichen Mannschaftsformationen über diese Jahre der allgemeinen Instabilität zeichnen die Münchner Verhältnisse aus, vergleichbar etwa mit Hamburg. Auch dort spielte schon Mitte Juni 1945 der HSV gegen Altona 93 am unbeschädigt gebliebenen, jedoch als Sammellager genutzten Rothenbaum.[12] Mit dabei bei dem 2 : 0 seines HSV war Erwin Seeler, der Vater von Uwe Seeler. Stellvertretend für die meisten seiner Mitspieler erinnert er sich: »Wir hatten überlebt, waren halbwegs gesund über die Runden gekommen. Jetzt war da wieder Fußball, und das lenkte uns von dem ganzen Elend wenigstens etwas ab.«[13]

Spielbetrieb und Leidenschaft

Die Städte litten unter gewaltigen Zerstörungen ihrer Bausubstanz; Wohnraum war Mangelware geworden, Verkehrswege mußten erst wieder geschaffen werden; die Militärregierung war weiterhin die entscheidende Kraft. Ansprechpartner für Bittgänge um Förderung waren neben privaten Mäzenen die städtischen Verwaltungen, die bei der Vergabe von Plätzen, Stadionnutzung, Regelungen der Vergnügungssteuer etc. verantwortlich zeichneten. Für die großstädtische Bevölkerung und damit auch für Spieler bzw. deren Familien herrschte die ersten Jahre nach 1945

Lebensmittelknappheit, bis zur Währungsreform waren Phantasie und Kontakte immer wieder gefordert. Eine Beschreibung dieser Situation, die in den frühen 50er Jahren von einer ersten politischen Konsolidierung abgelöst werden wird, kann hier, auch aus Sicht des Sports, nur in groben Linien erfolgen. Nicht jedes Spiel, jedes Ergebnis taugt zum referieren. Es ist der weite Paß bis 1963 zu schlagen, in das Jahr der Zeitenwende des bundesdeutschen Fußballs.

Die Gründung der Süddeutschen Oberliga

Während einzelne Vereine noch nicht einmal die satzungsgemäßen Voraussetzungen für einen geregelten Spielbetrieb vorweisen konnten, hatte der Stuttgarter Studienrat Dr. Fritz Walter mit zwei weiteren Funktionären des VfB Stuttgart, Ernst Schnaitmann sowie Gustav Sackmann, eine bereits in Kriegszeiten verfolgte Idee aufgegriffen: Seit 1942 war es zu Vergleichsspielen gekommen, bei denen in süddeutschen Städten Mannschaftskombinationen gegeneinander angetreten waren; für München bildeten der FC Bayern und der TSV 1860 ein solches Team. Sackmann hatte, kaum daß der Krieg beendet war, auf abenteuerlichen Fahrten und unter widrigsten Reiseverhältnissen, eine Tagung im Gasthof »Krone« in Fellbach bei Stuttgart vorbereitet. Zweimal trafen sich hier die Vertreter von 16 Vereinen. Walter war es gelungen, sich vom Stuttgarter Stadtkommandanten die Lizenz für die Wiedergründung des Süddeutschen Fußballverbandes und für die Durchführung einer Spielrunde über Süddeutschland zu sichern. Er umging die Klippen eines Verbotes, die das Abenteuer Oberliga hätten gefährden können, indem er von einer »Spielrunde« einzelner Vereine spricht und jedwede weitere organisatorische Verknüpfung vermeidet. Der Erfolg wird ihm recht geben und ein Jahr darauf trägt er den erneuten Wunsch nach »einer Spielrunde mit Vor- und Rückspiel« um »den Titel eines Süddeutschen Fußballmeisters« vor. Mit 240 gelungenen Spielen kann er dann argumentieren und hinzufügen, daß rund 2 Millionen Zuschauern deren »Volkstümlichkeit« bewiesen hätten.[14]

Die Fellbacher Treffen führten zu einer Runde folgender Vereine: 1. FC Nürnberg, Spielvereinigung Fürth, VfB Stuttgart, Stuttgarter Kickers, Eintracht Frankfurt, Fußballsportverein Frankfurt, Kickers Offenbach, Waldhof Mannheim, VfR Mannheim, Karlsruher Fußballverein, Phönix Karlsruhe, Schwaben Augsburg, BC Augsburg, FC 05 Schweinfurt und die beiden Münchner Vereine FC Bayern sowie TSV 1860.

Der FC Wacker mußte in der zweigeteilten Bayerischen Landesliga antreten. Daß dabei den Blausternen auf Grund politischer Parteinahme von »höchster Stelle« aus die Oberligalizenz verweigert worden wäre, scheint unwahrscheinlich. Verbitterung über das couragierte Vorgehen in der Fellbacher »Krone« war gleichwohl verbreitet. Der Start zur Landesliga erfolgte am 9. Dezember 1945, der Meistertitel berechtigte zum Aufstieg in die Oberliga Süd. Konkurrenten der Wackermannschaft waren neben dem späteren Meister 1. FC Bamberg u.a. als zweiter Münchner Verein der SC Bajuwaren, der das Niveau der oberen Spielklassen nicht halten konnte. Die

Wackeraner selbst landeten hinter dem 1. FC Bamberg und Jahn Regensburg auf dem undankbaren 3. Platz, verschafften sich damit aber gute Voraussetzungen für die nachfolgende Saison.

Bis am 4. November 1945 für die 60er und die Bayern das erste Spiel angepfiffen werden konnte, galt es bei aller Leidenschaft für das Spiel mit dem Ball, die Vorgaben des Vereinsrechtes zu erfüllen. Die US-Behörden hatten mit der Ausarbeitung einer neuen Satzung Josef Bayer beauftragt und diesem die provisorische Führung des Vereins anvertraut. Siegfried Herrmann, der schon in der Weimarer Zeit in der Vorstandschaft vertreten war, konnte zur Unterstützung aus Wien herbeigeholt werden. In den Katakomben des schwer zerstörten Gärtnerplatztheaters wurde die neue Satzung in der ersten Mitgliederversammlung beschlossen.

Die Vereinsführung hatte diese den Amerikanern mit der Bitte um Lizenzerteilung vorzulegen. Auf deren Eintreffen wartete die Mannschaft freilich nicht, sondern reiste am 4. November zum ruhmreichen Club.

Während der »Löwenbräukeller« in den Zeiten des Versammlungsverbotes zum geheimen Treffpunkt derer wird, die auf Landesebene das Zustandekommen eines einheitlichen Landes-Sportverbandes betreiben, kommt es mit den Anhängern des ehemaligen Süddeutschen Fußballverbandes über organisatorische Fragen zum Dissens. Hatten zunächst die Bayern sowie der TSV 1860 die Absicht bekundet, sich an einer vom Bayerischen Landessportverband ausgerichteten Münchner Fußball-Meisterschaft zu beteiligen, so machen beide Vereine am 23. September 1945 einen Rückzieher. Frisch aus Fellbach angereist, wo sie am Vortag ihre Zugehörigkeit zur Oberliga hatten selbst definieren können, konnte sie das verbandsgemäße Taktieren und Verhandeln nur abschrecken. Noch am 19. Oktober, drei Wochen vor dem tatsächlichen Start in die Runde der Oberliga, herrschte in der Presse über die Beteiligung beider Mannschaften Unklarheit: »Die endgültige Einteilung der Mannschaften steht noch aus, weil man sich zuerst ein klares Bild darüber machen will, wer überhaupt teilnimmt.« berichtet die SZ am 19. Oktober. Der Spartenleiter des BLSV, Anton Moser, hatte erbost alle Mannschaften beider Vereine vom Spielbetrieb ausgeschlossen, eine Maßnahme, die von seinem Nachfolger und späteren BFV-Vorsitzenden Hans Huber 1946 wieder aufgehoben wurde.[16]

Eine Woche vor ihrem Auftaktspiel in Augsburg beim dortigen BC schlugen die Löwen die Nürnberger in einem Freundschaftsspiel im Stadion an der Grünwalder Straße 3:1. Unter den 15 000 Zuschauern befanden sich u.a der bayerische Innenminister Seifried, der Münchner Oberbürgermeister Scharnagl sowie der Polizeipräsident Pitzer, der bayerische Ministerpräsident Högner ließ sich vertreten.

Wenn Dr. Walter am 25. 07. 1946 an die US-Militärregierung Württemberg/Baden seine Erfahrungen mit der Spielrunde 1945/46 berichten wird, so formuliert er ohne besondere Hervorhebung: »Diese Spielrunde … konnte reibungslos durchgeführt werden.«[17] Die dafür notwendige Energie verdient gleichwohl betont zu werden. Willy Plank, der Geschäftsführer des FC Bayern, bittet unter dem Datum vom 13. November 1945 Gustav Sackmann vom SFV: »ist es uns nunmehr gelungen, Ersatz für unsere ausgebombte Geschäftsstelle zu finden. Um nun auch zu dem beinahe unentbehrlichen Telefon-Anschluß zu kommen, ersuchen wir Sie, uns möglichst umgehend eine Dringlichkeitsbescheinigung hierfür zukommen zu lassen.«[18] 1947 wendet sich der TSV 1860 an das Stadtamt für Leibesübungen: »Betrifft: Dringlichkeitsbescheinigung für Fernsprechanschluss. Für den Antrag betreffs Anlegung einer Fernsprecheranlage benötigen wir vor allen Dingen eine Dringlichkeitsbescheinigung. Wir wären Ihnen sehr zu Dank verbunden, wenn Sie uns diese Bescheinigung ausstellen würden. Der Bayerische Landessportverband betrachtet sich in dieser Angelegenheit nicht zuständig ….«[19]

Richard Kirn schrieb als Redakteur der »Frankfurter Neuen Presse«: »Als im Süden Deutschlands noch fast alle Bahnlinien mühsam zusammengeflickt werden mußten, die Kolonnen der Flüchtigen endlos über die Straßen zogen, das Telephon sich erst von Ort zu Ort tastete, kaum der Postverkehr wieder hergestellt war, wurde über Nacht die süddeutsche Liga geboren … In der Zeit der Expreßzüge und der wohlbestellten Speisewagen war seine Verwirklichung nicht möglich; jetzt, in der Zeit der Verzweiflung, wurde er Tatsache. Noch viel wunderbarerer war, wie er sich bewährte. Zehntausende strömten zu den Spielen. Die Mannschaften traten auf die Minute an. Man kam in Omnibussen, man brachte Nächte auf der Bahn zu, aber wenn die Schiedsrichter anpfiffen, standen die Mannschaften auf dem Rasen. Die alte Magnetkraft wirkte.«[20]

Haben die gestaunt über unsere Brotzeiten

Besser gesagt, sie wirkte gleichwohl. Am 23. 10. 1946 schreibt der 2. Vorsitzende des FC Bayern an die Geschäftsstelle des Süddeutschen Fußballverbandes wegen der den Vereinen für die Anreise zu Auswärtsspielen empfohlenen Reservierung von Eisenbahnabteilen: »[hat] die Reichsbahndirektion München … abgelehnt, … Plätze … in Zügen zu reservieren. ». Es sei unmöglich, die Freihaltung der Plätze zu sichern, man hätte »schwerste Auseinandersetzungen« erlebt, »bei denen sogar die Bahnpolizei eingreifen mußte.«.

Die Vereine klagen, daß es sich »bei unseren Spielern um Personen handelt, die alle berufstätig sind und die bis zur Abfahrt der Züge an ihren Arbeitsplätzen stehen und dorthin raschestens zurückkehren müssen.«[21]

Die Situation ist fatal: zum einen sind die Reisen zu den entfernteren Spielorten strapaziös, zum anderen füllen sie am ehesten die knurrenden Mägen. Nutzt der offizielle Spielbetrieb den Vereins-Kassierern, kommen die Freundschaftsspiele mehr den Spielern zugute. Von den katastrophalen Anreisebedingungen der Gegner profitierten die Löwen gegen den Karlsruher FV. Dessen Spieler waren die ganze Nacht frierend und hungrig mit dem Bus unterwegs gewesen, um in München 0:13 zu unterliegen. Typisch für die Jahreszeit die knappe Meldung in der Süddeutschen vom 5. Februar 1946: »Das Treffen 1. FC Bamberg – SC Bayuwaren fiel aus, weil die Münchner infolge Reiseschwierigkeiten Bamberg nicht erreichten.«

Die zahlreichen Freundschaftsspiele nach 1945 wurden Kalorien-und Kartoffelspiele genannt. Je zugkräftiger eine Mannschaft war, desto günstigere Konditionen konnte sie bei Auswärtsspielen erzielen. In der Zeit des wertlos gewordenen Geldes zählte Handfestes. Auch bei den Münchner Mannschaften waren solche Freundschaftsbegegnungen begehrt. Zum Teil wurde die nähere Umgebung vorgezogen, wenn die Bayern beim FC Moosburg spielten oder Wacker bei 1860 Rosenheim antrat, die Bayern zu Pfingsten nach Mühldorf und Burghausen, die 60er nach Ulm und Berchtesgaden kamen, Wacker nach Röthenbach und Zirndorf ins Fränkische reiste; noch weiter ging es, als der FC Wacker 1946 zu Ostern erst nach Osnabrück, Erkenschwick und Wuppertal, im August ins Rheinland fuhr, wo zwischen dem 27. Juli und dem 4. August fünf Spiele absolviert werden mußten, deren sportlicher Wert sich bei zunehmender Reisedauer entsprechend verminderte. Herbert Moll berichtet, daß der FC Bayern München »tatkräftige Mäzene wie Metzger und Bäcker« hatte, zumal der damalige Vorsitzende Heilmannseder die Gaststätte »Scholastika« betrieb. »Wir waren damals im Süden eine der am besten verpflegten Mannschaften ... Als wir einmal auf der Rückfahrt im Zug die Spieler von Schwaben Augsburg trafen, haben die groß gestaunt über unsere Brotzeiten.«[22]

Die Kraft des Magneten Fußball ist immens gewesen. Rund 2 Millionen Zuschauer kamen in einer Saison, man fragt sich, trotz oder wegen der Zeitläufte? Die mangelnde Aktualität der damaligen Berichterstattung unterstreichen zwei Meldungen der Süddeutschen Zeitung vom 2. November 1945: so berichte der Rundfunk zunächst nur sonntags um 21.45 von den Spielen. Bezeichnend auch der Hinweis, daß »die Vereine gebeten« werden, »die Ergebnisse der einzelnen Spiele bis Sonntag um 18 Uhr beim Portier Färbergraben ... zu hinterlegen, da es bei der Fülle des Programms nicht möglich ist, jedes einzelne Treffen zu besuchen.«

Die Vereinsführungen bemühten sich, diese Fülle anzubieten, der Fußball verlangte, ja brauchte das Publikum und das Publikum sollte und wollte Fußball sehen: der FC Bayern nutzte das spielfreie Wochenende 23./24. Februar 1946 zu einer Fahrt nach Westdeutschland, trat am Samstag gegen Hamborn 07 an und spielte am Sonntag gegen eine Kombination der Mannschaften Schalke 04/SC Uhlenkrug. Eine Woche zuvor hatten der TSV 1860 und der Nürnberger Club in Essen ein Doppelspiel bestritten, zu dem 100 000 Vorbestellungen eingegangen waren, aber nur 45 000 Personen zugelassen werden konnten.

Eine Variante dieser privat organisierten Doppelspiele waren die Vorspiele, in denen die unterklassigen Vereine vom Hauptspiel profitierten. Die Presse warb dann mit der Schlagzeile: »Großes Doppelspiel im Fußball« und so spielten ab 13.00 SC Armin gegen Moosburg und ab 14.30 der FC Bayern gegen Schwaben Augsburg. Vor der Begegnung 1860-Bayern am 28. April 1946 (2:2) fand ein Handballspiel, 1860 gegen die TSG Pasing, statt; nach dem Spiel monierte die SZ vom 30. April 46: »Zur Frage der schwerkriegsbeschädigten Zuschauer: Ist es nicht möglich, zusätzlich noch einige Sitzreihen für die Beinamputierten aufzustellen?«

Meister der ersten Oberliga-Runde wurde der VfB Stuttgart, für die Stuttgarter Offiziellen ein verdienter Lohn ihrer Bemühungen um das Zustandekommen des Spielbetriebes. Die beiden letzten Plätze belegten die Karlsruher Mannschaften, die Bayern erreichten mit 34:26 Punkten den sechsten Rang, die Löwen nach einem erfolgversprechenden Start einen etwas enttäuschenden Platz neun mit 27:33 Punkten. 1946/47 wurde die Spielrunde auf 20 Mannschaften erhöht, der erste Spieltag war der 29. September 1946. In München erhoffte man sich durch ein »Münchner Fußballprogramm«, das bei den Ligaspielen angeboten werden sollte, zusätzliche Aufmerksamkeit. Auch die Tageszeitungen räumten dem Sport mehr Platz ein und versuchten, die knappen Ergebnismeldungen durch Hintergrundberichte samt Bild anzureichern.

Die Liga in den ersten Jahren

Für die Münchner Vereine bringen die Jahre bis 1950 im Oberligafußball keine besonderen Erfolge. Der FC Wacker spielte 1946/47 in der Landesliga. Nach einem mißlungenen Start schaffte es die Mannschaft noch, am Ende der Saison die Südbayerische Meisterschaft zu erringen. Die beiden Aussscheidungsspiele um den Aufstieg gegen FC Bayern Hof, den Meister der Nordgruppe, konnten am 1. Juni 1947 in Hof 4:3 und 14 Tage später in München 4:0 gewonnen werden. Zur Vorbereitung der Oberliga nutzten die Wackeraner ein Turnier in Berlin mit Spielen gegen Hertha (3:1) und Prenzlauer Berg (0:0), der errungene 1. Platz weckte große Erwartungen für den Saisonverlauf. Erster Gegner war in einem Heimspiel der amtierende Meister 1. FC Nürnberg. Als Ziegler bereits in der 9. Spielminute die Wackermannschaft in Führung schoß, glaubten die über 20 000 Anhänger schon an einen Sieg. Am Ende des Spieles wurde klar, daß der Aufsteiger noch viel Lehrgeld zahlen sollte, dreimal Pöschl, zweimal Max Morlock und einmal Herbolsheimer hatten für den Südmeister ein 6:1 erzielt. Die Bayern starteten bei der Spielvereinigung in Fürth mit einem klaren 2:0-Erfolg. Beide Verlierer dieses ersten Spieltages, die Fürther wie der FC Wacker, der nur den vorletzten Tabellenplatz belegen konnte, sollten am Ende der Saison in die Landesliga absteigen müssen. Doch während die Fürther nach einem Jahr in das süddeutsche Fußballoberhaus zurückkehrten und dort die Meisterschaft errangen, führte der Weg der Blausterne in eine weniger glückliche Zukunft. Die folgenden Jahre spielte Wacker mit wechselnden Erfolgen in der Landesliga. Im Spieljahr 1951/ 52 erfolgte der Abstieg aus der 1950 neueingerichteten II. Liga Süd in die 1. Amateurliga.

Bei den Rivalen der Wackermannschaft wechselten in dieser Zeit des sich konsolidierenden Oberligabetriebes Licht und Schatten. Der TSV 1860 wurde im Spieljahr 1947/48 Vizemeister hinter dem Titelverteidiger aus Nürnberg, den man vor 60 000 im Sechzigerstadion durch Tore von Thanner und Schmidhuber bei einem Gegentreffer von Morlock 2:1 schlagen konnte, und nahm an der Vorrunde um die Deutsche Meisterschaft teil. In Worms kam es am 18. Juli 1948 zum Spiel gegen den 1.FC Kaiserslautern, wobei die Mannschaft um Fritz Walter von den 60ern nicht zu stoppen war, die Löwen verloren 1:5. Deutscher Meister wurde nach einem 2:1 Erfolg gegen die Pfälzer in Köln der Club aus Nürnberg.

Im darauffolgenden Spieljahr 1948/49 war es der FC Bayern, der sich als dritter der Oberliga Süd hinter Offenbach und Mannheim für die Ausscheidungsspiele um den Titel gegen den FC St. Pauli qualifizieren konnte. Das »Sport-Magazin« berichtet unter der Überschrift »3$^1/_2$ Stunden-Entscheidung«: »120 Minuten kämpften sie am Sonntag. Beide bis zur totalen Erschöpfung. Davon eine Viertelstunde inmitten eines schweren Gewitters unter Blitz und Donner, Regen und Hagel. Noch ehe Schiedsrichter Schumann das Schlußzeichen der Verlängerung gab, verkündete der Lautsprecher einer vom Wolkenbruch durchnäßten und trotzdem bis zum letzten mit ausharrenden Menge: Wiederholung morgen nachmittag auf dem Arminia-Platz.«. Hatte man am Pfingstsonntag den Norddeutschen noch mit 1:1 Paroli geboten, so verhütete am folgenden Montag Herbert Moll mit einer »meisterlichen Mittelläuferpartie« eine höhere Niederlage (0:2). Hannover war in diesen Oberligajahren der Höhepunkt für die Rothosen. 1945/46 waren sie von Richard Högg trainiert worden, später wurde der Altinternationale Josef Pöttinger ihr Betreuer. Herbert Moll als Spielführer ist es, als sie auf den letzten Tabellenplatz abrutschten, zu danken gewesen, daß man am Ende des Spieljahres 1946/47 noch den elften Platz erreichte und Alv Riemke führte die Mannschaft 1949 nach Hannover, doch war damit der Zenit schon erreicht. »Krise im Münchner Fußball« und »Münchner Fußballkrise« überschrieb die Abendzeitung im Herbst ihre Beiträge. Sarkastisch formuliert die Zeitung am 27. Oktober: »Es ist sicher nicht sportliche Verbundenheit, die die Löwen dazu bewog, ... dem Münchner Oberliga-Partner FC Bayern in der unteren Region der Tabelle Gesellschaft zu leisten.«. Am 17. November berichtet die AZ von einer »Zusammenkunft von Rundfunk, Presse und den verantwortlichen Funktionären der beiden Vereine«, auf der die Trainer beider Mannschaften, Dr. Schäfer für 1860 und Alf Riemke für die Bayern ihre Diagnosen der desolat empfundenen Situation vortrugen. Am Ende der Saison wird der TSV 1860 neunter in der Tabelle, die Bayern können noch den rettenden 13. Rang behaupten. Alv Riemke verläßt den Verein, seine Zeit beim Bayerischen Fußballverband reichte nicht für die Erfordernisse des Oberligabetriebes. Der Verein verpflichtet den englischen Trainer Davidson und knüpft an das Wirken der Trainer Griffith und Townley vor und nach dem 1. Weltkrieg an. Davidson hatte im Vorjahr in Stuttgart Lehrgänge durchgeführt und ihn als ehemaligen Blackburn-Rovers-Torhüter umgab die Aura des auf dem Kontinent bewunderten englischen Fußballs, so daß das »Sportmagazin« vor Saisonbeginn prophezeite: »Die Betreuung durch einen englischen Trainer war für die »Bayern« von jeher ein gutes Omen« . Die Erwartungen erfüllten sich nicht. Ebenfalls im »Sportmagazin« berichtet M. Steinbrecher am 29. November 1950: »Trainer Mr. Davidson nahm am Samstag wohl endgültig Abschied ... So wurde also eine kurze Ehe geschieden. Conny Heidekamp und Hans Simon, einer aus den 20er Jahren der »Bayern«-Elf, leiten nun gemeinsam das Training und für die nächste Saison hoffen die »Rothosen« auf die Dienste Dr. Max Schäfers von 1860, mit dem bereits ein Vorvertrag geschlossen wurde.«[25]

»Wenn man etwas erreichen will, muß man oft gehen ...«

Das Geschehen auf dem Rasen war nur möglich dank der Aktivitäten der Vereinsführungen, des Engagements der die Sportstätten verwaltenden Kommunen und der Bereitschaft der Zuschauer, als zahlendes Publikum in die Stadien zu kommen. Die

Bayern erfreuten sich des Einsatzes ihres ehemaligen und, da ab 1947 wieder in München weilenden, neuen Vorsitzenden Kurt Landauer. Auch wenn der TSV 1860 München am 8. Januar 1946 gemeinsam mit dem FC Bayern Oberbürgermeister Scharnagl für die »Münchner Nothilfe« jeweils 1500,– Mark spendete, hatte sich der TSV 1860 anfangs einer unübersehbaren Reserviertheit zu stellen.

Am 20. August 1947 erhielten die Behörden ein Anschreiben des FC Bayern, unterschrieben von Landauer, in dem er mitteilt, daß er »wieder die Leitung des FC »Bayern« übernommen habe, getreu den Traditionen unseres Clubs werden wir auch fernerhin Ihre Bestrebungen zu fördern helfen. Ich werde mir gestatten, Ihnen in der nächsten Zeit meine persönliche Aufwartung zu machen, um so den notwendigen Kontakt zwischen Ihnen und mir herzustellen. Ich ersuche Sie schon heute das bisher den Bayern gezeigte Wohlwollen auch auf meine Person übertragen zu wollen.«. Landauer räumt mit diplomatischem Geschick wie auch mit energischem, gelegentlich rücksichtslosem Vorgehen seinem Verein die Steine aus dem Weg. Statt um Hilfe zu bitten, bietet Landauer Hilfe an. Nach seinem Besuch am 12. September 1947 notierte man im Sportamt: »Es wurden laufende Fragen und die Instandsetzung des Stadions Grünwalderstraße und Beschaffung des notwendigen Materials besprochen. Herr Landauer hat seine Hilfe zugesagt.«. Dabei war die Situation der Bayern alles andere als beneidenswert. Die ungesicherten Platz- und Trainingsverhältnisse stellten für den auf Publikumszuspruch angewiesenen Verein ein gewaltiges Problem dar. Unmittelbar nach dem Krieg nutzten die Fußballer des FC Bayern die Plätze der Bayerischen Hypotheken- und Wechselbank. Am 1. 4. 1948 wurde dem FCB dieses Pachtverhältnis aufgekündigt, der hauseigene »Hypoklub« hatte Platzbedarf angemeldet. Um Härten zu vermeiden, einigte man sich auf eine Pachtverlängerung um ein Jahr. Dann sah sich das Amt für Leibesübungen »aus sportlichen und moralischen Gründen genötigt, den ›Bayern‹ einen Teil der Spielplätze auf dem Säbener Platz abzutreten.«. Der Nutzen für beide Seiten wurde deutlich formuliert. »Nachdem der Stadt erhebliche Beträge durch die Spiele des Vereins im Stadion an der Grünwalderstraße zufließen und die Beträge für die Stadt nur erhalten bleiben, wenn die Mannschaft von »Bayern« gut ist … die Voraussetzungen hierzu sind anständige Trainingsmöglichkeiten.«. Notwendig allerdings war eine Instandsetzung der Umkleideräume, auch eine »Brauseanlage« war zu installieren.

Stadtrat Wiegele erhob Bedenken wegen der für den Zaun anfallenden Kosten: »Wenn man jetzt Zäune errichtet, so werden im Herbst vielleicht wieder viele Latten fehlen.« Der für das Sportamt verantwortliche Stadtschulrat Referent Dr. Fingerle hingegen betonte, daß die Praxis beweise, daß ein vollständiger Zaun nicht so leicht abgetragen werde als wie ein nur teilweise errichteter. Direktor Rüff als Leiter des Amtes für Leibesübungen wußte zu berichten, man habe beim Stadion gesehen, daß, als es um das Brennmaterial noch schlechter bestellt gewesen sei, vom Zaun nichts weggekommen sei. Sobald ein Zaun vollständig geschlossen sei, habe die Bevölkerung Einsicht und würde keine Latten mehr stehlen. Einer Darlehensgewährung zu Gunsten des FC Bayern stand danach nichts mehr im Wege.

Allerdings drohte die amerikanische Militärverwaltung, die schon früher einen Teil des Sportplatzes Säbenerstraße beansprucht hatte, 1949 mit einer weiteren Beschlagnahmung. Direktor Rüff sah sich den Vorwürfen der Vereine wie auch engagierter Mitglieder des Stadtrates ausgesetzt. Er rechtfertigte sich, daß er die Unterschrift unter den Requisitionsschein unter Berufung auf eine aus dem Jahre 1948 stammende Bestimmung verweigert habe, wonach neue Beschlagnahmungen nicht vorgenommen werden dürften. Sein Ansprechpartner, Mr. Swanson von der Militärregierung, habe sich darauf hinausgeredet, daß diese Requisition von der Armee erfolge. Auch Mr. Kelly habe erklärt, er könne gegen diese Maßnahme nichts unternehmen und er könne sich nicht entsinnen, daß ein Verbot der Vornahme neuer Requisitionen erfolgt sei. Die Stadt beschloß, bei den Amerikanern zu protestieren. Landauer war dies zu wenig. Man spürt heute noch beim Studium der Akten seine Ungeduld: der Hauptgrund für seine Verstimmung gegen Rüff liege in der Frage Säbenerplatz, führt er aus. Bei der Beschlagnahme des vom FC Bayern hergerichteten Geländes durch die Amerikaner habe Rüff nicht ausdauernd genug verhandelt. Stadtrat Lettenbauer nahm Rüff in Schutz und schilderte, der Leiter des Stadtamtes »sei von dem zuständigen amerikanischen Offizier nicht nur einmal, sondern dreimal hinausgeworfen worden. Es sei unter der Würde eines Deutschen, sich von einem Offizier einer Siegerarmee so behandeln zu lassen. Man habe zuerst gewinselt, da es ja um die Jugend und um den Sport gegangen sei; es sei aber trotz wiederholter Vorsprachen kein Erfolg zu verzeichnen gewesen.« Auf Landauers kategorische Antwort: »Wenn man etwas erreichen will, muß man oft gehen …«, betont Lettenbauer den Unterschied zwischen Behörde und den Möglichkeiten Landauers: »Das sei durch die persönliche Verbindung von Herrn Landauer zu den Leuten möglich gewesen, die Herrn Landauer als Privatmann anders einschätzten als einen Beamten oder Angestellten einer Behörde, der bei diesen Herren ein Dreck sei.«[29]

Bezugsscheine habe man wohl bekommen, aber nicht das Holz

Auch wenn Kurt Landauer mit Vorliebe den städtischen Sportdirektor Rüff für sein Unbehagen an der städtischen Sportpolitik verantwortlich machte, zeigte das Sportamt intern sehr viel Verständnis gegenüber den Vereinen. Als 1949 die Kämmerei das Mitwirken von Vertragsspielern, d.h. von Spielern, die vertraglich auf die Dauer eines Jahres gegen eine feste monatliche Vergütung bis zu 320,– an ihren Verein gebunden sind, als Einsatz von Berufsspielern ansieht und deshalb die Vergnügungssteuer erhöhen möchte, rät das Stadtamt für Leibesübungen, es bei der bisherigen Besteuerung zu belassen, da Bayern und 1860 aus ihren Einnahmen der Fußballabteilungen Jugendmannschaften und andere Sparten unterstützen würden. Am 7. Juli 1950 beantragt die Kämmerei nach Vorbild anderer Städte und des Deutschen Städtetages die Erhöhung der Vergnügungssteuer für Fußballveranstaltungen, bei denen Vertragsspieler mitwirken. Stadtkämmerer Hielscher wehrt Einwendungen ab, die von eher bescheidenen Zuwendungen für die Spieler ausgehen, aber auch ihm mangelt es an konkretem Zahlenmaterial, so daß er äußert, »man höre von ganz anderen Summen, was diese Leute verdienen und mit welchen Summen um sie gehandelt werde.« Stadtrat Böck versucht, den Kämmerer zu bremsen und erläutert: »das gebe es nicht. Solche Summen seien lediglich gelegentlich von Brauereibesitzern zur Verfügung gestellt worden. Eine ganze Reihe von Vereinen sei bestraft worden, z.B. Borussia Dortmund, weil sie solche Summen bezahlt hätten. Wenn von 300 Mark für den Vertragsspieler gesprochen werde, so sei das ein Höchstbetrag ... Im Vertragsspielertum müsse jeder Spieler einen Beruf haben.«. Die Vereine selbst gehen auf die Problematik der Vertragsspieler kaum ein. Sie rechnen vor, wie sie bei Eintrittspreisen von ca. zwei Mark zu wirtschaften haben. Im Juli 1950 schickt der FC Bayern der Stadt eine Auflistung der abzuführenden Beträge

Vergnügungssteuer	40 880,60
Baunotabgabe	18 041,80
Stadion-Miete	35 639,78
Polizeigebühren	1 688,95
Umsatz- und Körperschaftssteuer	12 942,68
Ausgaben für Platz (Licht)	7 294,98
Jugend-Abteilung	14 668,43
Untere Mannschaften (Reserve)	18 506,38
Handball-Abteilung	5 728,64
Basktetball	2 924,83
Tischtennis	1 751,99
insgesamt	160 069,06

Auch der TSV 1860 betont, daß die Fußballabteilung 1949 rund 35 000,– DM an die übrigen Abteilungen bezahlt hat. »Ohne diese Zuschüsse wäre es unseren Sportlern unmöglich gewesen, an den verschiedenen Meisterschaften teilzunehmen.«. Der Bayerische Fußballverband setzt sich gleichfalls gegen eine Erhöhung der Vergnügungssteuer für Lizenzspielervereine ein. Die Vereine argumentieren, daß sie durch Baunotabgabe (= 5 % der Eintrittskarten), erhöhte Vergnügungssteuer (15 %), »Wohnungsfünferl« sowie 10 % Platzgebühr mit 30 % durch die Stadt belastet seien.

Auch die Stadionmiete war ein steter Streitpunkt. Die Stadt wollte sich das Stadion durch zehn Prozent der Bruttoeinnahme, mindestens jedoch 600,– DM, ablösen lassen. Der FC Bayern versuchte diese Kosten zu mindern und lehnte den Abzug der Stadionmiete von den Bruttoeinnahmen ab, da der Verein bereits Vergnügungssteuer zahle. Man schlage vor, daß von der Bruttoeinnahme zunächst die Vergnügungssteuer erhoben werde, dann von den verbleibenden Einnahmen die geforderten zehn Prozent Stadionmiete. Der Einblick in Kartenverkauf und interne Abrechnung wird abgelehnt »weil wir dieses Verlangen als ein Mißtrauen ansehen. Überdies haben wir ja mit dem Stadtsteueramt ... abzurechnen, so daß es sich erübrigt, daß auch Sie noch Ihre Nase in unsere Kassengeschäfte hineinstecken.«. Diese drastische Ausdrucksweise veranlaßte Stadtrat Hoffmann zu einem grundsätzlichen Vortrag: »die eigentliche Aufgabe der Vereine sei die Pflege des Volkssportes. Die Tätigkeit der Vereine sei aber heute nicht auf dieses Ziel abgestellt, sondern auf das Bestreben, Rekordleistungen zu erzielen. Diese heute im Sport bestehende Tendenz könne wohl nicht vermieden werden. Die Stadt könne sich eine Verhaltensweise, wie sie Landauer beliebe, nicht gefallen lassen.«. Sportdirektor Rüff konnte sich des Eindrucks nicht erwehren, »daß bei der Angabe der Zuschauerzahlen vom FC Bayern nicht immer reell vorgegangen werde. Für das letzte Spiel sei für 25 000 Zuschauer abgerechnet, aber der Besuch auf 33 000 Zuschauer geschätzt worden.«. Man beschließt, mit der Polizei und dem Steueramt die Differenzen beim Kartenverkauf zu klären.

Die Stadt war auf die Einnahmen aus der Vermietung des Stadions angewiesen, da nur so bauliche Verbesserungen durchgeführt werden konnten. Landauer allerdings wies darauf hin, daß die Ausgaben für den Stadionausbau, die die Forderung nach zehn Prozent der Bruttoeinnahmen für die Stadionmiete begründeten, durch die Spiele vom FC Bayern und dem TSV 1860 schnell kompensiert würden. Da die Gespräche mit den Fachstellen nutzlos gewesen seien, sei er zweimal beim Oberbürgermeister gewesen und habe sich beschwert, da die Stadthauptkasse mit Pfändung gedroht habe. Beide Parteien, Stadt wie Verein, hätten von den wechselseitigen Forderungen jeweils die gewünschten Beträge abgezogen, ein die Zusammenarbeit wenig förderliches Verhalten. Rüff entgegnete, »vor der Währungsreform habe jeder Geld gehabt, den Vereinen sei es leicht gefallen, Geld anzubieten und zu sagen, die Stadt solle ausbauen. Schwierig sei aber die Beschaffung von Arbeitskräften gewesen. Die Stadt habe nicht die Möglichkeit gehabt, auf dem Kompensationsweg Leute zu bekommen. Der FC Bayern habe Holz und einen ganzen Eisenbahnwaggon Zement sowie Nägel gestiftet; ohne dieses Material wäre keine Umzäunung geschaffen worden. Dafür müsse man dem Verein dankbar sein. Besonders schwierig sei die Beschaffung von Holz gewesen; die Bezugsscheine habe man wohl bekommen, aber nicht das Holz, das sehr knapp gewesen sei. Die Baumaßnahmen brächten nicht nur der Stadt, sondern auch den Vereinen Vorteile. Hinsichtlich der Stadionmiete müsse angesichts der Regelungen anderer Städte (Stuttgart 20 %, Köln 25 %) eher ein Akzeptieren erwartet werden.«[32]

Die Diskussion ergab immerhin, daß der FC Wacker angesichts seiner niedrigen Einnahmen, die kaum 200,– DM pro Spiel überstiegen, Erleichterungen zugestanden bekam.

Die im Stadion geplanten Baumaßnahmen wurden als langfristig, für den Sport aber unerläßlich empfunden. Tiefstrahler zur Ermöglichung von zugkräftigen Abendspielen, aber auch Reklametafeln wurden erörtert. Rüff veranschlagte 1950 für Bauleistungen als Summe ca. 1 000 000 DM, Stadtrat Weiß vertrat die Meinung, »daß der Ausbau nur stufenweise geschehen könne, damit es so werde, wie man es sich wünsche. Keiner der Anwesenden werde erleben, daß das Stadion von Oberwiesenfeld fertig werde, jedenfalls nicht in den nächsten 20 Jahren. Man sei angewiesen auf das Grünwalder Stadion und dies müsse eben so ausgebaut werden, damit man bessere Repräsentativspiele bekomme.«. Rüff verwies zudem auf den Wettbewerb der verschiedenen Städte untereinander, der zur Senkung der ansonsten vielfach höheren Mietgebühren geführt hätte. In der Debatte um die Einnahmen kam auch der Mißbrauch von Versehrtenausweisen zur Sprache. Hinsichtlich der Platzmiete teilte Rüff mit, daß sich die Vereine durchgesetzt hätten, denn es sei beschlossen worden, daß die Platzmiete für die Überlassung des Stadions bei allen

Sportveranstaltungen zehn Prozent abzüglich der Vergnügungssteuer und der Abgabe für Wohnungsbau betrage.

Gäste aus St. Gallen: die internationalen Gegner

Bis es zu den von Stadtrat Weiß angesprochenen Repräsentativ-und Freundschaftsspielen mit Mannschaften aus dem Ausland kommen konnte, waren in den späten 40er Jahren gewaltige Hürden zu nehmen. Markstein ist die am 10. Oktober 1948 gespielte Begegnung einer Münchner Auswahlmannschaft gegen eine Kombination der Schweizer B-Liga Mannschaften St. Gallen und Brühl. In erster Linie Stadtrat Hamm in Kooperation mit der Kinderhilfe des Schweizerischen Roten Kreuzes und der Arbeitsgemeinschaft »Demokratisches Deutschland« in der Schweiz ist das Zustandekommen des Spieles zu danken. Auf Wunsch der Eidgenossen wurde betont, daß die Einnahmen aus diesem Spiel als Grundstock der Spende zu Gunsten des Waisenhauses in München vorgesehen seien. Man wollte den Eindruck einer »Antirussischen Manifestation« an der gegenüber Deutschland verhängten Blokkade des internationalen Sportverkehrs vermeiden, der Stadträte aus Zürich und Basel daran gehindert hatte, als Begleitdelegation zu Fußballspielen in Stuttgart und Karlsruhe anzureisen. Schon einmal, 29 Jahre lag es zurück, war St. Gallen als erster internationaler Gast nach dem 1. Weltkrieg in München gegen »Bayern« und »Wakker« angetreten. 1948 nahmen rund 35 000 Zuschauer Teil an einem Spiel, dessen Ergebnis, München gewann mit 5:1, von allen als zweitrangig angesehen wurde gegenüber der Tatsache, »daß die Eidgenossen uns die Hand zur Versöhnung gereicht« hatten. Zwei Jahre später jubelten die Reporter nach dem Revanchespiel in St. Gallen: »Sprühendes Münchener Feuerwerk: 5 Tore«. Bereits im Juli 1949 war es der FC Wacker, der als erster deutscher Verein nach dem 2. Weltkrieg eine Auslandspremiere feiern konnte. Bei der »Wörther-See-Olympiade« spielte man im Kärntnerland gegen eine Klagenfurter Auswahl (2:2) und schlug in einem zweiten Treffen eine italienische Amateurmannschaft von Edera Triest am 30.7.49 mit 4:0. Wenig später gelang den Blausternen in München gegen den Namensvetter aus Wien, die dortige Wacker-Mannschaft, gleichfalls ein Sieg. 1949 war im Spätsommer auch der FC Bayern zu einer Auslandsreise angetreten und nahm anläßlich des 70-jährigen Bestehens an einem Jubiläumsturnier des FC St. Gallen teil, wobei gegen den FC Brühl 5:1 und gegen den Gastgeber 3:1 gewonnen wurde. Gegen den Schweizer Cupsieger Servette Genf hatte man bei der Fortsetzung dieser Reise das Nachsehen, revanchierte sich aber ein Jahr später in München mit 2:1. Der TSV 1860 hatte im Juni 1949 Wacker Wien und AS Roma eingeladen. Wien konnte aus Gründen des Genehmigungsverfahrens erst zu dem oben angesprochenen Spiel gegen Wacker München einreisen, so daß nur die Begegnung 1860 gegen Rom gespielt wurde (0:0). Ende Juni schlugen die Löwen Tarragona mit 3:2 und die schwedische Elf aus Jönköping mit 5:2, unterlagen einen Monat später vor 32 000 Zuschauern der Austria aus Wien mit 0:4. Im Januar und im Mai 1950 empfingen die 60er u.a. Rapid Wien (3:3, 0:2) und im Sommer GAIS Göteborg (4:1). Im Juni und im

Dezember konnten sie sich mit zwei Mannschaften aus Jugoslawien messen, behielten mit 4:2 gegen Dynamo-Roter Stern die Oberhand, verloren aber auf Schneeboden gegen BSK Belgrad 0:1. Die Spiele mit Mannschaften aus dem Ostblock litten unter den Bedingungen des West-Ost-Konfliktes: so verprügelte 1952 der Mittelstürmer der jugoslawischen Nationalmannschaft bei der Ankunft am Hauptbahnhof einen serbischen königstreuen Emigranten, der gerufen hatte: »Es lebe das freie, anti-kommunistische Jugoslawien!« und noch 1960 herrschte bei einem Empfang im Rathaus für Torpedo Moskau anläßlich eines Gastspieles »eine bei Sportlerempfängen sonst nicht gewohnte frostige Stimmung«.[35]

Die Liste der Auseinandersetzungen mit namhaften Gegnern scheint endlos, Vollständigkeit kann hier nicht versucht werden. Die hohen Zuschauerzahlen verdeutlichen das Bedürfnis am internationalen sportlichen Austausch und den Reiz, den die Namen der fremdländischen Mannschaften auf das heimische Publikum ausübten. In der Mitte der 50er Jahre kommt es zu den ersten Flutlichtbegegnungen, damals noch »Nachtspiele« genannt. Nach dem Spiel gegen die Grashoppers aus Zürich, zuvor war Hajduck Split empfangen worden, urteilt die Süddeutsche Zeitung am 4. Mai 1955: »die Münchner ließen ... mit 300 000 Watt (gegenüber 200 000 beim Spiel gegen Hajduck Split) das Spielfeld beinahe taghell erstrahlen. Eine auffälligere Spielkleidung beider Mannschaften und die tadellosen Bälle (Schweizer Fabrikat) schufen günstige Voraussetzungen ... Das Erscheinen von über 20 000 Zuschauern beweist, daß Nachtspiele neben ihrem sportlichen Wert auch ein gesellschaftliches Ereignis sind.«.

Sportlicher Höhepunkt dieser Begegnungen war die Partie gegen den FC Santos, als am Abend des 27. Mai 1960 der TSV 1860 vor über 30 000 Zuschauern seine Grenzen gezeigt bekam. Wiggerl Zausinger hatte die ehrenvolle Aufgabe, gegen den noch jungen Pelé zu spielen, das 9:1 für Santos konnte von seiten der Löwen keiner verhindern, den Ehrentreffer erzielte Stemmer per Foulelfmeter zum 1:8.

Münchner Fußballkrankheit: Mittelmäßigkeit

Die Spiele gegen internationale Mannschaften entschädigten das Publikum wie auch die Mannschaften für den Fußballalltag, der am ehesten in Bescheidenheit zu ertragen war. Hans Schiefele diagnostizierte in der »Abendzeitung« vom 20. Januar 1954 das Hauptübel der »Münchner Fußballkrankheit: Mittelmäßigkeit«. Die Löwen waren 1951/52 auf dem 13. Tabellenplatz gelandet und in der darauf folgenden Schlußtabelle fanden sie sich auf dem vorletzten Platz wieder. Einer der wenigen, der dem Spiel des TSV hätte Impulse und Glanz geben können, war Ludwig Janda gewesen, doch der war als einer der ersten deutschen Spieler nach Italien zur Fiorentina gezogen, dem Ruf des Geldes gefolgt, das derart unter Oberligabedingungen nicht zu verdienen war.

Mit dem FC Wacker, der gerade aufgestiegen war, spielte der TSV 1860 das Jahr 53/54 in der 2. Liga Süd, die Wackeraner mußten aber, völlig überfordert, zurück in die Landesliga. Auch die Bayern überzeugten nicht, sie wurden im Spieljahr 1954/55

Tabellenletzter der Oberliga. Da hatte es nichts geholfen, daß die Vereinsführung sich für teures Geld vom erfolglosen Trainer Schorsch Knöpfle trennte, dem weniger mangelndes Können als zu wenig Einfühlungsvermögen vorgeworfen wurde. Für Herbert Moll und Jackl Streitle blieb nicht mehr genügend Zeit, mit der Mannschaft nach den Spielen der Vorrunde noch das rettende Ufer zu erreichen, selbst eifriges Trainieren am Heiligabend kam zu spät. Schuld war der Mangel an spielerischer Substanz und sportlicher Solidität. Das Ausscheiden von Streitle und Moll aus dem aktiven Spielbetrieb, mißglückte Versuche, neue Spieler zu integrieren und Fehlgriffe mit den Trainern Davidson und Knöpfle rächten sich.

3:2 für Deutschland

In diesem Klima sportlicher Zweitrangigkeit fand das Münchner Publikum, weit über die eingefleischten Fußballanhänger hinaus, unerwarteten Grund zum Jubel und zur Begeisterung.

»Aus dem Hintergrund kommt Rahn. Rahn müßte schießen. Rahn schießt. Tor! Tor! Tor! 3:2 für Deutschland!«, so erlebten Millionen Menschen in Deutschland am 4. Juli 1954 den Radiokommentar mit, den Sieg über den Favoriten Ungarn, das Erringen des Weltmeisterschaftstitels 1954 im Berner Wankdorfstadion. »Rahn, Rahn, Rahn!« schallt es aus den Kehlen Zigtausender, die den immer noch von den Spuren des 2. Weltkrieges gezeichneten Marienplatz vor dem Münchner Rathaus überlaufen lassen. Zwei Tage nach dem sensationellen Erfolg war es an den Münchnern, die Weltmeistermannschaft offiziell zu begrüßen. Die Behörden und die Geschäftswelt hatte schnell reagiert:

»Auf Anordnung des bayerischen Kultusministeriums fällt in sämtlichen Schulen des Stadtgebietes ... der Nachmittagsunterricht aus, damit auch die Schüler beim Empfang ... dabei sein können, ... der Ortsverband München im Landesverband des bayerischen Einzelhandels hat empfohlen, den Mitarbeitern Gelegenheit zu geben, dem Empfang beizuwohnen. Aus Oberbayern werden weit über 100 Sonderomnibusse in der Stadt erwartet ... Etwa 1000 Mann Schutzmannschaft müssen für die Absperrung in den Straßen aufgeboten werden ... Straßenbahnen werden umgeleitet. Am Hauptbahnhof wird die Bahnpolizei den Bahnsteig 11 abriegeln. Die Schutzpolizei sperrt bei Bedarf den Platz vor dem Südausgang, wo die National-Elf in 12 von Auto-Henne zur Verfügung gestellten Mercedes-220-Kabrioletts ihre Fahrt durch München antreten wird ... werden sich die deutschen Fußballer zu einem Großen Bayerischen Abend im Löwenbräukeller treffen ... Das Rathaus und ein Teil des Zugweges werden von der Stadt beflaggt. Es wird gebeten, die Häuser jener Straßen, durch die sich die Autokolonne bewegen wird, zu beflaggen«, so kündigte die Süddeutsche Zeitung am 6. Juli 1954 den Ablauf des Jubelempfanges an.

Protokollarisch hatte sich der Bayerische Fußballverband am 2. Juli stellvertretend für den DFB an OB Wimmer gewandt in der Hoffnung auf einen Empfang durch die Stadt München »in Anerkennung der hervorragenden Leistung«. Das Stadtamt für Leibesübungen befürwortete »einen Empfang mit Kaffee und Kuchen.«. Im

Kleinen Sitzungssaal wurden Lorbeerbäume aufgestellt, Einladungskarten und das Gästebuch vorbereitet, die Gästeliste umfaßt neben den beiden Bürgermeistern und den Stadträten auch Landespolitiker und hochrangige Offizielle des Sports. Zum ersten Mal in der Nachkriegsgeschichte wird im Rathaus weiß gedeckt. Mit einem »Fang ma o« eröffnet der Oberbürgermeister das Zeremoniell. Für die 11 Sieger verteilt er die Silberne Sportplakette der Stadt, der DFB-Präsident ehrt die Ersatzspieler.

Ein roter Sondertriebwagen der Bundesbahn mit der Aufschrift »Fußballweltmeister« hatte die Helden von Bern fahrplanmäßig von Lindau nach München gebracht. »Die Huldigungen nahmen auf dieser Strecke unvorstellbare Ausmaße an ... Die erfolgreichen Fußballer wurden fast in jeder Ortschaft ... mit Geschenken aus den heimatlichen Industriezweigen überhäuft. Ihre Abteile glichen kleinen Warenmagazinen, in denen sich Pralinen, Textilien, Souvenirs und Blumen zu Bergen türmten. Darunter ... ein aus Alpenveilchen geformter blühender Fußball. Entlang der 221 km langen Gleisstrecke gab es kaum einen Fleck, wo nicht Leute standen und winkten ... Zehntausende umsäumten derweilen den Münchner Bahnhofsplatz und warteten auf die deutsche National-Elf. ›Achtung, der Sonderzug ist fahrplanmäßig um 14.58 in Buchloe abgefahren‹, ertönte es aus dem Lautsprecher ... Männer, die fast todesmutig das Dach der Bayerpost erklommen haben, sehen den Zug zuerst. ›Jetzt kimmt a.‹ OB Wimmer drückt dem Nächstbesten, der aus dem Zug aussteigt, die Hand, dann wird er von den von allen Seiten die Polizeisperren durchbrechenden Menschen hinweggerissen.«, berichtet die Süddeutsche Zeitung am Tag nach dem Empfang und fährt fort: »Um 16.10 sitzen sie bereits alle blumenüberladen in den offenen Mercedes-Wagen. Bahnpolizisten und Schutzleute versuchen inzwischen verzweifelt, die Menge zurückzuhalten. Frauen und Kinder schlüpfen unter den Seilen durch, Männer springen darüber. Um 16.15 setzt sich der Zug, an der Spitze der Chef der berittenen Polizei auf dem Paradepferd Prinzeß, in Bewegung ... ein Triumphzug durch die Münchner Straßen. Hunderttausende haben sich aufgestellt. Der Verkehr in der Innenstadt ist vollständig lahmgelegt, die Häuser mit den dichtbesetzten Fenstern werden zu lebendigen Fassaden.«

Der Kommentator des Münchner Merkur vom 7. Juli 1954 spürt das historische Gewicht des Augenblicks: als die »Rahn!, Rahn!«- Rufe endlich erhört werden, erscheint »die Mannschaft endlich auf dem Balkon. Die Männer sind bescheiden, verneigen sich, grüßen herunter, gute Jungens, Volk, wie das Volk, das sie jetzt für ein paar Tage über sich erhebt und den Gefeierten damit beinahe und wahrscheinlich zuviel abverlangt. Bisher, wenn sie gefeiert wurden, geschah es ihnen von Gleichgesinnten. Jetzt sind sie auf einmal Idole wie Filmschauspieler ... Kinder dürfen vor den Erwachsenen auf dem Marienplatz auf dem Pflaster sitzen ... Immer höher steigt auf den Baugerüsten die Menge der Schaulustigen. Jetzt gibt es die Polizei auch auf, die Dächer der kleinen Baubuden zu schützen. Mag alles zusammenbrechen. ›Sehen Sie, Herr Nachbar, man freut sich halt. Wir hatten ja letztens nicht so viel, woran man sich freuen konnte!‹«.

Prämien und Rechnungsprüfung

Besondere Freude hatte OB Wimmer empfunden, »daß mit Hans Bauer, Mitglied des FC Bayern, auch ein Münchner in der deutschen Expedition stand«. Bauer spielte im Verein eine starke Rolle, doch den Abstieg seiner Mannschaft konnte er nicht verhindern. Das Jahr in der zweiten Liga hat den Bayern allerdings gut getan. Bereits ein Jahr später steigen sie als Zweiter hinter dem Freiburger FC wieder auf und spielen am 27. Dezember 1957 im Augsburger Rosenaustadion gegen die Fortuna aus Düsseldorf das Finale um den DFB-Vereinspokal. Bei Schnee und Kälte vor 44 000 Zuschauern gewinnen sie 1:0, Stützen der Mannschaft sind der ungarische Schlußmann Arpad Fazekas, mit dem die über Jahre dauernde Torhüter-Misere ein Ende hatte, der erst 20jährige Stopper Wiggerl Landerer, der mustergültig sich einsetzende Kapitän und Verteidiger Hans Bauer sowie der Torschütze Rudi Jobst. Die Ehrung, die die Stadtspitze den erfolgreichen Sportlern bereitete, bot dem Münchener Merkur vom 4. Januar 1958 Anlaß zur Kritik: »OB Wimmer überreichte dem Bayern-Vorstand beim Empfang ...die große Sportplakette. Die Spieler der siegreichen »Rothosen«-Mannschaft aber wurden nur mit einer in roten Pappkarton gehüllten Urkunde beehrt. Immerhin hatten sich ... außer den beiden Bürgermeistern auch die Mitglieder des ... Sportausschusses und des Stadtamtes für Leibesübungen eingefunden. Die weite Reise nach Augsburg vor einer Woche hatten sie freilich samt und sonders gescheut. So aber bekundete man wenigstens nachträglich noch sein populäres Interesse am Sport, der ansonsten im Rathaus ein Mauerblümchendasein fristet.«.

Dabei hätte es zum Jubeln wirklich guten Grund gegeben, waren doch in diesen 50er Jahren die Erfolge weder bei den Bayern noch beim TSV 1860 beeindruckend. Immerhin, als die Löwen das bittere Schicksal des Abstiegs traf, waren die Bayern in der Oberliga dabei und als die Bayern in der 2. Liga antreten mußten, kämpften die 60er eine Klasse höher: Eine Mannschaft konnte sich stets in der Oberliga behaupten. Der Versuchung, den Erfolg auf dem Spielfeld mit höheren, die Vorschriften übersteigenden, Prämien zu suchen, sind in der Geschichte der Oberliga viele Vereine erlegen. 1957 traf es die Löwen: im Jahr nach dem Aufstieg werden bei einer Rechnungsprüfung statutenwidrige Zahlungen festgestellt, die, es handelte sich um 1000 DM für jeden Spieler, geahndet werden mußten: »Wenn ein Vereinsvorsitzender derartige Überzahlungen ... leistet, dann hat der Verein dafür gerade zu stehen.«, zitiert die Abendzeitung vom 28. Januar 1957 die DFB-Richter. In München empfand man das Urteil als zu hart, jedoch trat die befürchtete sportliche Auswirkung, ein Wiederabstieg wegen des verhängten Punktabzuges, nicht ein.

Bei den Bayern hatte drei Jahre später eine Prüfung der Rechnungsbücher für den Verein bittere Folgen. Das Vergehen, das das DFB-Schiedsgericht den Verantwortlichen vorwarf, wies in die Vergangenheit, in das Spieljahr 1957/58: der Pokalsieg über die Düsseldorfer geriet in das Zwielicht regelwidriger Zahlungen. Da half es wenig, daß die seinerzeit tätige Vorstandschaft um Alfred Reitlinger sowie der Kassier Willi Plank, der 22 675 DM an 17 Spieler gezahlt hatte, nicht mehr im Amt waren und neue Männer die Geschicke des Vereins bestimmten. Die Spieler, von denen nur noch wenige beim FC Bayern unter Vertrag waren, wurden mit einer Geldstrafe belegt, für die der Verein haftete. Mehr noch als die zusätzliche Geldstrafe von 10 000 DM schmerzten die acht Punkte, die der Mannschaft am Saisonende abgezogen werden sollten: die härteste Strafe, zu der sich der DFB bislang veranlaßt gesehen hatte! Die Wellen schlugen hoch in der Stadt, die Presse sprach vom »Todesstoß«. Den Weg vor die ordentlichen Gerichte scheute die Vorstandschaft um den Fabrikanten Roland Endler und rief den DFB-Präsident Peco Bauwens um Gnade an: vier Punkte wurden erlassen, so daß die drohende Abstiegsgefahr gebannt war.

Wieviele Spieler Endler der Mannschaft auch kaufte, der große Erfolg blieb versagt, da halfen weder der österreichische Trainer Adolf Patek noch der ungarische Stürmer Zsamboki oder der jugoslawische Mittelfeldstar Milutinovic. Den Grundstein für die späteren Erfolge legte ein neuer Präsident, der Bauunternehmer Wilhelm Neudecker, der 1962 Endler ablöste. Es war das Jahr, in dem der Trainer Zlatko Cajkovsky mit dem 1. FC Köln Deutscher Meister wurde. Ein Jahr später spielten die Kölner erneut im Endspiel, verloren allerdings gegen Dortmund. Der »Tschik« wechselte vom Rhein zu den Bayern und ihm gelang es, mit einer blutjungen, dafür hochbegabten Mannschaft, in der Sepp Maier im Tor, Franz Beckenbauer als Mittelläufer, Gerd Müller im Sturm neben Rainer Ohlhauser sowie den Außen Nafziger und Brenninger begeisternden Fußball spielen, im zweiten Anlauf aus der Regionalliga Süd den Aufstieg 1965 in die oberste deutsche Spielklasse zu erreichen.

Der TSV 1860 gehörte schon zum Establishment der Bundesliga. Adalbert Wetzel hatte mit dem Trainer Max Merkel in einer glücklichen Mischung junger Spieler mit Routiniers die Erfolge vorbereitet. Torwart war der über Worms nach München gekommene vormalige Belgrader Nationalspieler Petar Radenkovic, Mittelstürmer der zuvor für den A-Klassenverein SC Olching spielende Rudi Brunnenmeier. Seine Tore haben maßgeblichen Anteil am Gewinn der Süddeutschen Meisterschaft, die an den Endspielen um die Deutsche Meisterschaft teilnehmen läßt und, für den Verein noch wichtiger, man gehört zu den 16 Mannschaften, die ab 1963 den Deutschen Meister als Sieger der einteiligen Bundesliga ermitteln.

Dem FC Wacker fügte sichs weniger glücklich. Der Saison 1953/ 54 in der 2. Liga Süd folgte der tiefe Fall. 1958 wurde man Meister in der Landesliga Südbayern, erreichte 1962/63 in der südbayerischen Amateurliga den zweiten Tabellenplatz und schaltete im Pokal mit 1 : 0 den FC Bayern aus. In der neu eingerichteten Bayernliga wurde man 1964 Erster und stieg in die Regionalliga Süd auf, die nicht zu halten war. Dafür sollte die Mannschaft, nachdem sie in der Saison 67/68 in der Bayernliga die Vizemeisterschaft errungen hatte, bis in das Deutsche Amateur-Endspiel in Bochum gegen den VfR Marathon Remscheid vordringen. Es folgten die Jahre zwischen Bayern- und Regionalliga, man gewann 1976 die Bayerische Meisterschaft, verzichtete aber auf den Aufstieg. Die Mannschaft stieg in die Landesliga ab, spielte 1982/83 in der gleichen Klasse wie der TSV 1860, allerdings in der Bayernliga. Es war ein stetes Vabanque zwischen wechselnden Vorstandschaften, fehlendem Geld und einem hohen Spielniveau, das nicht zu halten war. Die Festschrift des Vereins von 1993 beschwört denn auch eine bessere Zukunft für den »Blaustern«, »daß er wieder einmal im alten Glanze scheinen«[38] werde.

ANMERKUNGEN

[1] Chronik, S. 29.
[2] Derby, S. 52.
[3] Schauppmeier 37, Poldner 69.
[4] StadtAM, AfL 151.
[5] StadtAM, AfL 151.
[6] StadtAM, AfL 146.
[7] Martin, 16.
[8] StadtAM, Afl 151.
[9] StadtAM, AfL 146.
[10] StadtAM, AfL 217.
[11] Martin, 11 f.
[12] Martin, 16.
[13] Tötter, 93.
[14] SfV, Korrespondenz.
[15] Wacker, 90 Jahre, 9.
[16] BFV, 16 ff.
[17] SfV, Korrespondenz.
[18] SFV, Korrespondenz.
[19] StadtAM, AfL 217.
[20] Baroth, 33 f.
[21] SFV, Korrespondenz.
[22] Martin, 21.
[23] Sportmagazin Jg. 4 H. 23.
[24] Sportmagazin Jg. 5 H. 33.
[25] Sportmagazin Jg. 5 H. 48.
[26] StadtAM, AfL 151.
[27] StadtAM, AfL 151.
[28] StadtAM, RP 1949.
[29] StadtAM, RP 1950.
[30] StadtAM, RP 1950 und AfL 288 passim.
[31] StadtAM, RP 1949.
[32] StadtAM, RP 1950.
[33] StadtAM, RP 1950.
[34] Abendzeitung vom 19. 12. 1952.
[35] Süddeutsche Zeitung vom 18. 8. 1960.
[36] StadtAM, BuR 2213.
[37] Stadtanzeiger 9. Juli 1954.
[38] Wacker, 90 Jahre, 24.

QUELLEN UND LITERATUR

Archivalien:

Stadtarchiv München (StadtAM):
Amt für Leibesübungen (AfL) Nr. 151, 217, 288
Bürgermeister und Rat (BuR) Nr. 2213
Ratsprotokolle (RP) 1949 (= Nr. 722/15), 1950 (= Nr. 723/20)
Süddeutscher Fußballverband, Korrespondenz-Akten

Zeitungen:

Abendzeitung
Münchner Merkur
Sport-Magazin
Stadtanzeiger
Süddeutsche Zeitung

Literatur:

Baroth, Anpfiff
Bayerischer Fußballverband, 25 Jahre
FS 90 Jahre Wacker
Martin, Deutschlands Fußball
Poldner, TSV 1860
Schauppmeier, FC Bayern
Schweer, Das Münchner Derby
Selig, Chronik der Stadt München
Tötter, HSV

Mannschaft des FC Bayern, Mai 1947; stehend v. l.: Köhle, Kopp, Stepberger I, Fink, Hädelt, Moll, Streitle; sitzend: Schweizer, Holzmüller, Bachl, Seibold. Foto: Graeber.

Oben: Mannschaft des TSV 1860 München, 1946; stehend v. l.: Gg. Pledl, Fritz, Wittmann, Thanner, Janda, Hornauer; sitzend v. l.: Hammerl, Müller, Sembritzki, Sommer, Bayerer.

Unten: Mannschaft des FC Wacker München, 1947: Aufstieg in die Oberliga Süd; stehend v. l.: Trainer Weber, Zigler, Hoffmann, Bauer, Frank, Herdin, Graser, Reiff, Kapfer, 1. Vorsitzender Köppl, Alv Riemke (BFV), sitzend: Zeilinger, Schwimmer, Stöckl, Betreuer Weber, Bäcker, Zeitlhofer, Nachreiner.

118

Lieblinge der Sportwelt

Herbert Moll

Herbert Moll im Zweikampf mit Max Morlock vom Nürnberger »Club«. Mit diesem Bild wurde die Postkarten-Serie »Liebling der Sportwelt – Serie Fußball« gestartet.

250 000 am Nürburgring

Die illustrierte Wochen-Rundschau

Sport MAGAZIN

„Bayerns" Rückgrat Jackl Streitle — Technisch und taktisch in zahlreichen Länderkämpfen und Hunderten von Meisterschaftsspielen erprobt und geschult ist „Bayern" Münchens vorbildlicher Spielführer Jackl Streitle noch immer Mittelpunkt seiner Elf. Erstmals nach dem Kriege führt er seine „Rothosen" in die Spiele um die Deutsche Fußballmeisterschaft, wo sie als Süddeutschlands „Dritter" evtl. mit dem Vizemeister Kaiserslautern gepaart werden können. Bild: Graeber

Heft 21 / Jahrgang 4   Nürnberg, 25. Mai 1949   Einzelverkaufspreis 50 Pfennig

Jakob Streitle, eine der herausragenden Spielerpersönlichkeiten des Münchner Fußballs.

Fußballästhetik: Jackl Streitle in einer Studie des Fotografen Neuwirth.

FC Bayern – FC Wacker München 3:1, 19. Oktober 1947; Wacker-Torwart Zeitlhofer klärt vor dem angreifenden Siedl.

Wacker pflegt wieder Schaffer-Stil

Münchens beliebte Elf vom FC Wacker vor dem Sprung in die Oberliga

Im zweiten Anlauf scheint nun der SC Wacker München das ersehnte Ziel — Aufstieg in die süddeutsche Oberliga — zu erreichen. Als Wacker 1945/46 noch hinter FC Bamberg zurückstehen mußte, ging man nun mit doppelter Energie in die nächste Spielzeit.

„Wir waren uns darüber im klaren", erzählte der 1. Vereinsvorstand Max Köppl, daß uns nur die Rückkehr zum alten Wackerstil, den einst Spezi Schaffer lehrte, an frühere glanzvolle Zeiten angleichen lassen könne." Die Umstände waren günstig. Mit Sepp Weber, der seit September 1946 das Training leitet, stand ein Spieler der früheren Schaffer-Elf zur Verfügung, um der Mannschaft, und vor allem auch dem Nachwuchs die Lehren des Fußball-Könnens weiterzugeben. Zudem

blieb Fritz Herdin, ein Vertreter der Wiener Fußballschule, seinem Wacker-Verein treu. Als Halblinker und Mannschaftsführer ist er der geistige Lenker der Mannschaft, Regisseur des Angriffs und gefürchteter Torschütze zugleich. Und die Erfolge blieben nicht aus. In überzeugendem Stil wurde die südbayerische Landesliga-Meisterschaft gegen starke Rivalen, u. a. Jahn Regensburg, ASV Rosenheim und die Ingolstädter Vereine, gewonnen, als Krönung des Flachpaß-Spieles und des guten Geistes innerhalb der Mannschaft. Diese Kameradschaft bewies vor dem Entscheidungsspiel in Hof der Torhüter Frank, der eine vorzeitige Entfernung seines Gipsverbandes erbat, um auch mit dabei sein zu können. In der Elf der Schwarz-Blauen den Nachfolgern der

einst so populären Klingseis, Huiras, Nebauer und Altvater, stehen erfahrene Routiniers: So der energische Verteidiger Nachreiner (Senior der Mannschaft) und der zuverlässige Stopper Hoffmann. Neben den bewährten Sturmkräften Stöckl, Ziegler, Becker, dem aufopfernden Läufer Schwimmer und dem sicheren Torhüter Frank finden Seitenhofer (im Tor), Knöferl, Bauer (in der Abwehr) sowie Reiff, Eiberl u. Zeilinger als Nachwuchstalente Verwendung.

In einer Reihe interessanter Privatspiele bereitete sich der FC Wacker auf die schweren Aufgaben der nächsten Spielzeit vor. Man darf gespannt sein, welche Rolle der süddeutsche Altmeister von 1922 als Neuling gegenüber den starken Oberliga-Vereinen spielen wird, wenn er auch das Rückspiel gegen Bayern Hof siegreich gestalten kann. München vertraut jedenfalls auf seine Wacker-Elf.   G. W.

Weber	Eiber	Bauer	Hofmann	Oberländer	Leidenberger	Becker	Knöferl	Herdin	Frank
			Nachreiner	Stöckl	Reiff	Schwimmer			(Bild: Graeber)

Der FC Wacker schaffte 1947 den Aufstieg in die oberste süddeutsche Spielklasse.

„Sport" Die illustrierte Wochen-Rundschau. — Veröffentlicht unter Military Government Information Control Lizenz Nr. US-E-181. — Herausgeber: Dr. Joseph E. Drexel und Dr. Friedebert Becker. — Redaktion: Hans Fiederer. — Anzeigen: L. Maenner. — Verlag: Olympia-Verlag GmbH, Nürnberg, z. Zt. Zirndorf bei Nürnberg. — Anschrift: Zirndorf bei Nürnberg, Nürnberger Str. 19/21. — Telephon 7 83 41/43. — Rotationsdruck: Nürnberger Presse-GmbH., Zirndorf. — Einzelpreis 50 Pfennig. — Abonnement: monatlich 2.— Mark, vierteljährlich 6.— Mark, halbjährlich 12.— Mark, jährlich 24.— Mark (zuzüglich der Postgebühren) — Bestellungen ausschließlich durch den Verlag; die Post nimmt keine Abonnements entgegen. — „Sport" erscheint jeden Mittwoch. — Auflage 22 000. — Manuskripte werden nur zurückgeschickt, wenn Rückporto beiliegt.

»Alles ist knapp« – Sylvesterkarikatur der Zeitschrift. »Sport. Die illustrierte Wochenrundschau«, 1947.

1950: Zwei deutsche Fußball-Meister

Sport
Die illustrierte Wochen-Rundschau
MAGAZIN

Brecher und Techniker

Wenn Morlock zu einem seiner gefürchteten sprintartigen Dribblings quer über das Feld startet, braucht es schon zwei Bremsklötze, um ihn zum Halten zu bringen. Hier werfen sich ihm Bayerer (noch im 60er-Dreß) und Pledl entgegen, können aber nicht verhindern, daß der Nürnberger, der vorbildliche Körperbeherrschung demonstriert, den Ball überlegt weiterleitet. *Bild: dena*

Heft 33/Jahrgang 4   Nürnberg, 17. August 1949   Einzelverkaufspreis 50 Pfennig

Die Auseinandersetzungen mit den beiden fränkischen Vereinen aus Nürnberg und Fürth waren mit die Höhepunkte in der Oberliga-Zeit.

FC Bayern – Eintracht Frankfurt 1:1, 1. Mai 1947; Herbert Moll setzt sich im Zweikampf durch.

Zerstörte Zuschauertribüne des Stadions an der Grünwalder Straße am »Tag der Schule«
1947.

Oben: FC Bayern – 1. FC Nürnberg 0:0, 13. April 1947; Bayern-Torhüter Fink rettet vor Weber, im Hintergrund Streitle. Foto: Graeber.

Unten: Bayern München – 1. FC Nürnberg 1:2, Oberliga Süd 1950/51.
Die Begrüßung der zwei Spielführer Max Morlock und Herbert Moll. Foto: Neuwirth.

FC Wacker – TSV 1860 0:1, Sportplatz an der Khidlerstraße 18.10.1953. Die Wackermannschaft wehrt sich, doch verliert in der 90. Minute!

FC Wacker – TSV 1860: eine Paarung, die zu allen Zeiten die Zuschauer anlockte.

Die Nationalmannschaft wird auf ihrer Fahrt in 12 Mercedes-220-Kabrioletts vom Bahnhof zum Rathaus gefeiert. Im vorderen Auto von links: Fritz Schäfer, Werner Liebrich und Horst Eckel.

Oben: 1860 München – Sao Paulo 3:4, 15.4.1951. In den internationalen Begegnungen standen die Abwehrspieler der Löwen häufig unter Druck. Foto: Neuwirth.

Unten: Die deutsche Nationalmannschaft gewinnt 1954 in der Schweiz die Fußballweltmeisterschaft: das Warten auf die »Helden von Bern« begann schon am Bahnhof.

Von Baugerüsten, Budendächern und gegenüberliegenden Fenstern aus werden die Helden von Bern in der vom Krieg gezeichneten Innenstadt gefeiert, hier Blick vom Rathaus nach Süden bis zum Löwenturm.

Mit einem »Fang ma o« eröffnet Oberbürgermeister Wimmer die Ehrung der Weltmeistermannschaft 1954 und verteilt die Silberne Sportplakette der Stadt, hier an Abwehrspieler
Horst Eckel; sitzend im Vordergrund Fritz Walter und Bundestrainer Sepp Herberger.

Im vorletzten Vorrundenspiel um den DFB-Pokal am 17. November 1957 siegte der FC Bayern über den 1. FC Saarbrücken mit 3:1 Toren, hier pariert Torwart Fazekas vom FC Bayern einen Schuß von Albert, daneben Knauer (2) und Faltermeier.

Oben: Der FC Bayern München gewinnt im Augsburger Rosenau-Stadion am 29. Dezember 1957 vor 42 000 Zuschauern das Endspiel gegen Fortuna Düsseldorf; v.l.: Bauer, Knauer, Velhorn, Jobst, Fazekas, Huber, Manthey, Mayer, Siedl, Landerer, Sommerlatt.

Unten: Die Oberliga-Mannschaft des TSV 1860 München, 1962.
Stehend v.l.: Reich, Anzill, Stemmer, Wagner, Brunnenmeier, Höck; vorne: Steiner, Rebele, Hofmann, Fallisch, Küppers.

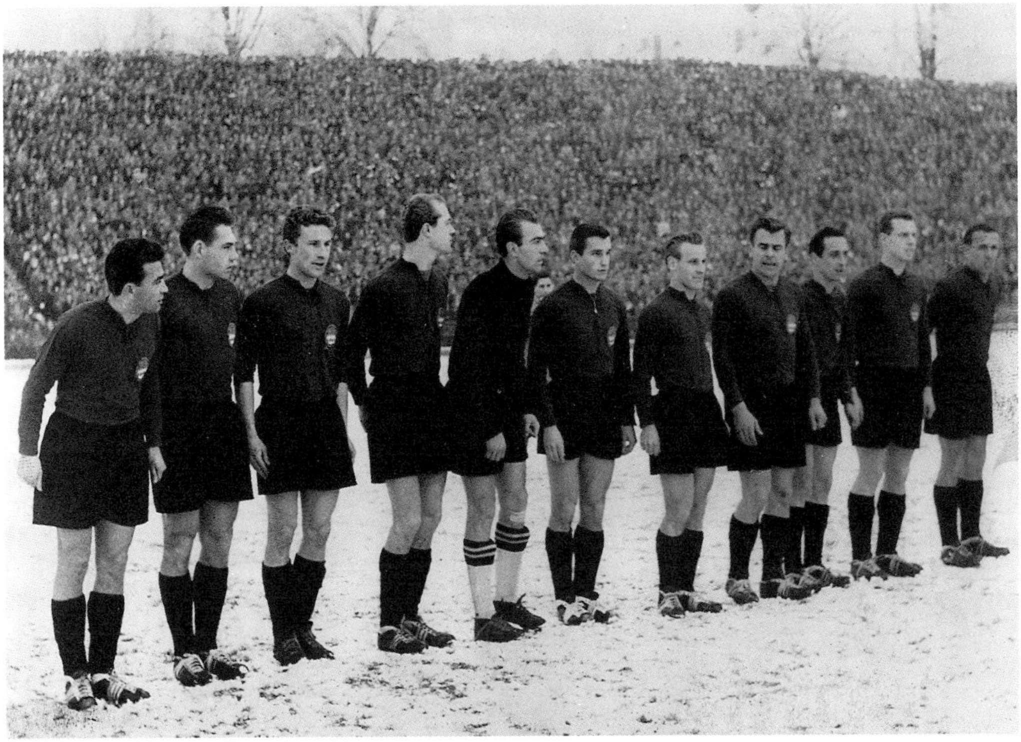

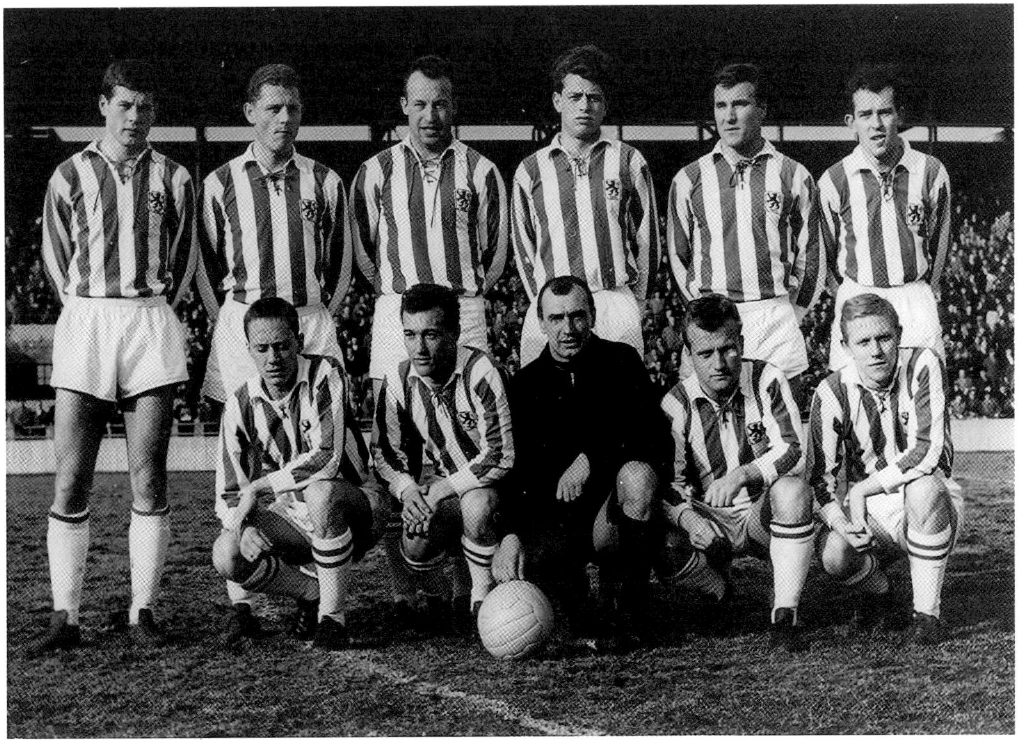

Die Löwen Perusic und Rebele (Mitte) vereint gegen Uwe Seeler (HSV), im Hintergrund Dörfel. Gruppenspiel um die Deutsche Meisterschaft 1963.

Oben: Die Leiter des Fußballruhms erklommen 1963 die Löwen unter ihrem Trainer Max Merkel; v.l.: Brunnenmeier, Humpa, Zeiser, Steiner, Küppers, Anzill, Rahm; r.S. aufsteigend: Stemmer, Wagner, Reich, Auernhammer, Rebele, Heiss, Kohlars; l. neben Merkel: Herrnleben, r. Radenkovic.

Unten: Die Unterschriften der Süddeutschen-Meister-Elf.

Der Nachwuchs des FC Bayern und des TSV 1860 (A-Jugend), Frühjahr 1964.
Stehend 2. v.l. Franz Beckenbauer. Foto: Neuwirth.

Zwischen Idealismus und Leistungsdenken
Zur Situation des Breitensports Fußball nach dem Zweiten Weltkrieg

Manfred Peter Heimers

Die Rückkehr zur Normalität

Nicht nur die Bausubstanz lag in München am Ende des Zweiten Weltkriegs in Ruinen, auch das Sportleben war weitgehend zertrümmert. Bereits in den letzten Kriegsmonaten war an sportliche Aktivitäten kaum noch zu denken gewesen. Mit dem Einmarsch der Amerikaner erlosch zumindest für die kleineren Vereine zunächst jede Betätigungsmöglichkeit, da die Militärregierung Zusammenkünfte von mehr als fünf Personen verbot und von ihrer Genehmigung abhängig machte. Mit dem Gesetz Nr. 52 und der Verordnung Nr. 23 des Alliierten Kontrollrats vom 17. Dezember 1945 wurden zum 1. Januar 1946 sämtliche nationalsozialistischen Sportorganisationen und -vereine aufgelöst. Ihr Vermögen wurde beschlagnahmt.

So mußte sich das Fußballgeschehen zunächst weitgehend darauf beschränken, daß sich Kinder und Jugendliche mit »löcherigen Leder- oder Stoffgebilden«[1] als Ball zwischen Ruinen zum Spielen trafen, oft sehr zum Verdruß ihrer Mütter, denen kaputtes Schuhwerk und größerer Hunger nach dem Spiel zusätzliche Versorgungsprobleme bereiteten. Aber schon nach wenigen Wochen starteten Mitglieder der aufgelösten Vereine erste Versuche, den Vereinsfußball wiederzubeleben. Die Münchner Militärregierung zögerte aus Sicherheitsbedenken noch, sportliche Wettkämpfe zuzulassen, und untersagte alle Spiele auf den städtischen Sportplätzen, die nicht zuvor schriftlich von ihr genehmigt worden waren. Auf Drängen des Ministeriums für Unterricht und Kultus und des Stadtamtes für Leibesübungen, das es als selbstverständlich ansah, »daß gerade das Fußballspiel nicht das mindeste mit Militarismus oder ähnlichen Zielen zu tun hat, daß vielmehr alle Beteiligten nur ein Interesse haben, nämlich das am rollenden Ball«[2], und das die Verantwortung für alle notwendigen Auflagen tragen wollte, gaben die Amerikaner nach, und erteilten seit dem Sommer Spielgenehmigungen.

Damit waren zwar Training und die Austragung von Spielen gestattet, Vereine waren aber noch nicht zugelassen. Erst mit der Berufung des Sportredakteurs August Ulrich zum Landesbeauftragten für das Sportwesen durch das Ministerium für Unterricht und Kultus eröffneten sich dem Vereinsfußball wieder Möglichkeiten. Es war die erklärte Absicht Ulrichs, den Sport in Bayern auf der Basis »einer zusammengefaßten und einheitlich geleiteten Organisation für alle Sportarten« neu zu organisieren. Diesem Aufbau müsse aber »eine Neubildung der Vereine und damit gleichlaufend eine Entnazifizierung der Vereinsleitung und der Mitgliedschaft selbst vorangehen.« Er selbst hatte dabei »die Aufgabe, die Vereine auf ihre Einstellung in politischer Hinsicht zu überwachen und eventuell vorhandene Tendenzen militaristischer und nationalsozialistischer Art abzustellen«[3]. Die frühere Aufspaltung des Vereinssports in bürgerliche, konfessionelle und Arbeitersport-Organisationen sollte also nicht wieder aufleben.

Für die Neubildung von Turn- und Sportvereinen wurden detaillierte Richtlinien erlassen. Es durften keinerlei Verbindungen zu NS-Organisationen mehr bestehen. Die Vereine mußten eine demokratische Struktur haben und prinzipiell jedem Beitrittswilligen offenstehen. Auch der Vereinszweck sollte der von den Amerikanern gewünschten Sprachregelung angepaßt werden: Es reichte nicht mehr, daß man etwa gemeinsam Fußball spielen wollte, »weil der Zweck eines Sportvereins tiefer liegt, und zwar ist die Hebung und Förderung der Volkskraft und Volksgesundheit und die körperliche und geistige Bildung der Mitglieder das Fundament eines Vereins«[4]. Selbstverständlich durften ehemalige Nationalsozialisten keine Funktionen mehr in einem Sportverein ausüben. Den als Mitläufer oder nur leicht belastet eingestuften Personen war zwar die einfache Vereinsmitgliedschaft gestattet; in keinem Verein durften sie aber mehr als ein Viertel der Mitglieder stellen. Jugendabteilungen mußten gesondert durch den zuständigen Kreisjugendausschuß genehmigt werden. Die bereits wiederbegründeten Vereine wurden aufgerufen, durch die Einreichung ihrer Satzungen bei den zuständigen Sportbeauftragten ihre Genehmigung durch die Militärregierung zu beantragen.

Über 200 Turn- und Sportvereine kamen dieser Aufforderung nach. Anfang Mai 1946 legte das Stadtamt für Leibesübungen, dessen Direktor als örtlicher Sportbeauftragter fungierte, die Unterlagen von 110 dieser Vereine der Militärregierung zur Genehmigung vor. Allerdings schoben die amerikanischen Behörden die Lizenzierung zunächst auf und ließen erst im Juli nach einer Überprüfung der Anträge durch das Polizeipräsidium befristete Lizenzen durch das städtische Gewerbeamt erteilen. Die Sportvereine galten damit weiterhin lediglich als Personenvereinigungen, die eine Sport- und Spielerlaubnis besaßen. Am 31. Dezember 1946 waren in München insgesamt 135 Sportvereine registriert. 50 von ihnen, das waren 37 %, spielten Fußball oder besaßen eine Fußballabteilung. Fußball war damit vor dem Geräteturnen die am weitesten verbreitete Vereinssportart. Von 31470 Turn- und Sportvereinsmitgliedern spielten 4978, also fast 16 %, Fußball, damals ausschließlich Männer. Populärer waren nur Wandern, Bergsteigen und Skilauf.

Am 10. Januar 1947 übertrug die Militärregierung schließlich die Lizenzierung der Turn- und Sportvereine den deutschen Behörden, so daß die endgültigen Zulassungen mit der Verordnung des bayerischen Innenministeriums vom 30. Mai 1947 in München durch das Polizeipräsidium erfolgten. Alle Vereine, auch die bereits vorläufig registrierten, mußten diese Lizenzierung beantragen. Seit dem 21. Januar 1947 bestand darüber hinaus bereits eine weitere Erleichterung: Lizenzierte Vereine mußten ihre Veranstaltungen nicht mehr durch die Militärregierung genehmigen lassen, sondern brauchten sie nur noch 48 Stunden vorher schriftlich anzumelden.

Bis zum 20. Dezember 1947 wurden in München 152 Turn- und Sportvereine lizenziert, darunter als erste Fußballvereine bereits im Juli der FC Alte Heide, die SpVgg Münchner Kickers, der Berufsfußballklub München und der FC Phönix. Zum überwiegenden Teil waren dies Vereine, die praktisch nie aufgehört hatten zu existieren. Es waren darunter aber auch Vereine wie der TSV München-Ost, der FC Sportfreunde oder der Verein für Leibesübungen von 1926, die sich nach dem Verbot während des Dritten Reiches nun wiederbegründet hatten, und einige Neugründungen wie der Berufsfußballclub München. Viele Neugründungen waren allerdings lediglich Zusammenschlüsse früherer Vereine, die teilweise von der Einsicht diktiert waren, daß die Probleme der Nachkriegszeit in einem größeren Verband besser gemeistert werden konnten, wie die vom TSV Solln und dem TSV Forstenried gebildete SpVgg Solln-Forstenried oder der aus dem FC Stern und dem FC Eintracht entstandene FC Stern-Eintracht. Teilweise stand dahinter aber auch, wie etwa beim vom SV Trudering und dem Truderinger TV begründeten TSV Trudering oder dem vom TV Milbertshofen, der 1933 aufgelösten Freien Turnerschaft München, Abt. 6, und vom VfB München ins Leben gerufenen Freien TSV Milbertshofen, der Gedanke, im Stadtteil »nur einen Verein zu schaffen, der alle Sportzweige pflegen würde und in dem sich alle Sportfreudigen, gleich welcher politischer, religiöser oder rassischer Zugehörigkeit zusammenfinden würden, um … sich in Freundschaft und ehrlichem Wollen des Sichverstehens zu vereinigen«[5].

Abgesehen von den administrativen Hürden war der Beginn des Vereinsfußballs im Nachkriegs-München aber auch so schon schwierig genug, da es fast an allem Notwendigen fehlte. Die früheren Spieler waren durch den Krieg in alle Winde zerstreut. Dem Freien TSV Milbertshofen standen 1945 nur noch zwei Stammspieler des früheren VfB München zur Verfügung, 24 waren gefallen; der FC Viktoria konnte sein erstes Spiel nur mit neun Spielern austragen. Es kam hinzu, daß die Sportler, die ja körperlich besonders gefordert waren, sehr unter dem Ernährungsmangel litten. Oft opferten ältere Vereinsmitglieder Brot- und Fleischmarken für die Jugendlichen, um ihnen ihren Einsatz überhaupt zu ermöglichen. »Kalorienfahrten« zu Freundschaftsspielen auf Einladung ländlicher Fußballvereine sorgten wenigstens gelegentlich für einen vollen Magen. Viele Vereine hatten durch Zerstörung oder Plünderung ihrer Clubheime ihre gesamten Unterlagen, Ausrüstungsgegenstände und Trikots verloren, so daß, wie beim FC Viktoria, Improvisation den Beginn der ersten Fußball-Nachkriegssaison beherrschte: »Von einer schmucken, schwarz-roten Spielkleidung konnte natürlich nicht die Rede sein, olive und graue Wehrmachtshemden, Hosen aller Art und museumsreife Stiefel waren die Ausrüstung«[6]. Beim FC Stern-Eintracht mußten »Nachthemden die Trikots und allerlei – zum Teil schweres – Schuhwerk die Fußballschuhe ersetzen«[7].

Materialknappheit machte neben den fehlenden Finanzmitteln die Beschaffung einer neuen Ausrüstung zu einem großen Problem. Erst im Laufe des Jahres 1946 war etwa die Firma Sport-Münzinger wieder zur Reparatur von Fußbällen und zur Herstellung von Ballhüllen in der Lage, konnten die Gebrüder Dassler in Herzogenaurach wieder Sportschuhe herstellen. In beiden Fällen mußte allerdings das Rohmaterial vom Auftraggeber gestellt werden. Ohne Bezugsscheine waren in den Jahren der Materialbewirtschaftung jedoch nicht einmal Gummiblasen für die Fußbälle zu erhalten. Kompensationsgeschäfte waren häufig die einzige Lösung. Noch im Jahr 1948 konnte der SV Nord München-Lerchenau zwei Fußbälle nur organisieren, indem er sie gegen eine Kuhhaut eintauschte.

Schwierig war oft auch der Transport der Spieler zu ihren Einsatzorten. Der öffentliche Nahverkehr funktionierte zunächst nur behelfsmäßig und kam erst allmählich in Gang. Die Beförderung der Mannschaften mit Lastkraftwagen wurde den Vereinen noch im Juni 1946 vom Bevollmächtigten für den Nahverkehr in Bayern untersagt, da die Versorgungslage bei den Reifen und beim Kraftstoff weiterhin ungesichert war.

Das zentrale Problem für alle Fußballvereine sollte jedoch für lange Zeit die Sportplatzfrage bleiben. Mit dem Vereinsvermögen hatte die Militärregierung auch die vereinseigenen Sportanlagen beschlagnahmt und zum Teil für ihre Truppenbetreuung genutzt. So fanden auf dem Gelände des Postsportvereins an der Arnulfstraße im September 1945 Rodeos und Ochsenrennen statt, der Sportplatz der ehemaligen Reichsbahn-Sportgemeinschaft diente als Baseballplatz, ihr Vereinsheim wurde mit heimatvertriebenen Familien belegt. Aber auch Vereine, die ihre Anlagen weiternutzen durften, waren oft in keiner sehr viel glücklicheren Lage. Viele Plätze waren Opfer des Luftkriegs geworden und mit Bombentrichtern übersät, die baulichen Einrichtungen waren zerstört. Den Vereinen blieb nur die Möglichkeit, ihre Anlagen in Eigenleistung wieder bespielbar zu machen, und das in Zeiten äußerster Materialknappheit und ohne Rückgriff auf das beschlagnahmte Vereinsvermögen. So baute der BSC München sein Vereinsheim mit Ruinenmaterial aus Schwabing wieder auf, »wobei es passierte, daß man verkehrte Ruinenplätze abräumte, die für einen anderen Zweck gedacht waren, und deshalb beim Erscheinen der wahren Eigentümer die Flucht ergreifen mußte«[8].

Die Situation der städtischen Sportanlagen war ähnlich: Bei den 13 Großanlagen waren 81,9 % der Fläche nicht mehr benutzbar, nur noch fünf Anlagen waren in funktionsfähigem Zustand. 21 der 50 kleineren Turn- und Sportplätze waren zerstört. Luftschutzeinrichtungen und abgelagerter Räumungsschutt beeinträchtigten die Bespielbarkeit zusätzlich. Viele glichen der Sportanlage an der Sieboldstraße: »Mit einem Sportplatz konnte man das Gelände …kaum vergleichen: keine Umzäunung, keine Umkleideräume, keine Laufbahnen, dafür Löschteiche, Betonfundamente und Trampelpfade quer durch den Platz«[9]. Ähnlich war das Bild bei den 35 städtischen Schulspiel- und -sportplätzen. Das Amt für Leibesübungen bilanzierte für 1946, daß von diesen Anlagen »4 durch Schuttablagerung und Bombenschäden ausfielen. 11 Plätze wiesen bei Jahresbeginn noch leichte Schäden auf und 2 wurden als Parkplätze für amerikanische Fahrzeuge benutzt, sodaß 18 für den Schul- und allgemeinen Spielbetrieb zur Verfügung standen«[10].

Die Stadt bemühte sich, die Schäden so rasch wie möglich zu beseitigen. Der Stadtrat genehmigte am 5. November 1946 die sofortige Inanspruchnahme von 32 300 RM aus dem städtischen Haushalt zur Instandsetzung des Dantestadions und der Sportplätze Sankt-Martin-Straße, Alte Heide und Säbener Straße, um größere Schäden zu verhüten. Zum Ende des Jahres konnten alle Schulsport- und -spielflächen wieder behelfsmäßig genutzt werden. Auch in den folgenden Haushaltsjahren wurden Mittel zur Behebung von Kriegsschäden, zur Beseitigung von Luftschutzeinrichtungen und zur Schutträumung auf städtischen Sportplätzen veranschlagt. Zuschüsse zur Wiederherstellung privater Anlagen waren jedoch nicht möglich. Da die bereitgestellten Mittel erst in einem Zeitraum von 35 Jahren den Abschluß der Instandsetzungsarbeiten ermöglicht hätten, beschloß der Stadtratsausschuß für Leibesübungen am 22. November 1948, bei allen Sportveranstaltungen in München auf jede Eintrittskarte ein Zehnerl zugunsten der Wiederherstellung der Sportstätten zu erheben. Dem vorhandenen Platzbedarf konnte das Tempo der Instandsetzungsarbeiten natürlich in keiner Weise gerecht werden, so daß das Amt für Leibesübungen gerne die Hilfe der Vereine annahm, wenn sie die von ihnen bespielten Plätze in eigener Initiative wiederherstellen wollten. Diesen Vereinen wurden als Gegenleistung für einige Zeit die Gebühren erlassen, die die Stadt aus Geldnot ab 1946 für die Sportplatzbenutzung erheben mußte.

Allen Widrigkeiten zum Trotz belebte sich das Fußballgeschehen in München nach Kriegsende erstaunlich rasch. Nach einer ganzen Reihe von Privatspielen wurden bereits im Herbst 1945 wieder die Rundenspiele aufgenommen. Am 4. November begannen gemeinsam mit den Spielen der süddeutschen Fußball-Liga auch die Wettkämpfe um die Münchner Fußballmeisterschaft. In der Kreisliga, der Bezirksklasse und der Kreisklasse spielten 36 Münchner Vereine mit insgesamt 61 Mannschaften. Nachdem sich alle Münchner Fußballvereine und -abteilungen am 2. Dezember 1945 dafür ausgesprochen hatten, »daß es notwendig sei, den Arbeitersportler mit dem Sportler der religiösen Verbände und den bürgerlichen Sportler auf eine gemeinsame Basis zu bringen«, und deshalb die Eingliederung in den Bayerischen Landes-Sportverband (BLSV) beschlossen hatten[11], organisierte der BLSV eine neue regionale Fußballrunde, die am 3. Februar 1946 begann. In der 1. Liga auf Bezirksebene, der 2. Liga auf Kreisebene und der 3. Liga für Groß-München waren 44 Münchner Vereine mit 52 Mannschaften vertreten. Bereits am 15. September 1946 begann dann die zweite Punktrunde in der nun so bezeichneten »Südbayerischen Landesliga«. Nach einer erneuten Abänderung im Jahr 1947 wurde die noch heute gültige Einteilung in Kreisliga, A-, B- und C-Klasse mit der Spielrunde 1949/1950 am 4. September 1949 aufgenommen. An ihr beteiligten sich schon 66 Münchner Mannschaften aus 62 Vereinen.

Nachdem bereits zu Ostern 1946 ein Pokalturnier der Münchner Fußball-Jugend unter Beteiligung von Mannschaften aus Stuttgart, Nürnberg und Regensburg stattgefunden hatte, aus dem der SC Bajuwaren als Sieger hervorgegangen war, begannen am 5. Oktober 1946 erstmals auch wieder Spiele für die Jugend- und Schülermeisterschaften. Am 14. November 1948 fand die erste Auslandsreise einer deutschen Jugendfußballmannschaft nach dem Krieg statt: Eine Münchner Stadtauswahl, Spieler des TSV 1860, des FC Bayern und des SC Bajuwaren, reiste zum Rückspiel gegen eine Stadtauswahl von Salzburg. Das Spiel endete mit einem 5 : 1-Sieg der Münchner. Erstmals konnten schließlich nach einer neunjährigen Pause im März 1947 wieder Fußball-Rundenspiele der Volksschulen ausgeschrieben werden. Von den 97 Schulen meldeten sich allerdings erst 24 zur Teilnahme, 1948 waren es dann schon 32.

Die Zahl der Münchner Sportvereine war 1948 bereits auf 170 angestiegen, von denen in 59, das sind 34,7 %, Fußball gespielt wurde. Das war bereits ein Verein mehr als im Vorkriegsjahr 1937. In 157 Seniorenmannschaften sowie in 100 Jugend- und 100 Schülermannschaften spielten insgesamt 7981 Aktive Fußball, das waren

9,8 % aller 81 203 Vereinssportler dieses Jahres und weitaus mehr als die 4 784 Fußballer von 1937. Welche Bedeutung der Fußball inzwischen wieder erhalten hatte, wird aber erst bei den Veranstaltungs- und Zuschauerzahlen deutlich: 1 065 000 Zuschauer sahen sich die insgesamt 1 800 Fußballspiele des Jahres 1948 an, das waren 83,8 % aller Besucher der insgesamt 2 338 Sportveranstaltungen.

Bei all diesen Aktivitäten darf jedoch nicht vergessen werden, daß sich das Fußballgeschehen dieser Jahre natürlich nicht auf den im BLSV organisierten Vereinssport beschränkte. Es gab die zahllosen Freizeitspieler, und es gab Fußballteams der Amerikaner und der UNRRA (United Nations Relief and Rehabilitation Administration), der durch die Kriegsereignisse Verschleppten und heimatlos Gewordenen (Displaced Persons), die außerhalb der deutschen Sportorganisation spielten, die ihre Kräfte aber durchaus auch mit Münchner Vereinen maßen.

Die Entfaltung des Spektrums

Mit der Konsolidierung wurde die Münchner Fußball-Landschaft immer vielschichtiger. Bereits während der zwanziger Jahre hatten sich neben den klassischen Sportvereinen die Firmensportvereine gebildet. Das waren keine Einrichtungen von Firmen oder Behörden zur körperlichen Ertüchtigung ihrer Mitarbeiter, sondern Zusammenschlüsse von Arbeitskollegen zur gemeinschaftlichen sportlichen Betätigung. Der erste Firmensportverein Münchens und gleichzeitig der älteste bekannte Europas war der am 10. Oktober 1925 von fußballbegeisterten Taxifahrern begründete 1. FC Taxa. 1926 folgten die Fußballmannschaften der Berufsfeuerwehr München und der Rietschel GmbH, heute AGFA-SV, sowie der SV Allianz. Gespielt wurde zunächst meist auf privater Basis. Mit der wachsenden Zahl der Firmen- und Behördenvereine konnte 1931 erstmals eine Fußballmeisterschaft der Münchner Firmen ausgetragen werden, die der 1. FC Taxa gewann.

Der Münchener Stadtverband für Leibesübungen und das Arbeitersportkartell standen diesen Neugründungen zunächst ablehnend gegenüber, da sie befürchteten, daß sie den bestehenden Vereinen die Mitglieder abwerben würden, mußten sie aufgrund ihres raschen Wachstums aber bald in ihre Reihen aufnehmen. Die Stadt konnte die Firmen- und Behördenvereine daher bereits 1930 wie die übrigen Vereine behandeln und sie auf den städtischen Sportanlagen zulassen. Zuschüsse wurden ihnen allerdings nicht gewährt.

Die Nationalsozialisten sahen Sport in den Betrieben als Mittel zur Stärkung der Volksgesundheit und damit zur Leistungssteigerung an. Die NS-Gemeinschaft »Kraft durch Freude« wurde deshalb 1936 auch mit der Förderung des Betriebsgemeinschafts-Sports beauftragt. Die Firmen- und Behördenvereine wurden in der Folge im Juni 1937 zwangsweise in die Betriebs-Sportgemeinschaften der KdF überführt, die sportliche Betätigung in den Betrieben wurde systematisch im nationalsozialistischen Sinne durchorganisiert.

Wegen dieser engen Verflechtung mit dem Nationalsozialismus blieben nach Kriegsende die Firmen- und Behördenvereine unter der amerikanischen Militärregierung auch nach der Wiederzulassung der anderen Sportvereine verboten. Viele Firmenmannschaften retteten sich durch eine vorübergehende Umbenennung über dieses Verbot hinweg. So legte sich der 1. FC Taxa nach seinen Vereinsfarben den Namen FC Grün-Weiß zu, der Post SV erklärte den 1933 als Arbeitersportorganisation verbotenen Verein für Leibesübungen, dessen Mitglieder er nach dem Verbot aufgenommen hatte, zu seinem Rechtsnachfolger und nannte sich VfL 1926. Mit der Wiederzulassung des Firmen- und Behördensports lebten 1952 jedoch die alten Vereinsnamen wieder auf. 1953 schlossen sich die Fußballvereine aus Firmen und Behörden dem Bayerischen Fußball-Verband (BFV) an und bildeten eine eigene Spielrunde. Im folgenden Jahr konnte wieder eine Münchner Firmenmeisterschaft ausgetragen werden, die von der BMW-Mannschaft gewonnen wurde. Die gleiche Mannschaft gewann 1955 auch die erste Bayerische Firmenfußballmeisterschaft der Nachkriegszeit. 1961 wurden insgesamt 130 Betriebsfußballmannschaften registriert, von denen sich 60 an der Firmen- und Behördenrunde beteiligten.

Die Fußballer aus Firmen und Behörden verstanden sich keinesfalls als Aushängeschild ihrer Arbeitgeber oder als Konkurrenten der allgemeinen Fußballvereine. Sie sahen sich lediglich als »jene sportfreudigen Menschen …, die sich bereits vom aktiven Fußballsport zurückgezogen haben und Sport wirklich nur noch als Ausgleich nach getaner Arbeit ansehen, um damit der Gesundheit zu dienen, um aber auch die Gemeinschaft in den Betrieben und Behörden zu pflegen und zu fördern.« Beim Firmen- und Behördenfußball gehe es »nicht um Reklame- oder Leistungssport, sondern ausschließlich um eine gute Sache, den Sport auch in die Betriebe zu tragen, um neue, den sonstigen Sportvereinen abseits stehende berufstätige Menschen zu gewinnen«[12]. Dennoch war die Stadt grundsätzlich nicht bereit, diese Vereine ebenso zu bezuschussen wie die allgemeinen Sportvereine, zum einen, weil die Mitgliedschaft naturgemäß nicht jedem offenstand und damit jegliche Jugendförderung wegfiel, zum anderen aber vor allem auch, weil die Vereine bereits von ihren Firmen und Behörden unterstützt wurden.

Die allgemeinen Sportvereine sahen die Firmen- und Behördenfußballer ebenfalls zumeist nicht als Konkurrenten an, sondern nahmen diese bereitwillig auf, wenn sie sich ihnen anschließen wollten, um ihre Sportanlagen mitnutzen zu können. Schon allein wegen der finanziellen Beiträge nahmen sie häufig auch mehrere Firmenvereine auf, so daß man ihnen im Sportausschuß des Stadtrats vorwarf, »ein Großteil der in Frage stehenden Vereine lebe geradezu von den Firmen- und Behördenmannschaften«[13], und ihnen deshalb höhere Nutzungsgebühren für die städtischen Sportanlagen abverlangte. Im Laufe der Jahre wurden die Grenzen zwischen dem allgemeinen Fußball und dem Firmenfußball ohnehin offen, da sich viele Firmenvereine wie der SV Siemens-Hofmannstraße oder der 1. FC Taxa in allgemeine Vereine umwandelten und an der Verbandsrunde teilnahmen, ohne deshalb die Firmenrunde völlig zu verlassen.

Bedingt durch diese Entwicklung, aber auch aufgrund schwieriger Trainingsmöglichkeiten bei begrenztem Sportplatzangebot, aufgrund nachlassender Unterstützung durch Firmen und Behörden und sicher auch aufgrund eines geänderten Freizeitverhaltens zeigt inzwischen die Zahl der Firmen- und Behördenfußballer rückläufige Tendenzen. 1982 spielten in den beiden Stadtligen und den A-, B- und C-Gruppen 78 Mannschaften aus 50 Münchner und vier Umland-Vereinen. Im Spieljahr 1995 waren es nur noch 60 Mannschaften in dem inzwischen aus Kreisliga, Stadtoberliga, Stadtliga, A-, B- und C-Gruppe und einer AH-Gruppe bestehenden Firmen- und Behörden-Spielbetrieb, die von insgesamt 50 Vereinen gestellt wurden. Durch die Abwanderung vieler Betriebe in das Umland kamen nur noch 39 von ihnen aus der Stadt und bereits elf aus der Region. Der bisher erfolgreichste Münchner Firmen- und Behördenverein ist der SV Berufsfeuerwehr. Seit der Gründung der Firmen- und Behördenrunde im Jahr 1954 war er zehnmal Münchner Fußballmeister und dreimal Pokalsieger.

Viele Spieler, die aus Alters- oder Konditionsgründen aus dem Rundenbetrieb ausscheiden, wollen dennoch weiter Fußball spielen. In zahlreichen Vereinen gibt es daher Alte Herren (AH)-Mannschaften, die sich mit anderen AH-Mannschaften zum gelegentlichen Kräftemessen treffen, auch wenn es dabei oft zugeht, wie es ein launiger Bericht des SV Olympiadorf-Concordia schildert: »Meist hochmotiviert wurden die Spiele begonnen, bis zur Pause die fleißig antrainierte Kondition voll ausgeschöpft und die zweiten, meist zu langen 45 Minuten durch technisch ruhendes Stellungsspiel und perfekte Deckung des Raumes bis zum Abpfiff überbrückt«[14]. Auf Anregung des SV Gartenstadt Trudering verabredeten sich 1964 zwölf AH-Mannschaften aus dem Münchner Osten zu einer gemeinsamen Runde, um sich einen regelmäßigen Spielbetrieb zu sichern. Wegen des großen Erfolges dieser Fußballrunde wurde sie 1965 zu einer Gesamt-Münchner AH-Meisterschaft mit 48 teilnehmenden Mannschaften ausgebaut. Erster Titelgewinner wurde der SV Lohhof. Gleichzeitig wurde ein Pokal ausgespielt, den der SC Bajuwaren gewann.

Die AH-Runde erfreute sich in den folgenden Jahren steigender Beteiligung. Der BFV unterstützte diese Einrichtung zwar, verwaltet und finanziert wird der Spielbetrieb jedoch bis heute von den Alten Herren selbst. 1971 wurde eine B-Runde für die über 40jährigen eingeführt, 1979 kam die Ehrenliga für die Spieler über 50 hinzu. Die Herabsetzung des Eintrittsalters in die Seniorenmannschaften machte schließlich 1987 eine Neueinteilung notwendig. Gespielt wird seitdem in einer A-Klasse (ab 30), einer B-Klasse (ab 38), einer C-Klasse (ab 44) und einer Ehrenliga (ab 50). Hinzu kam eine Ehrenliga auf dem Kleinfeld. 1995 beteiligten sich an der Münchner Senioren-Runde insgesamt 275 Mannschaften, darunter 21 Spielgemeinschaften, aus 106 Münchner Vereinen. Mit 17 Meistertiteln und 19 Pokalsiegen war die TSG Pasing bisher mit Abstand der erfolgreichste Verein im Senioren-Fußball.

München spielte mit dieser in ihrer Größenordnung einzigartigen Organisation des AH-Fußballs eine Vorreiterrolle. Von hier ausgehend wurde 1977 erstmals eine oberbayerische Bezirksmeisterschaft durchgeführt, deren erster Titelträger der TSV Milbertshofen wurde. Seit 1981 gibt es schließlich auch eine Bayerische Meisterschaft der Senioren. Der erste Bayerische Senioren-Meister aus München wurde 1982 der ESV München in der B-Klasse.

Ausländische Spieler waren im Profifußball schon lange eine gewohnte Erscheinung. Mit der Zunahme der Gastarbeiter in München nahm seit den sechziger Jahren naturgemäß auch die Zahl fußballbegeisterter Ausländer zu. Viele von ihnen spielten häufig sonntags auf der Theresienwiese gegeneinander, oder sie traten deutschen Vereinen bei. Sprachprobleme und kulturelle Differenzen machten dies nicht immer leicht. So bildeten sich bald erste reine Gastarbeitervereine, wie 1964 der SV Inter-Italia, die allerdings ohne Probleme in den deutschen Spiel- und Rundenbetrieb integriert wurden und mit der Zeit auch deutsche Spieler aufnahmen. Es darf dabei allerdings nicht verschwiegen werden, daß sich bei Fußballbegegnungen mit Ausländermannschaften häufig ethnische Konflikte entladen, die in Schlägereien enden. 1974 gab es bereits 16 Ausländervereine, 1995 waren es 29, allein neun türkische, sieben serbische, kroatische oder bosnische Vereine, fünf griechische, drei italienische, zwei spanische Clubs sowie ein armenischer, ein tunesischer und ein irischer Verein. Dank der Unterstützung durch ihre Landsleute sind die Ausländervereine in der Regel nicht nur finanziell vergleichsweise gut ausgestattet, sie besitzen auch ein größeres Zuschauerpotential als deutsche Fußballamateure. Die erfolgreichste Ausländermannschaft war bisher der 1975 gegründete SV Türk Gücü, der als einer der wenigen Münchner Amateurvereine 1985 in die Landesliga Süd, sowie 1988 und 1994 sogar in die Bayernliga aufstieg. Nach den beiden Bundesligisten ist der SV Türk Gücü der Verein mit den meisten Zuschauern in München.

Das Fußballspiel blieb lange eine Domäne der Männer. Zwar fanden immer wieder auch Frauen Spaß am Fußball, und selbst in München entstanden in einigen Vereinen erste Frauenabteilungen, aber noch 1955 sprach der DFB-Bundestag ein Spielverbot für Frauen aus und sperrte ihnen damit die Vereinsplätze. Dennoch lockte am 16. März 1957 das erste Frauenfußballspiel in München, ein Länderauswahlspiel Westdeutschland gegen Westholland, weit über 10 000 Zuschauer ins Dantestadion. Die mit 4 : 2 für Westdeutschland endende Begegnung stieß allgemein auf eine positive Resonanz: »Wia de Oitn, sollst as net glaubn, wias de Madln vasteh«, urteilte ein Zuschauer, auch wenn andere dem Spiel eher Schülermannschaftenniveau bescheinigten[15]. Zwar protestierte der DFB in einem Schreiben gegen »die seitens der Stadt München zum Ausdruck gebrachte Einstellung – dies um so mehr, als daraus auch zu ersehen ist, daß den für den Abschluß des Spiels Verantwortlichen die Unterscheidung zwischen wahrem Sport und Schaustellung abgeht«[16]; dem Frauenfußball verschaffte der Wettkampf aber dennoch viel Sympathie.

Es sollte jedoch bis zum Jahr 1970 dauern, bis sich weibliche Fußballmannschaften fest etablieren konnten. Das erste Spiel einer Münchner Frauen-Elf absolvierten die Sendlinger Ratsmadln, die sich kurz darauf dem FC Wacker anschlossen, gegen die Sendlinger Ratsbuam, die sie am 5. Juli vor 3 500 Zuschauern mit 2 : 1 besiegten. Am 1. Oktober ließ der DFB endlich auch Frauen zum Spielbetrieb zu. Inzwischen hatte der FC Bayern ebenfalls eine Frauenmannschaft aufgestellt, waren weibliche Firmenmannschaften wie die Lady-Kickers von Siemens entstanden. Als erster Spielbezirk organisierte Oberbayern daraufhin 1971 eine Bezirks-Spielgruppe, an der acht Mannschaften teilnahmen, darunter drei aus München. Aus dieser Runde gingen die Frauen des FC Bayern als Sieger hervor. 1972 wurde erstmals auch eine Pokalrunde ausgetragen. Der Frauenfußball nahm zunächst einen regen Aufschwung. 1976 stellte der FC Wacker als erster Münchner Verein auch eine Mädchenmannschaft auf. Im Spieljahr 1979 nahmen bereits zwölf Münchner Frauenmannschaften aus acht Vereinen an der 1974 begründeten Oberbayerischen Damenliga, der A-, B- und C-Klasse und der Oberbayerischen Mädchenliga teil. Bis in die Mitte der achtziger Jahre stagnierte dann die Entwicklung. Durch die gezielte Förderung von Mädchenmannschaften stiegen die Zahlen ab 1986 schließlich wieder an. An den Verbandsspielen der Saison 1995/96, die in eine Verbandsliga Süd, eine Oberbayerische Bezirksliga, eine A- und eine B-Klasse, eine Juniorinnen-Bezirksliga und sechs Juniorinnen-Gruppen eingeteilt waren, nahmen 14 Frauen- und sieben Mädchenmannschaften aus zwölf Münchner Vereinen teil.

Die bisher erfolgreichste Münchner Frauenmannschaft stellt ohne Zweifel der FC Bayern, der von 1972 bis 1990 19mal in Folge den bayerischen Meistertitel errang, insgesamt sechsmal im Endspiel um die Deutsche Meisterschaft stand, allerdings nur 1976 mit Erfolg, und zweimal im Pokal-Endspiel. Mit Abstand folgen die Frauen des FC Wacker, die 1991, 1992 und 1994 bayerischer Frauen-Meister wurden.

Die im Rahmen des BFV zusammengeschlossenen Vereine bilden jedoch nur einen Teil des Münchner Fußballspektrums, daneben gibt es den weiten Bereich der reinen Freizeitmannschaften, die sich zu zahllosen privaten Ballwechseln treffen. Die Hobbykicker wollen sich ihren Spaß am Spiel oft nicht durch die Zwänge des organisierten Vereins- und Verbandsbetriebs mit seinen Vorschriften und Pflichten, mit seinem Leistungsdenken und seinen hohen Kosten beeinträchtigen lassen. Viele Mannschaften haben sich daher zu Freizeitligen zusammengeschlossen, die ihnen in lockerer Form und ohne großen Aufwand und hohe Kosten ein Kräftemessen mit anderen Fußballteams ermöglichen. Eine strikte Abgrenzung zum Verbands-Fußball besteht allerdings nicht, die Grenzen sind oft fließend. Viele Vereine, wie etwa der VfR Angerlohe, sind aus Freizeitmannschaften hervorgegangen oder haben Reserveteams, die in einer Freizeitliga spielen.

Im Jahr 1990 gab es allein neun solcher Freizeitligen in München, darunter die 1985 von acht Wirtshausmannschaften gegründete »Royal Bavarian Liga«. In ihr spielen inzwischen 70 Mannschaften mit etwa 1000 Aktiven in einer ersten Liga, zwei zweiten und zwei dritten Ligen, Wirtshaus-, Firmen- oder Nachbarschaftsmannschaften mit Namen wie »Emmas Alkoholvernichtungsclub«, »Juventus Urin« und »De Gschmeidigen Fürstenrieder«. Die Teilnehmerzahl wechselt jedes Jahr, da die Liga so zwanglos wie möglich strukturiert sein soll. Die Organisation der einzelnen Spiele bleibt den Mannschaften selbst überlassen; vorgegeben ist nur der Stichtag, bis zu dem die Partien ausgetragen sein müssen.

Welche Größenordnung hinter den Freizeitmannschaften steht, wird vor allem bei dem seit 1980 ausgetragenen Freizeitkicker-Turnier der Abendzeitung deutlich, einem der größten Turniere dieser Art in Europa, an dem sich Kneipen-, Hobby- und Studententeams beteiligen können, soweit ihre Spieler nicht zu den Verbandsspielen gemeldet sind. 1996 waren dies insgesamt 172 Mannschaften, darunter vier Frauen-Teams.

Der Fußball hat sich damit in den letzten Jahrzehnten im Amateursportbereich zu einer eindrucksvollen Größe entwickelt: Fußball wurde 1994 nach den Erhebungen des Statistischen Amtes der Stadt in 192 von etwa 750 Turn- und Sportvereinen, also in etwa jedem vierten Verein, und von 78 064, das sind 28,5 %, der insgesamt 274 245

Turn- und Sportvereinsmitglieder gespielt. Fußball lag damit in München sowohl in der Vereins- als auch in der Mitgliederzahl weit vor allen anderen Sportarten. 1995 waren beim BFV 155 Münchner Vereine registriert. 132 von ihnen beteiligten sich an den Rundenspielen: In den 21 Gruppen von Bayernliga, Landesliga Süd, Bezirksoberliga, Bezirksliga, A-, B- und C-Klasse spielten insgesamt 153 Mannschaften, bei den Junioren waren es in Bayernliga, Bezirksliga, Kreisliga und A- bis F-Junioren 668 Mannschaften. Zusammen mit den Frauen-, den AH- und den Firmen- und Behördenteams nahmen damit in diesem Jahr allein 1 169 Fußballmannschaften an den Verbandsspielen teil. Wenn man dazu noch die zahllosen unorganisierten oder sich spontan zusammenfindenden Mannschaften, die Freizeitkicker und die vielen Schüler- und Studenten-Teams hinzurechnet, läßt sich ermessen, welch eine Rolle der Fußball als Breitensport in München heute spielt.

Die Sorgen der Amateure

Die beeindruckende Entfaltung des Fußballs im Nachkriegs-München darf natürlich nicht darüber hinwegtäuschen, daß sich die Fußballvereine bis heute immer wieder mit zum Teil gewaltigen Problemen konfrontiert sahen, allen voran die Sorge um ausreichende Spiel- und Trainingsmöglichkeiten. Allein neun von 14 Tagesordnungspunkten der ersten Sitzung des neugebildeten Stadtratsausschusses für Leibesübungen und Sport am 1. September 1948 standen im Zusammenhang mit dem unzureichenden Sportplatzangebot. Mittlerweile wurde jeder städtische Sportplatz von mindestens zwei Vereinen bespielt. Hinzu kamen die Schulen, die die Plätze für ihre Sport- und Spielveranstaltungen benötigten. Das städtische Platzangebot war so eng geworden, daß im Sommer 1949 auf den Sportanlagen vorerst keine neuen Vereine mehr zugelassen werden konnten. An eine angemessene Ausstattung dieser Anlagen war ohnehin nicht zu denken. Noch 1957 mußte sich zum Beispiel der FC Schwabing über die Zuweisung eines Sportplatzes auf dem Oberwiesenfeld freuen, der keine weiteren Einrichtungen aufwies: »Die Waschgelegenheit war damals noch eine nahegelegene Schaftränke. An heißen Tagen konnte man sich auch im nahen Würmkanal waschen. Zum Umkleiden diente eine kleine Baubaracke (12 m²), die wohl von einer Baufirma vergessen worden war. Kein Spieler beschwerte sich damals über die schlechten Verhältnisse. Ganz im Gegenteil, man war froh, einen eigenen Sportplatz zu haben«[17].

Für viele Vereine war die Sportplatzsituation fast eine Existenzfrage. So stieg der FC Stern-Eintracht, der den Sportplatz an der Auerfeldstraße an den weitaus größeren TSV München-Ost abgeben mußte, von der Bezirksklasse I in die C-Klasse ab und konnte sich auch in den folgenden Jahren durch häufigen Sportplatzwechsel nicht dauerhaft erholen. An die Aufrechterhaltung einer Jugendabteilung war unter solchen Bedingungen garnicht zu denken. Der SV Rot-Weiß Freimann gab 1955 wegen eines fehlenden Sportgeländes seine Selbständigkeit auf und trat geschlossen dem ESV München-Freimann bei, der gute Trainings- und Spielmöglichkeiten besaß und auf diese Weise eine Fußballabteilung erhielt. Noch 1988 mußte der FC

Schwabing besorgt feststellen: »Wenn unsere Platzprobleme nicht bald gelöst werden, steht unsere Existenz auf dem Spiel«[18]. Notlösungen wie die Zuweisung einer unplanierten brachliegenden Wiese an der Klausener Straße an den FC Sportfreunde, der sich hier bis 1953 einen Sportplatz mit Vereinsheim anlegte, konnten das Problem natürlich nicht beseitigen, zumal viele dieser Behelfssportanlagen bald wieder der Verkehrs- oder Wohnungsbauplanung zum Opfer fielen.

Die Stadt versuchte 1954, diesen Notständen durch ein langfristiges Programm des Sportstättenbaus abzuhelfen. Eine Bestandsaufnahme aller Sportflächen in München listete 89 allgemeine Sportstätten mit insgesamt 114 Rasenspielplätzen auf, die von 95 Vereinen und 44 Schulen genutzt wurden. Mehr als die Hälfte dieser Plätze wurde als mittelmäßig bis schlecht eingestuft. Hinzu kamen 35 Schulsportplätze sowie die wilden Sportstätten auf geräumten Schuttgrundstücken oder unbebautem Gelände. Lediglich sechs der allgemeinen Sportplätze waren in Vereinsbesitz, etwa die Hälfte lag auf städtischem Grund. Ein großer Teil dieser Anlagen sollte jedoch in absehbarer Zeit städtebaulichen Maßnahmen weichen. Der nach stadtplanerischen Richtwerten errechnete Sportplatzbedarf wurde damit in München nur zu knapp 60 % gedeckt. Das absehbare Wachstum der Stadt machte darüberhinaus jedoch weitere Sportplatzkapazitäten erforderlich.

Aus sporttechnischen und finanziellen Gründen sollten allerdings keine neuen Einzelanlagen geschaffen werden, vielmehr sollten möglichst gleichmäßig über die Stadt verteilt zentrale Bezirkssportanlagen mit mindestens einem Hauptspielfeld und zwei Übungsfeldern für die umliegenden Sportvereine und Schulen entstehen. Insgesamt waren 23 Bezirkssportanlagen vorgesehen, von denen zwölf durch den Ausbau bestehender Plätze und elf völlig neu angelegt werden sollten. Der Stadtrat verabschiedete dieses Programm, das bis zum Jahr 1965 umgesetzt werden sollte, am 10. März 1955 und stellte aus Kostengründen gleichzeitig die Planung für ein Großstadion auf dem Oberwiesenfeld vorerst zurück.

Die beiden ersten nach dieser Planung errichteten Bezirkssportanlagen waren die Anlagen in der Fehwiesenstraße und in der Wegenerstraße. Bereits 1959 wurde das Sportanlagenprogramm wegen des Bevölkerungsanstiegs erstmals revidiert. Der Stadtrat beschloß daher am 12. Oktober 1960, die Zahl der Bezirkssportanlagen auf 34 zu erhöhen. Am 6. Mai 1964 erweiterte er das Programm noch einmal auf 41 Anlagen. Zwei Jahre später waren bereits 22 Bezirkssportanlagen fertiggestellt oder standen kurz vor der Vollendung. Zusammen mit zwölf weiteren städtischen Sportanlagen und den vereinseigenen Plätzen standen 1965 insgesamt 151 Sportplätze zur Verfügung.

Der Bedarf war damit vor allem bei der steigenden Zahl der Mannschaften noch lange nicht gedeckt. Das Amt für Leibesübungen bevorzugte bei der Vergabe der Bezirkssportanlagen natürlich die größeren Vereine und riet kleineren häufig zur Fusion mit anderen Clubs. Aber auch die Zulassung auf einer Bezirkssportanlage bedeutete nicht immer die Lösung aller Probleme eines Vereins. Das mußte der FC Stern erfahren, als er 1963 auf die Truderinger Bezirkssportanlage an der Feldbergstraße eingewiesen wurde, »für einen solch traditionsreichen Haidhauser Verein ein schwerer Gang«[19]. Zwar konnte er nun erstmals nach dem Krieg wieder an eine zielgerichtete Jugendarbeit denken, aber es erforderte nun erst recht »große Anstrengungen …«, als »eingefleischte« Haidhauser im »fremden« Trudering Jugendliche …zu gewinnen. Zu groß war die örtliche Konkurrenz. Und für die Haidhauser und Ramersdorfer Buben war der Weg nach Trudering sehr beschwerlich«, so daß der Nachwuchs oft mit dem Auto zu Training und Spiel gefahren werden mußte[20]. In vielen Fällen schuf allein schon die Belegung einer Anlage mit mehreren Vereinen weitere Sorgen: Eingeschränkte Trainingszeiten behinderten den sportlichen Erfolg, ungünstige Spieltermine ließen die Zuschauerzahlen und damit die Einnahmen sinken. Der SC Au, der zuvor über 280 Mitglieder hatte, konnte nach seiner Übersiedlung an die Görzer Straße nur noch 22 Aktive regelmäßig am Spielgeschehen teilnehmen lassen und verlor so viele Mitglieder. Um einen optimalen Trainings- und Spielbetrieb kam es häufig zu Vereinsrivalitäten. So forderte 1962 die Deutsche Jugendkraft, die sich als »der meist verfolgte Sportbund in Deutschland, speziell aber in München« bezeichnete, »endlich einmal eine wohlberechtigte *Wiedergutmachung*«, und wollte auf der Bezirkssportanlage an der Agnes-Bernauer-Straße als Hauptnutzer zugelassen werden, da es nicht akzeptabel sei, »wenn Vereine, die mit den übrigen Sportvereinen 1934 im Stadtamt für Leibesübungen um Anerkennung als NS-Gliederung nachgesucht haben, der DJK vorgezogen werden«[21]. Da allerdings die ebenfalls an der Agnes-Bernauer-Straße trainierenden und spielenden Sportfreunde Pasing 03 auch zu den 1933 verbotenen Vereinen gehörten, verblieb es bei der gleichberechtigten Zulassung beider Vereine.

Trotz der Anpassung des städtischen Sportanlagenprogramms an den Stadtentwicklungsplan vom 6. Mai 1964 blieb es auf den Sportplätzen eng, zumal der Ausbau aufgrund der Grundstückserwerbungskosten ins Stocken geriet und gleichzeitig kaum noch Privatpersonen zur Verpachtung ihrer immer wertvoller werdenden Grundstücke an Sportvereine bereit waren. Im Jahr 1968 waren auf den 22 bestehenden Bezirkssportanlagen mit 75 Spielfeldern insgesamt 459 Fußballmannschaften aus 57 Vereinen untergebracht. Lediglich vier dieser Anlagen standen nur einem Verein zur Verfügung, auf den übrigen mußten sich bis zu fünf Vereine und zwischen zwölf und 41 Mannschaften arrangieren. Der Stadtrat sah sich daher veranlaßt, die Zulassung weiterer ballspielender Vereine auf den Bezirkssportanlagen abzulehnen. Auch die Bildung weiterer Fußballmannschaften in Vereinen, die bereits auf einer Bezirkssportanlage spielten, war damit vorerst nicht mehr möglich. Für viele Vereine wurde so gerade der lebenswichtige Ausbau der Nachwuchsabteilung erheblich erschwert.

Die Realisierung des Bezirkssportanlagen-Programms ging nur noch mit vermindertem Tempo voran. Als bisher letzte Anlage wurde am 19. Juli 1988 die Bezirkssportanlage an der Lüderitzstraße in Betrieb genommen. Von den geplanten 41 Anlagen konnten damit bis heute lediglich 27 verwirklicht werden. Die Münchner Finanzsituation läßt auf absehbare Zeit nicht an einen weiteren Ausbau denken. So mußten sich 1995 allein die 1167 Münchner Verbandsmannschaften auf den Bezirkssportanlagen, 16 weiteren städtischen Sportanlagen, 157 Schulsport- und 50 Vereinssportanlagen mit insgesamt lediglich 216 Spielplätzen begnügen. Auf den Fußballplätzen wird es eng bleiben.

Ebenso wie die Platzfrage blieb auch die Sorge um die Finanzen ständiger Begleiter der Amateurfußballer bis auf den heutigen Tag. Bereits die Erfordernisse des Wiederaufbaus stellten den Fußballenthusiasmus auf eine harte Probe, die ohne immense Selbstleistungen der Vereinsmitglieder sicher nicht zu bestehen gewesen wäre. Mit der Beteiligung der Sparte Fußball des BLSV an den Erträgen des im Mai 1948 begründeten Fußball-Totos flossen erstmals wieder regelmäßig Gelder für den Sportanlagenbau. Auch das Stadtamt für Leibesübungen versuchte, mit seinen allerdings nur begrenzten Mitteln den Vereinen zu helfen, gab Zuschüsse aber lediglich für deutsche Meisterschaften, Städtewettkämpfe oder internationale Begegnungen sowie, im Rahmen der Förderung der Jugendarbeit, zum Ausbau der Sportanlagen. Mittel zur Durchführung des Spielbetriebs wurden grundsätzlich nicht gewährt, da man den Standpunkt vertrat, daß zwar die sportliche Betätigung, nicht aber der sportliche Ehrgeiz eines Vereins förderungswürdig sei. Als etwa 1951 im Stadtratsausschuß für Leibesübungen höhere Mittel für den SV Aubing beantragt wurden, da seine Einnahmen in keinem Verhältnis zu den Kosten einer Teilnahme an der Landesliga stünden, entgegnete das Amt für Leibesübungen lapidar: »Wenn der Landessportverband schon die Einteilung der Vereine so treffe, daß für die Landesliga jede Woche so hohe Auslagen erwachsen, dann habe er entweder Zuschüsse zu geben oder sein System zu ändern«[22].

Die städtischen Zuschüsse und die Eigenmittel reichten natürlich vor allem dort oft nicht aus, wo die Vereine die durch die Kriegszerstörungen notwendig gewordene Wiederinstandsetzung oder Neuerrichtung von Sportanlagen finanzieren mußten. So begann bereits bald nach dem Krieg die Suche nach Sponsoren. Schon 1952 schloß beispielsweise der TSV Solln eine Vereinbarung mit der Hackerbräu AG, in der sich die Brauerei zur Kostenübernahme für Fußboden, Wandverkleidung und Einrichtung des neuerrichteten Clubheims bereiterklärte. Als Gegenleistung durfte in diesem Vereinsheim nur Hacker-Bier ausgeschenkt werden. Doch auch solche Finanzhilfen waren oft nicht ausreichend. Gerade der TSV Solln hatte sich mit dem Ausbau seiner Sportanlagen derart übernommen, daß er geradezu »knierutschend« die Stadt um Hilfe bitten mußte, woraufhin der Stadtratsausschuß für Leibesübungen beschloß, den Vereinssportplatz an der Herterichstraße käuflich zu erwerben und dem Verein künftig gegen Mietzahlung zu überlassen[23].

Da dies kein Einzelfall war, erließ der Stadtrat am 22. März 1954 Richtlinien für die Vergabe von Zuschüssen an Sportvereine, die vor allem bei den Zuschüssen für den Sportanlagenbau vermeiden sollten, »daß die Vereine Baumaßnahmen beginnen, für die weder die finanziellen Voraussetzungen gegeben sind noch eine baupolizeiliche Genehmigung eingeholt ist«[24]. Neben einem Finanzierungsplan war vor allem vorgeschrieben, daß lediglich Vereine mit mindestens 150 Mitgliedern, davon ein Drittel unter 18 Jahren, einen Zuschußantrag stellen konnten. Kleinere Vereine kamen also garnicht erst in den Genuß von Geldern zur Förderung der sportlichen Jugendarbeit, obwohl gerade sie der Konkurrenz der größeren Vereine besonders ausgesetzt waren, wie etwa der SC Bajuwaren 1960 klagte: »Bei vielen jungen Sportlern geht es heute nicht mehr allein darum »Fußball« zu spielen – nein, es reizt der schöne Platz der Großvereine, sie wollen Fußball mit Komfort, sie wollen einen grünen Fußballrasen, moderne Kabinen und sanitäre Anlagen. Die Zeit des Materialismus und der Konjunktur verdrängen den Idealismus im Sport. Aber woher soll ein kleiner Verein so viel Geld nehmen?«[25]

Am 22. November 1962 beschloß der Stadtrat über seine bisherigen Finanzhilfen hinaus ein Entschuldungsprogramm für Vereine, die sich beim Bau eigener Sportanlagen finanziell übernommen hatten. Zusätzlich wurde ein Zuschußprogramm für den Bau förderungswürdiger Übungsstätten aufgestellt, bei dem sich die Stadt zur Übernahme eines Teils der Bausumme bereiterklärte. Für alle Turn- und Sportvereine, die eigene Sportanlagen unterhielten, wurden am 10. Dezember 1963 regelmäßige Zuschüsse beschlossen, deren Höhe von der Zahl jugendlicher Mitglieder abhängig war. 1971 konnten 37 fußballspielende Vereine von diesem Finanzprogramm profitieren. Ebenfalls im Interesse der Jugendförderung wurden am 8. Juli 1964 in Anlehnung an den Landessportplan regelmäßige Zuschüsse zur Bezahlung nebenberuflicher Übungsleiter für Vereine mit mindestens 200 Mitgliedern und einem Anteil von mindestens 15 % oder 300 Jugendlichen beschlossen. Diese Finanzhilfe kam 1971 64 Fußballvereinen zugute.

Dennoch deckten die öffentlichen Hilfen natürlich nur einen Teil des Geldbedarfs der Vereine ab, zumal kleinere Clubs die Förderungsrichtlinien ohnehin nicht erfüllen konnten. Immer wieder sahen sich daher Fußballvereine vor die Notwendigkeit gestellt, auch für Einzelaufwendungen, die nicht von städtischen Richtlinien abgedeckt waren, Zuschußanträge zu stellen. Bei einzelnen Notlagen, wie etwa im Falle des TSV Gerberau, der 1965 durch einen Brand seine sämtlichen Vereinsgegenstände einbüßte, half das Sportamt zwar mit einmaligen Zuschüssen, ansonsten wurden diese Anträge aber grundsätzlich abgelehnt.

Etwa seit Beginn der 70er Jahre sanken die Zuschauerzahlen im Fußballbereich dramatisch. Zwar stieg die absolute Zahl der Zuschauer bei Fußballspielen in München zwischen 1970 und 1975 pro Jahr von 1 100 000 auf 1 200 000 leicht an; da sich aber gleichzeitig die Zahl der Spiele von 3 000 im Jahr auf 8 000 mehr als verdoppelte, nicht zuletzt auch durch den immer beliebter werdenden Hallenfußball, mit dem viele Vereine vor allem im Jugendfußball die Wintersaison überbrückten, sank die durchschnittliche Zuschauerzahl von 367 auf 150 pro Spiel. 1970 waren etwa die Hälfte der Zuschauer Besucher der Bundesliga-Großveranstaltungen, so daß für die Amateurspiele im Durchschnitt noch etwa 180 Zuschauer blieben. Geht man für 1975 von einem ähnlichen Zahlenverhältnis aus, waren es dann vielleicht noch 70 Zuschauer pro Spiel. Bei diesen Zahlen ist es seither in etwa auch geblieben. Große Einnahmeverluste bei den Eintrittsgeldern waren die Folge.

Um die eigenen Einnahmen aus Mitgliederbeiträgen und Eintrittsgeldern, die inzwischen kaum noch 20 % der Vereinsetats ausmachen, und die öffentlichen Zuschüsse zu ergänzen, blieb auch den Amateurvereinen seit der Mitte der 70er Jahre nichts anderes mehr übrig, als systematisch die Profivereine nachzuahmen und Sponsoren zu gewinnen, zum Teil als Spender im Einzelfall, vielfach aber auch als fest mit dem Verein verbundene Finanziers. Viele Clubs, wie der FC Schwabing, der FC Neuaubing oder der SV Neuperlach, gründeten in den achtziger Jahren sogar Fördervereine, in denen Firmen aus den umliegenden Stadtteilen als dauerhafte

Geldgeber organisiert wurden. Sponsoren lassen sich jedoch am leichtesten für erfolgreiche Vereine gewinnen, so daß die Suche nach zusätzlichen Geldquellen den Leistungsdruck erhöhte. Wie im Profifußball versuchten daher auch Amateurvereine zunehmend, sich Erfolg und Aufstieg mit materiellen Anreizen zu sichern. Sie vergrößerten damit aber nur ihre finanziellen Probleme. Mittlerweile sind bis in die untersten Klassen hinein Prämien und Sachgeschenke für gute Leistungen üblich geworden. Daß ein Verein wie der TSV Forstenried seinen Spielern auch in der Bezirksliga keine Zahlungen zukommen läßt, ist eher die Ausnahme. Vielversprechende Torjäger werden mit Geldversprechungen von anderen Vereinen abgeworben. Ohne materielle Angebote sind gute Spieler oft kaum noch zu halten oder zum Eintritt in einen Verein zu bewegen. So beklagte sich der TSV Solln bitter darüber, daß die »Abwerbemethoden« anderer Fußballvereine »immer massiver und unverschämter bis in die Jugendmannschaften hinein« wurden, allein 14 ehemalige Sollner Fußballer spielen inzwischen bei höherklassigen oder finanzkräftigeren Vereinen[26]. Auf der anderen Seite lassen sich die Vereine den Clubwechsel eines bei ihnen ausgebildeten Spielers aber auch mit hohen Ablösesummen bezahlen, um so ihre Finanzen zu sanieren. Das leistungs- und profitorientierte Denken der Berufsfußballer hat auf den Bereich des organisierten Breitensports übergegriffen. Der 1. FC Taxa etwa mußte eingestehen, »daß die Zeit der Idealisten und Freizeit- oder Hobbyfußballer vorbei ist«[27]. Nicht wenige Vereine sind durch diesen Sachverhalt in größere wirtschaftliche Schwierigkeiten als je zuvor geraten. Der BFV hat deshalb im Herbst 1995 eine Sonderkommission »Perspektiven des Amateurfußballs« eingesetzt, die etwa im Bereich der Bayernliga die Organisation von Sponsorenpools plant. Es wird überlegt, ob durch ein verbindliches System von Ablösesummen auch im Amateurbereich die übersteigerte Entwicklung zumindest bei den Spielertransfers eingedämmt werden kann.

Neben den althergebrachten Dauersorgen haben sich in den letzten Jahren neue Probleme entwickelt, die bis jetzt noch nicht absehbare Folgen für den herkömmlichen Aufbau des Vereinsfußballs haben können: Zwar haben die Mädchen den Fußball inzwischen als Frauensport entdeckt und drängen daher, aus einem gewissen Nachholbedarf heraus, verstärkt in die Vereine; auch bei den männlichen Jugendlichen unter 12 Jahren ist die Nachfrage ungebrochen, die Fußballvereine können im Bereich der D-, E- und F-Junioren oftmals garnicht genügend Trainings- und Spielmöglichkeiten für alle Anwärter anbieten. Dagegen sind jedoch die Zahlen der männlichen Aktiven bei den A-, B- und C-Junioren, also den Jahrgängen der 13- bis 18-jährigen, seit den achtziger Jahren rückläufig. Von 1969 bis 1995 sank in München die Zahl der zu den Rundenspielen gemeldeten Mannschaften in diesen Altersklassen von 243 auf 208, während gleichzeitig die Zahl der Fußballvereine anstieg. Langfristig könnte dies allen Amateurvereinen Nachwuchsprobleme bei den Männermannschaften bereiten.

Zum Teil läßt sich diese Entwicklung durch fehlende Betreuung erklären. Häufig sind es auch die mangelhaften Trainingsmöglichkeiten, die hinter denen der älteren Spieler zurückstehen müssen; so muß der DJK Sportbund-Ost seine Jugendmannschaften wegen der beengten Verhältnisse auf der Bezirkssportanlage an der Bert-

Brecht-Allee teilweise auf einem Viertel des Spielfeldes trainieren. Die Hauptursachen sind jedoch wohl am ehesten in einem geänderten Freizeitverhalten zu suchen: Die Familien nutzen gerade in einer Großstadt wie München die Wochenenden zu gemeinsamen Ausflügen und sind nicht mehr bereit, dem Fußball ihre Freizeit zu opfern; die Jugendlichen lehnen die enge Einbindung in die Vereinsgemeinschaft ab und ziehen lockere Cliquen von Gleichaltrigen vor. Vor allem laufen aber gerade in den letzten Jahren amerikanische Trendsportarten wie In-Line-Skating oder Streetball dem Fußball bei diesen Altersklassen den Rang ab. Die Tatsache, daß etwa 80 % aller jugendlichen Fußballer Ausländer, vor allem Türken, Serben und Kroaten sind, so war in der Saison 1989/90 beim SC München-Süd kein einziger Deutscher unter den 29 jugendlichen Aktiven, bestätigt diesen Sachverhalt noch, denn das Freizeitverhalten der ausländischen Familien hat den Wandel der letzten Jahre noch nicht im gleichen Maße mitgemacht.

Viele Vereine versuchten zunächst, Engpässe im Nachwuchsbereich durch Spielgemeinschaften mit anderen Vereinen zu überbrücken. Da sich diese Einrichtungen aber nur zu oft als Dauerzustand erwiesen, der dazu genutzt wurde, um durch die Kombination der besten Spieler mehrerer Vereine größere Erfolge zu erzielen, wurde der BFV mit der Genehmigung solcher Gemeinschaften immer zurückhaltender und begrenzte die Aufstiegsmöglichkeiten. Inzwischen versuchen viele Vereine wieder, durch gezielte Werbung und Jugendarbeit die Lücken aufzufüllen. Verbesserte Betreuung, Feste und Ausflüge sollen die Vereine über den Spielbetrieb hinaus attraktiv machen. So plante der SV Sentilo die Einrichtung von Spielnachmittagen auf der Bezirkssportanlage am Hedernfeld. Der TSV Solln möchte einen organisierten Bolzplatz auf der Bezirkssportanlage an der Waterloostraße ins Leben rufen, um einen Freizeittreffpunkt für Kinder und Jugendliche zu schaffen. Der FC Stern versucht, mit einem Pokal für die jüngsten Torschützenkönige an den kindlichen Ehrgeiz zu appellieren. Auch der BFV bemüht sich, durch eine verbesserte Ausbildung von Jugendtrainern und -betreuern die Vereine in der Nachwuchsarbeit zu unterstützen und sie zu zusätzlichen Freizeitangeboten zu ermuntern. Durch neue Spielformen wie das »4 gegen 4« soll der Spaß am Fußball gefördert werden. Neue Leistungsklassen wie die zweigeteilte Bayernliga bei den B-Junioren und neue Wettbewerbe wie der »DFB-adidas-Cup« sollen Anreize bieten und die Leistungsbereitschaft steigern. Inzwischen konnten die fast dramatischen Rückgänge bei den A- und C-Junioren tatsächlich abgebremst werden.

Auch ein weiteres zentrales Problem der letzten Jahre könnte das überkommene Bild des Vereinsfußballs verändern: Noch in den siebziger Jahren konnte der FC Viktoria stolz vermerken: »Und wenn manche, sei es aus beruflichen, gesundheitlichen oder sonstigen Gründen ihr Amt niederlegten, es fanden sich … immer wieder neue Idealisten, die sich für ein Amt mit allen damit verbundenen Bürden zur Verfügung stellten oder anstelle des bisherigen ein neues Amt übernahmen«[28]. Seit dem Ende der achtziger Jahre hat sich die Situation jedoch grundlegend gewandelt. Nur noch in wenigen Vereinen gibt es diese Idealisten, meist ältere Mitglieder, die bereit sind, Funktionen zu übernehmen. Jüngere Vereinssportler sind kaum noch für Ehrenämter oder auch nur vereinsinterne Mitwirkung zu gewinnen. So nahmen

1990 nur 23 % der Wahlberechtigten an den Funktionärswahlen der Fußballabteilung des TSV Forstenried teil. Der 1. Vereinsvorsitzende Hermann Wolf mußte konstatieren, »daß die im politischen Leben festzustellende Wahlverdrossenheit auch auf die Vereinswahlen durchschlägt.« Die fehlende Bereitschaft zum Engagement sei aber auch die Folge einer vor allem für die Großstadt typischen gewandelten Einstellung zum Vereinssport: »Das Gros der Vereinsmitglieder sieht in der Vereinszugehörigkeit das Zahlen von Beiträgen zur Inanspruchnahme von Sportangeboten und verbindet damit noch den Geselligkeitsaspekt«[29]. Ideale einer Vereinsarbeit, wie sie die ersten Nachkriegsjahrzehnte geprägt hatten, sind offenbar kaum noch gefragt. Es war allerdings gerade der selbstlose Einsatz Einzelner, der in der Vergangenheit die Vereine oft durch Jugendarbeit, Training und Mitgliederwerbung am Leben erhielt. Bezeichnenderweise haben kleinere Vereine, in denen das Gemeinschaftsgefühl noch stärker ausgeprägt ist oder die schon immer mit großen Problemen konfrontiert waren, wie etwa der TSV Solln, der SV Sentilo-Blumenau oder der FC Fürstenried, noch am wenigsten mit dem fehlenden Engagement der Mitglieder zu kämpfen. Viele Vereine sehen daher nur noch den Ausweg, auf Berufsfunktionäre zurückzugreifen, zumal die heutigen rechtlichen und finanziellen Probleme des Vereinssports kaum noch auf ehrenamtlicher Basis zu regeln sind. Auch Breitensportvereine werden auf diese Weise immer mehr zu reinen Wirtschafts- und Dienstleistungsunternehmen, die gegen Bezahlung die Ware Freizeitsport anbieten.

Diese Entwicklung alarmierte auch den BFV. Er erklärte das Jahr 1994 zum »Jahr des Ehrenamtes«, in dem verstärkt zur freiwilligen Mitarbeit in den Fußballvereinen aufgerufen wurde. Auf der Basis einer vom Verbandstag dieses Jahres verabschiedeten Resolution, die das Ehrenamt für unverzichtbar erklärte, wurde eine Kommission eingesetzt, die die Bereitschaft zum freiwilligen Engagement im Vereinsfußball wieder stärken soll. Mit einem »Handlungsprogramm 2000«, verabschiedet vom Fußballverbandstag 1996, soll das Ansehen des Ehrenamtes als demokratisches Fundament des Fußballs gehoben werden, soll die Qualifikation der Funktionäre durch verbesserte Ausbildungs- und Betreuungsangebote gesteigert werden, und sollen vor allem die finanziellen Rahmenbedingungen der Vereinsarbeit befriedigender gestaltet werden, um dem Engagement für den Fußball neben Zeit und Energie nicht auch noch materielle Opfer abverlangen zu müssen. Ganz im Sinne dieses Programms stiftete der BFV einen Ehrenamtspreis, der 1996 erstmals vergeben wurde.

Sicherlich wird ohne massive öffentliche und private Unterstützung die gegenwärtige Form des organisierten Vereinsfußballs bald an ihre Grenzen gestoßen sein. In welche Richtung eine Neuformierung dann gehen könnte, ist noch nicht abzusehen. Insgesamt aber hat der Fußball als Breitensport seit Kriegsende eine derart eindrucksvolle Entwicklung durchlaufen und sich in allen Bereichen des gesellschaftlichen Lebens derart fest verankert, daß München heute ohne Fußball nicht mehr vorstellbar erscheint.

ANMERKUNGEN

[1] Hunger und »Fangamanndl«, SZ 97, 23.11. 1946

[2] Aktennotiz v. 04.08.1945, StadtAM, AfL 146

[3] Rundschreiben Nr. 1/45 v. 10.12.1945, StadtAM, AfL 130; Abschrift in StadtAM, AfL 274

[4] Rundschreiben Nr. 3/1/46 v. 17.01.1946, ebd.

[5] Festschrift TSV Milbertshofen, S. 47; vgl. Festschrift TSV Trudering, S. 47

[6] Festschrift FC Victoria, S. 16

[7] Festschrift FC Stern, 1994, S. 46

[8] Festschrift BSC Sendling, S. 41

[9] Festschrift TSV München-Ost, 1967, S. 22; Festschrift TSV München-Ost, 1977, S. 12

[10] Zitiert nach: Fleischer-Schumann, S. 140

[11] Die gemeinsame Linie im Fußball, SZ 18, 04.12.1945

[12] Schreiben Firmen- und Behördenmannschaften im Bayerischen Fußball-Verband e.V.-Kreis München an den Oberbürgermeister v. 08.03.1963, StadtAM, Direktorium, Abg. 3/16, 170

[13] Sitzung des Sportausschusses v. 10.11.1955, S. 151, StadtAM, RP 728/7

[14] Festschrift SV Olympiadorf-Concordia, S. 37

[15] Kopfball von Dauerwelle zu Dauerwelle, MM 66, 18.03.1957

[16] Schreiben des DFB an Oberbürgermeister Wimmer v. 23.04.1957, Sitzung des Sportausschusses v. 06.06.1957, S. 90, StadtAM, RP 730/7

[17] Festschrift FC Schwabing, S. 18

[18] 32 Jahre heimatlos! tz 75, 30.03.1988

[19] Festschrift FC Stern, 1994, S. 32

[20] Ebd., S. 33

[21] Schreiben Domkapitular J. Thalhammer an das Stadtamt f. Leibesübungen v. 15.03.1962, StadtAM, Direktorium, Abg. 3/16, Nr. 170

[22] Sitzung des Ausschusses für Leibesübungen und Sport v. 19.11.1951, S. 122, StadtAM, RP 724/18

[23] Sitzung des Ausschusses für Leibesübungen und Sport v. 27.10.1952, S. 69, StadtAM, RP 725/19

[24] Beschluss des Ausschusses für Leibesübungen und Sport v. 22.03.1954, S. 17, StadtAM, RP 727/2

[25] Festschrift FC Bajuwaren, S. 78

[26] Festschrift TSV München-Solln, S. 22

[27] Festschrift 1. FC Taxa, S. 28

[28] Festschrift FC Viktoria, S. 28

[29] Geht ehrenamtliches Engagement dem Ende zu? MStA 28 Süd, 12.07.1990

QUELLEN UND LITERATUR

Archivalien:

Stadtarchiv München (StadtAM):
Amt für Leibesübungen (AfL), Nr. 130, 146, 197, 274, 286, 287
Direktorium, Abg. 3/16, Nr. 170
Ratssitzungsprotokolle (RP), Nr. 721/12 ff.
Sportamt, Nr. 1

Zeitungen, Zeitschriften:

Abendzeitung
Bayernsport
Münchner Merkur
Münchner Stadtanzeiger
Süddeutsche Zeitung
tz

Literatur:

Amtliche Terminkalender, hg.v. Bayerischen Fußball-Verband, 1948 ff.
Auf die Plätze …, 1965
Festschrift 1. FC Taxa, 1995
Festschrift Bayerischer Fußball-Verband, 1996
Festschrift BSC Sendling, 1968
Festschrift ESV München-Freimann, 1978 und 1989
Festschrift ESV Sportfreunde München-Neuaubing, 1961
Festschrift FC Schwabing, 1996
Festschrift FC Sportfreunde, 1992
Festschrift FC Stern, 1969 und 1994
Festschrift FC Viktoria, 1974
Festschrift Postsportverein München, 1956
Festschrift SC Bajuwaren, 1960
Festschrift Senioren-Fußball, 1989
Festschrift SV Berufsfeuerwehr, 1996
Festschrift SV Nord München-Lerchenau, 1987
Festschrift SV Olympiadorf-Concordia, 1996
Festschrift SV Siemens-Hofmannstraße, 1984
Festschrift TSV Milbertshofen, 1965
Festschrift TSV München-Ost, 1967 und 1977
Festschrift TSV München-Solln, 1996
Festschrift TSV Trudering, 1985
Fleischer-Schumann, Jürgen, Bildungs- und Erziehungswesen, 1987
Statistisches Handbuch, 1938, 1954 und 1995

Vierte Mannschaft des TSV Großhadern 1949. Die Probleme der Nachkriegszeit konnten das rasche Wiederaufleben des Vereinsfußballs in erstaunlicher Vielfalt kaum behindern.

Oben: Erste Mannschaft des SC Freimann, Herbstmeister in der C-Klasse 1952. Die noch heute gültige Einteilung des Amateurfußballs in Kreisliga, A-, B- und C-Klasse wurde 1949 eingeführt.

Unten: Reservemannschaft des TSV Turnerbund 1973. Durch Vereinsgründungen und die Aufstellung von Fußballabteilungen in vielen Turn- und Sportvereinen liegt Fußball heute in München in der Vereins- und in der Mitgliederzahl weit vor allen anderen Sportarten.

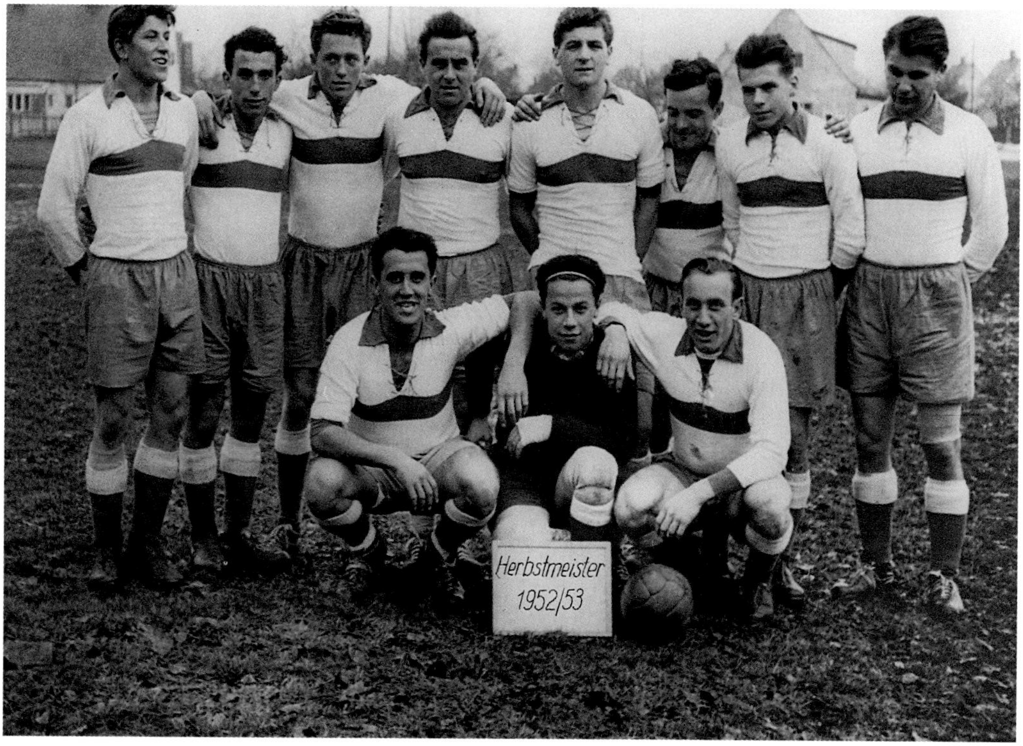
Herbstmeister
1952/53

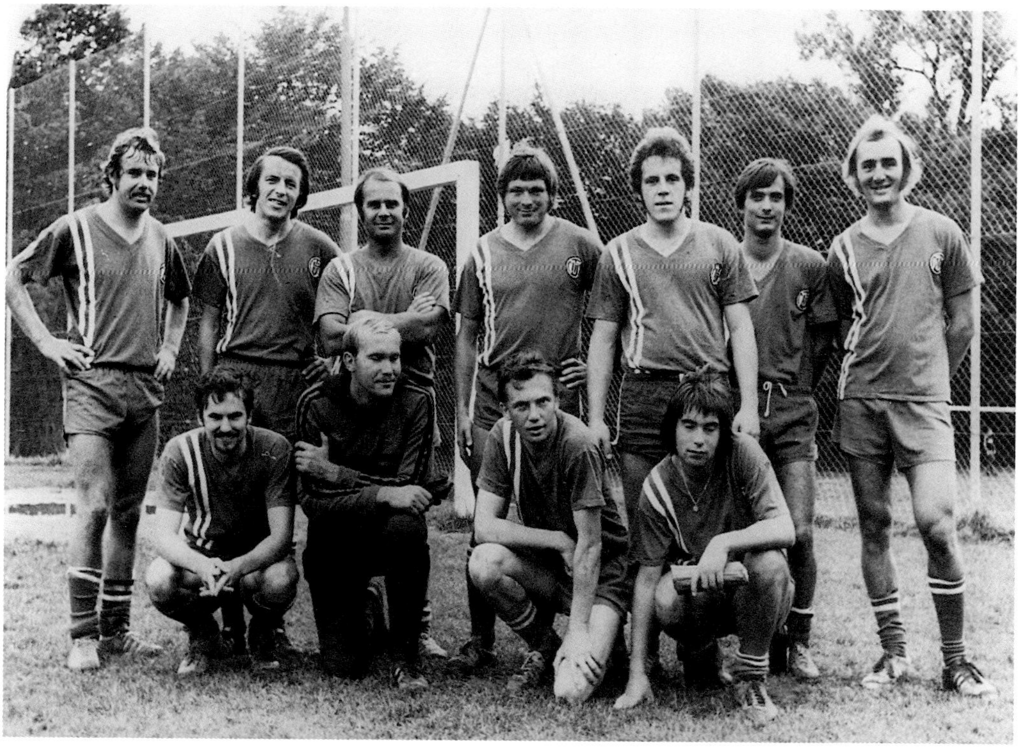

Erste Frauenmannschaft des FC Wacker 1996/97. Nach dem FC Bayern stellt der FC Wacker die erfolgreichste Münchner Frauenfußballmannschaft mit drei bayerischen Meistertiteln.

Arbeitspause beim Bau einer Umkleidekabine auf dem Sportplatz Oberwiesenfeld durch die Mitglieder des FC Schwabing 1962. Durch enorme freiwillige Leistungen trugen die Vereine erheblich zum Ausbau der Münchner Sportanlagen bei.

Unten: Erstes Frauenfußballspiel in München: Die unter dem Protest des DFB am 16. März 1957 im Dantestadion durchgeführte Begegnung Westdeutschland – Westholland endete 4:2 für Westdeutschland. Foto: Neuwirth.

Oben: Generalprobe zum ersten Fußballspiel einer Münchner Frauenmannschaft: In einem Benefizspiel besiegten die Sendlinger Ratsmadln die Sendlinger Ratsbuam am 5. Juli 1970 im Stadion des FC Wacker mit 2:1. Foto: Joch.

Mannschaft des FC Schwabing auf dem Sportplatz Oberwiesenfeld 1968. Erst mit der Zulassung auf der Bezirkssportanlage Schwabing in der Guerickestraße erhielt der FC Schwabing 1988 dauerhaft gesicherte Spiel- und Trainingsmöglichkeiten.

Oben: Vereinsheim des SV Schwarz-Weiß auf der Bezirkssportanlage Berg am Laim in der Fehwiesenstraße, der ersten aufgrund des städtischen Sportanlagenprogramms von 1955 fertiggestellten Bezirkssportanlage. Foto: Schütze.

Unten: Blick über das Hauptspielfeld zum Umkleidegebäude der Bezirkssportanlage Denning/Zamdorf an der Lüderitzstraße. Die 1988 in Betrieb genommene 27. Münchner Bezirkssportanlage ist die bisher letzte des auf 41 Anlagen ausgelegten Sportstättenprogramms. Foto: Wieland.

Jakl Streitle beim Fußballtraining der Verbandsjugend 1952. Die Förderung talentierter Nachwuchsspieler war immer ein wichtiger Aspekt der Vereinsarbeit. Foto: Fischer

Oben: Schülermannschaft des TSV Turnerbund 1972. Bei den Jugendlichen unter 12 Jahren ist der Zulauf zum Vereinsfußball bis heute ungebrochen, bei den 13- bis 18jährigen sind dagegen die Spielerzahlen seit den achtziger Jahren rückläufig.

Unten: 3. Platz der G1-Jugend des SC 1906 beim Fußball-Jugendturnier zum 90jährigen Jubiläum des SC 1906 am 30. Juni 1996. Durch Wettbewerbe und Turniere über den Rundenspielbetrieb hinaus soll der Vereinsfußball für Kinder und Jugendliche attraktiver werden. Foto: Wieland

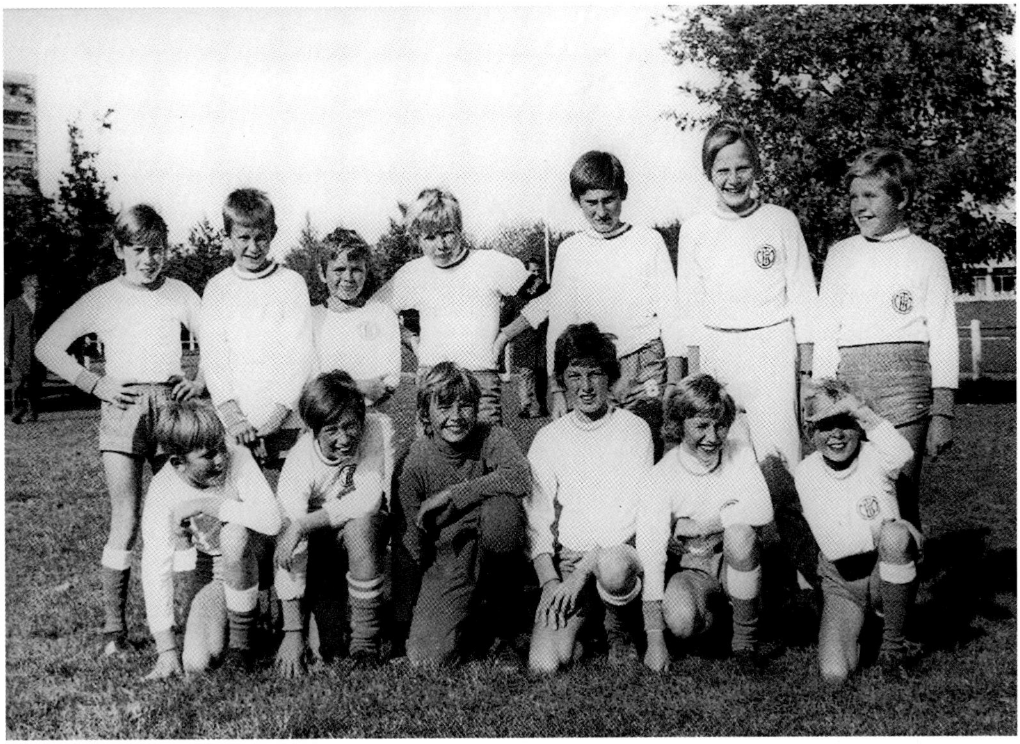

adidas
adidas
adidas
adidas
adidas
adidas

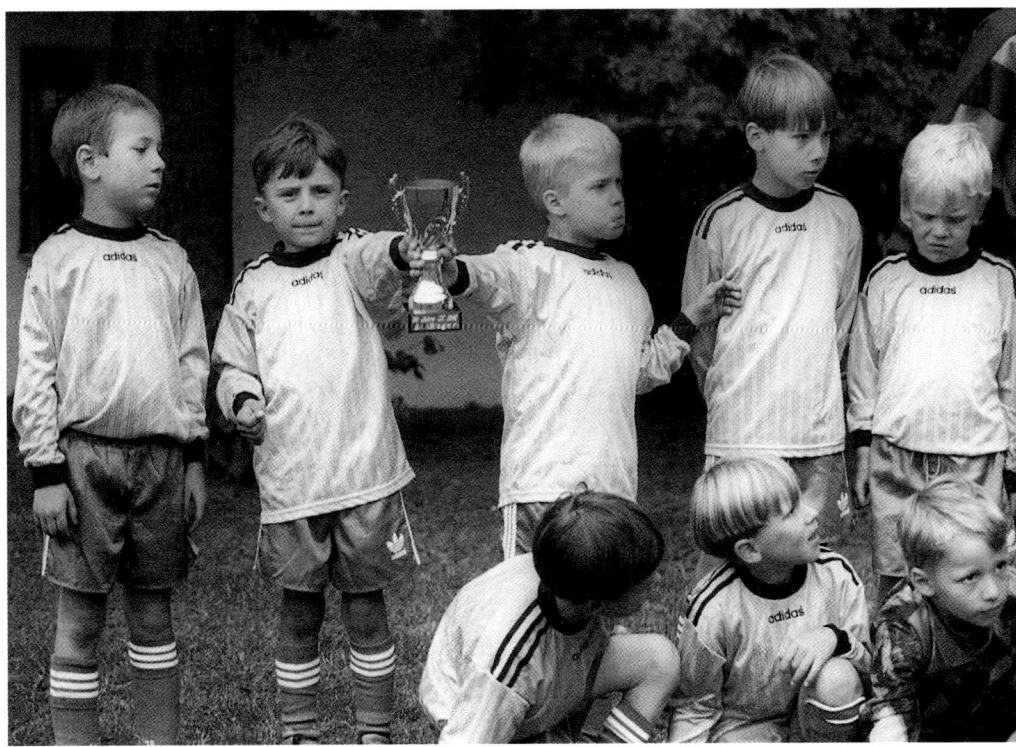

Weshalb Gerd Müller für den FC Bayern und nicht bei 1860 stürmte
Münchens Fußball in den Zeiten der Bundesliga

Hans Eiberle

Interview mit den ehemaligen Geschäftsführern Ludwig Maierböck (1860) und Walter Fembeck FC Bayern

Ludwig Maierböck (Jahrgang 1913) war von 1949 bis 1960 Organisationsleiter beim Bayerischen Fußballverband und danach bis 1970 Geschäftsführer des TSV München von 1860, zuerst bei der Fußballabteilung, ab 1965 für den gesamten Verein. Walter Fembeck (Jahrgang 1921) führte von 1957 bis 1984 die Geschäfte des FC Bayern München. Hans Eiberle (Jahrgang 1938), seit 1961 Mitglied der Sportredaktion der *Süddeutschen Zeitung*, sprach mit den den beiden Zeitzeugen des Münchner Fußballs über die Aufbruchsstimmung und die Erfolge beider Klubs in den Sechziger Jahren, sowie über Rückschläge und Andekdotisches.

Geschäftsführer, das war damals eine machtvolle Position; Manager gab es ja noch keine.

Maierböck: Wir waren die Hausdeppen, wir waren für alles verantwortlich, was so gelaufen ist.

Fembeck: Da hab' ich ein bißchen Glück gehabt, bei uns war Fußball die maßgebliche Abteilung.

Maierböck: Du hast ein saumäßiges Glück gehabt. Wir hatten 19 Abteilungen, das war kein angenehmes Arbeiten.

Aber 1963 Pech, 1860 qualifizierte sich für die Bundesliga, der FC Bayern war zweitklassig. Wie hat er das verkraftet?

Fembeck: Es kam nur ein Münchner Verein rein, als die süddeutscher Meister wurden, war alles klar. Heute sage ich: Das war für uns ein ganz großes Glück, weil wir eine junge Mannschaft aufbauen mußten. Unser Vorteil war sogar, daß wir im ersten Jahr nicht aufgestiegen sind. Dann hätten wir wahrscheinlich denselben Fehler gemacht wie 1860 und eingekauft. So ist bei uns eine Mannschaft gewachsen.

Aber bitter war das anfangs schon ...

Fembeck: Klar, wir sind nach Hof und Emmendingen gefahren, die anderen ins Wembleystadion.

War die Schadenfreude groß?

Fembeck: Logisch, der Fanatismus war früher viel größer als heute.

Maierböck: Aber als das Olympiastadion fertig war, sind die mit einer Bombenmannschaft dagestanden.

Fembeck: Nach unserem Aufstieg haben wir Millionen verloren in dem kleinen Stadion. Bei unserem letzten Spiel droben gegen Glasgow haben wir 32 000 Zuschauer gehabt, mehr hat der OB Vogel nicht reingelassen.

1860 hat groß eingekauft, war das ein Fehler?

Maierböck: Damals erschien es uns notwendig, die Mannschaft zu ergänzen, einige Spieler waren ja schon älter, wie Stemmer, Rahm. Ich bin damals jedes Wochenende unterwegs gewesen. Dem Klaus Fischer bin ich siebenmal nachgefahren. Der war zum Probetraining in Mönchengladbach, aber der Weisweiler hat ihn nicht genommen.

Fembeck: Die Wundertrainer sind immer nur in Erscheinung getreten, wenn einer schon da war. Zum Beispiel jetzt wieder, bei uns: Der Dundee hat hier eine Woche lang trainiert, den haben sie nicht genommen, jetzt schießt er in Karlsruhe Tore.

Maierböck: Der Max Merkel hat sich keine Zeit genommen, junge Leute aufzubauen, die was erreichen wollten.

Fembeck: Dabei ist das heute viel leichter, seit man Amateure bezahlen darf. Das war ja das Hauptproblem damals. Ich krieg' doch jetzt jeden Spieler, drum wundre ich mich bei uns, da rennen Trainer und frühere Spieler rum, aber wo ist die Entdeckung? Dann kauft man doch wieder Gott und die Welt. Wie wollen sie so den Grundstock einer Mannschaft bilden, wie früher. Da war Stabilität da.

Es wird erzählt, 1964 habe der Fembeck dem Maierböck Gerd Müller, den später erfolgreichsten deutschen Stürmer, in Nördlingen vor der Nase weggeschnappt.

Maierböck: Das ist nicht ganz richtig. Auch ich habe meine Späher gehabt, aber unser Problem war, daß ein Bundesligaverein pro Saison nur drei Amateure verpflichten durfte, und die hatten wir schon. Ich bin an einem Sonntag nach Nördlingen gefahren, da saß die ganze Familie im Wohnzimmer um den Tisch rum, und ich habe dem Müller angeboten, bei uns ein Jahr als Amateur zu spielen; das hat denen nicht gepaßt. Wir sind dann so verblieben, daß ich noch einmal komme, und auf einmal war er bei Bayern.

Fembeck: Ich hab' ihn zweimal spielen sehen und hab' zu ihm gesagt, wir können junge Leute brauchen, wir sind ja nicht in der Bundesliga. Entscheidend war, daß wir ihn als Vertragsspieler genommen haben. Die Mutter wollte nicht, daß ihr Sohn weggeht, wir hätten ihr eine Wohnung besorgt, aber sie ist dann doch in Nördlingen geblieben.

Welche Rolle hat Geld gespielt?

Fembeck: Die Mutter hat 5000 Mark gekriegt.

Trainer Tschik Cajkovski war nicht gerade begeistert von Gerd Müller.

Fembeck: Der hat zu mir gesagt: ›Ich immer gemeint, Sie verstehen was von Fußball. Was wollen Sie mit diesem Dicken?‹ Ich hab' zu ihm gesagt, dafür sind Sie Trainer, daß Sie den schlank machen.

Sie waren also auch Talentsucher?

Fembeck: Ja, noch ein Beispiel: der Franz Roth. Ich schau' mir den an in Kaufbeuren, er hat mir gefallen, weil er antrittsschnell war, und Kraft gehabt hat und schießen konnte. Schiedsrichter war der Fackler vom FC Wacker, der hat gesagt: das ist doch ein Blinder. Roth hat dann 1967 im Europacup-Endspiel 1967 gegen Glasgow Rangers in Nürnberg das entscheidende Tor geschossen. Und 1976 gegen St. Etienne auch.

So was freut den Entdecker.

Fembeck: Wie beim Klaus Augenthaler. Den hab' ich bei Vilshofen in der Jugend spielen sehen, das war ein Körndlgfutterter, an dem ist alles abgeprallt. Den hat dann unser Assistenztrainer Olk geholt.

Ihr Präsident Wilhelm Neudecker wollte ja Talente aus der Provinz.

Fembeck: Es ging gar nicht anders, wir haben kein Geld gehabt, und kein Vereinsheim wie 1860. Beim Aufstieg hat der FC Bayern 1200 Mitglieder gehabt, und wir sind zu Viert in der Geschäftsstelle in der Landwehrstraße gesessen. Erst 1971 sind wir in den Neubau an der Säbenerstraße umgezogen.

Damals war natürlich nicht abzusehen, daß aus dem FC Bayern ein Unternehmen mit 140 Millionen Mark Umsatz und 60 000 Mitgliedern werden würde

Nein, aber der Hoeneß hat das mit dem Fernsehen und den Werbeartikeln für die jungen Fans schon erkannt, als ich noch Geschäftsführer war. Wir haben das beim Europacup in England kennengelernt, was die verkauft haben, und selbst hergestellt. Dem Franz Beckenbauer sein Trikot hast damals verschenken müssen.

Wie war Ihre Zusammenarbeit mit Neudecker?

Fembeck: »Einwandfrei. Der hat vom Fußball anfangs überhaupt keine Ahnung gehabt. Als Geschäftsmann war er einmalig, ein Fuchs. Der ist um Sechs aufgestanden und hat seine 200 Leute auf die Baustellen geschickt. Um Acht bin ich gekommen, und dann haben wir alles besprochen. Bei uns haben nur drei Leute geredet: Der Neudecker, der Robert Schwan und ich.

Maierböck: Und bei uns zehn. Ich hab' oft gesagt, die Bayern haben eine stabile Führung, da möchte ich Geschäftsführer sein.

Der Präsident Adalbert Wetzel hat sich nicht durchsetzen können?

Maierböck: Der war viel zu gutmütig. Jeder Abteilung wollte er helfen. Und er wollte deutscher Meister werden, daß hat er auch geschafft. Aber er ist immer hinter mir gestanden, Gott hab' ihn selig.

Trotzdem sind Sie 1970 entlassen worden, wegen der Affaire Fischer.

Den Klaus Fischer habe ich für 17 000 Mark aus Zwiesel zu 1860 geholt, für 170 000 Mark haben wir ihn nach Schalke verkauft. Ich habe einen Zusatz zum Vertrag selber unterschrieben, habe den Kopf für ein Vorstandsmitglied hingehalten und 2000 Mark Strafe bezahlt.

Auch Sie, Herr Fembeck, sind bestraft worden, als Folge der Steueraffaire des FC Bayern.

Fembeck: Wir sind alle gestraft worden, ich hab' ja mit 20 000 Mark noch am wenigsten bezahlt. Da war an sechs Stellen gleichzeitig morgens die Steuerfahndung da.

Wie lange hat der FC Bayern nach den Millionen-Nachzahlungen gebraucht, um sich finanziell zu erholen?

Fembeck: Das hat schon ein paar Jahre gedauert.

Halten Sie noch Kontakt zu Ihren Vereinen?

Maierböck: Ich habe unsere Meistermannschaft ein paar Mal in mein Bierstüberl eingeladen, das hat denen so gefallen, daß wir uns jetzt regelmäßig treffen, zuletzt zum 30. Jubiläum. Das hat der Manni Wagner arrangiert, daß uns der Verein eingeladen hat.

Der Max Merkel ist aber nicht gekommen.

Maierböck: Wegen dem Trainer ist sich die Mannschaft nicht einig. Die haben den Merkel damals boykottiert, und ich habe ihnen gesagt: ›Ihr seid schuld, daß ihr nicht ihm Jahr darauf noch einmal Meister geworden seid, das wäre leichter gewesen als im Jahr vorher‹.

Über den Merkel ist auch der Neudecker gestolpert.

Das war ein Alleingang vom Neudecker. Der Schwan und ich, wir waren nicht begeistert, daß er den verpflichtet hat, aber er war halt immer ein bißchen für Zucht und Ordnung.

Und was bedeutet Ihnen der FC Bayern heute?

Fembeck: Ich gehe ins Olympiastadion zu den Spielen, und wenn ich den Franz oder den Rummenigge treffe, unterhalten wir uns. Bei den Montagskickern wird mit den alten Funktionären Scherer und Hegerich schon mal diskutiert. Aber sonst halte ich mich raus.

1860 als Südmeister in die Bundesliga

Der Radi, der Fonse, der Hennes und der Max

Der Merkel Max, Jahrgang 1918, ist jetzt auch schon Achtundsiebzig. Aber alt? Ein kleines bißchen altersmild vielleicht, nicht mehr ganz so gallenbitter die Sprüche, solange es sich nicht um Menschen handelt, die er überhaupt nicht mag. Ungebeugte Einsachtundachtzig, wache Augen hinter der getönten Brille.

Dreieinhalb Jahrzehnte ist es her, daß der Trainer die Münchner Löwen dressiert und in die Bundesliga getrieben hat. Erinnerungen, schöne, unschöne, am Ende haben sie ihn rausgebissen. Das Schicksal des Dompteurs.

Merkel kam aus Wien, wo er Spielkamerad des legendären Ernst Happel war, über Den Haag und Dortmund nach München; und ist seßhaft geworden auf Umwegen über Nürnberg, Sevilla, Madrid, Schalke, Augsburg, Karlsruhe und Zürich, im Eigenheim in Putzbrunn. Die *Zeit* hat ihn, der 1983 das letzte Rendezvous mit seiner alten Liebe erlebte, der Marie, wie er das Geld fast zärtlich nennt, mit 62 zu einem finalen Engagement in der Bundesliga aufgefordert. Merkel verdingte sich beim Karlsruher SC, warum bloß? Die Antwort stand in jener Zeitung: »In unserer Sehnsucht nach den alten Helden offenbart sich unsere Unzufriedenheit mit den Neuen. In allen Künsten (auch der Fußballkunst) lieben wir die Fossile mehr als die jungen, dynamischen Angestellten. Unsere Fußballtrainer sind keine Originale und Knallchargen mehr (wie Herberger, Cajkovski), sondern bleiche Vierzigjährige mit Magenleiden! Und unsere Fußballspiele sind keine Schlachten mehr und keine Feste, sondern nur noch taktische Manöver.«

War das früher anders? Vor Max Merkel liegt ein Buch auf dem Tisch: Die Löwen – 1860 München, Seite 68, mit einem Mannschaftsfoto von 1963, es zeigt von links nach rechts:

Alfons Stemmer, Petar Radenkovic, Manfred Wagner, Rudi Brunnenmeier, Rudi Zeiser, Hennes Küppers, Hans Rebele, Hans Auernhammer, Wilfried Kohlars,

Alfred Heiß, Günter Rahn, Rudi Steiner. Mit denen ist Merkel scheinbar chancenlos in die letzte Saison der Oberliga Süd gestartet, als die um war, ließ sich das Dutzend Außenseiter als Meister feiern. 1860 wurde zum Gründungsmitglied der Bundesliga ernannt, dem Lokalrivalen FC Bayern schlug die Tür vor der Nase zu, ein Eklat, der die Münchner Stadt entzweite.

Der Stemmer Fonse also, ein hagelbuchener Stopper, den gab es damals noch, »nach seinem Aussehen, der Sprache und Spielweise ein typischer Urbayer«, erinnert sich Merkel. »Der hat alles gemacht, was verboten war, der hat gesoffen, geraucht und gezockt, ein Urgewächs aus der alten Sechziger Schule. Kein großer Fußballer, aber er hat sich immer hundertprozentig eingesetzt.« Und ein sicherer Elfmeterschütze, siebenmal traf er in der Saison 1962/63, scheiterte bloß an Wolfgang Fahrian, den WM-Torwart von der TSG Ulm 46.

Den holte Merkel später zu 1860, um den Jugoslawen Radenkovic zu disziplinieren, was gründlich mißglückte, aber das ist eine andere Geschichte.

Später, in der Bundesliga, hat der Stemmer nicht mehr so sicher getroffen, weshalb Merkel befahl: »Der Fonse legt vor beim Elfmeter, und der Brunnenmeier haut ihn rein. Ein Reinfall, »der Fonse hat Gipsfüße gehabt«, Brunnenmeier kam zu spät, der Torwart war schneller.

Alfons Stemmer ist schon lange tot, verbüßt, und vergessen wie er selber, daß er sich hat bestechen und erwischen lassen. 1964 hielt Stemmer in Berlin die Hand auf und das Bein hoch, Hertha besiegte 1860 und blieb vom Abstieg verschont.

Rechts neben Stemmer steht Petar Radenkovic, ein schwarzer Strich im Schnee. Sein schwarzer Habitus gründete nicht etwa in der Einfallslosigkeit der Sportbekleidungs-Designer, sondern war kaltes Kalkül. Wenn der Zerberus die Arme ausbreitete, erschien er dem Angreifer so groß und ungeheuer wie Batman. »Ohne den Radi«, sagt Merkel, »hätten wir den Erfolg nicht gehabt«. Später haben sie sich furchtbar gestritten, aber der Trainer im Ruhestand wundert sich auch heute noch: »Das war der einzige Spieler in meiner ganzen Laufbahn, der nicht gleich gefragt hat, was krieg' ich?« Verabredet hatten sie sich am Bahnhof in Worms, dort hütete er das Tor der Wormatia, weil abgewiesen zuvor in München vom FC Bayern. Radenkovic bat zum Spiel gegen den 1. FC Kaiserslautern, versprach nichts, hielt alles und wurde engagiert.

Und ward populär in München, nicht nur seiner Ausflüge über das ganze Spielfeld wegen. Den Künstlernamen Radi verdankt der Torhüter Hans Schiefele, dem damaligen Fußballschreiber der *Süddeutschen Zeitung*, jetzt einer der Vizepräsidenten des FC Bayern. Erst sauer (»was haben Sie gemacht mit meine Name«), erkannte Radenkovic schnell den Werbewert der Wortschöpfung. »Bin i Radi, bin i König«, sang er auf Platte, das war Merkel zuviel, der höhnte: »Auf dem Esel ist er aus Belgrad hergeritten, jetzt fährt er Mercedes.« Das tut er immer noch, als Gastronom in München.

Weiter in der Reihe der Sechziger von 1963, es folgt Manfred Wagner, Verteidiger damals. »Der Steiner, der Wagner, das waren ja alles keine Riesen«, erinnert sich Merkel. »Aber der Radi hat die ganze Abwehr im Griff gehabt«, und manchmal auch am Schlaffittchen. Wagner war die Zuverlässigkeit in Person. Ganz im Gegensatz zu Rudi Brunnenmeier neben ihm. »Der hat alles gehabt, was ein Mensch haben kann, und hat alles verschenkt.« Besser gesagt: verschleudert. »Der Rudi war Kapitän bei mir und in der Nationalmannschaft beim Herberger. Der Verein hat ihm einen Friseursalon eingerichtet und bei *adidas* die Vertretung für ganz Ober- und Niederbayern verschafft.« Das Problem des Rudi Brunnenmeier aber sei gewesen: »Wenn ich zu dem gesagt hab', da vorne mußt du links gehen, und er hat unterwegs einen getroffen, der zu ihm gesagt hat, ach was, geh' mit mir rechts, dann ist der Rudi mit dem gegangen.« Meistens einen heben. Später wechselte Brunnenmeier von einer Seite der Theke auf die andere und landete ganz unten. Erst jetzt schafft er sich langsam wieder hoch, der von ihm trainierte FC Garmisch stieg in die Landesliga Süd auf.

Stemmer, Wagner, Brunnenmeier, das waren gestandene Bayern, ebenso Rudi Zeiser, den holte Merkel von Hertha aus Berlin zurück und erntete gleich Dank dafür. Am 19. August 1962 schoß Zeiser im Aue-Stadion das Tor zum 1:0-Sieg über Hessen Kassel im ersten Punktspiel auf dem langen Weg zum Titelgewinn. Außenläufer war der Rudi, unermüdlich, mit 41 kickte er noch beim SV Daglfing in der Bezirksliga. Aber nur, weil er's nicht lassen konnte, sein Auskommen hatte er mit einem Schreibwarengeschäft samt Toto- und Lotto-Annahme. Sie nannten ihn »Fuchse«, weil er gewitzt war. »Sein Rat war uns wichtig«, sagt der Mitspieler Alfred Heiß im Februar 1993, am offenen Grab, hinein senkten sie den Sarg mit Rudi Zeiser, den hatte im Nebel die S-Bahn überfahren.

Der einzige Blonde in der Meistermannschaft war Hans-Josef Küppers, genannt Hennes. Der kam von Schwarz-Weiß Essen, schlug die langen Pässe mit viel Gefühl und schoß viele Tore. Leider zählte auch Küppers zu jenen Menschen, die nicht nur den Ball, sondern auch ihr Glück mit Füßen treten. Der begnadete Fußballer war sogar zu bequem, um sich beim Präsidenten ein Gehalt für nicht geleistete Dienste als Getränke-Ausfahrer abzuholen, er bat, wie Adalbert Wetzel erzählte, um Überweisung.

Neben Brunnenmeier steht Hans Rebele, der Jüngste, Jahrgang 43, ein dribbelstarker Außenstürmer, der wartet gerade auf sein zweites neues Hüftgelenk. Rechts von ihm Hans Auernhammer, ein Flügelflitzer, wenn der an der Stehhalle vorbeirannte, tobte das Volk. Der Hanse hat ein Stück der wechselvollen Geschichte von 1860 in der Oberliga Süd miterlebt, die 1946 mit dem neunten Tabellenplatz begonnen hatte. Zwei Jahre später Zweiter hinter dem 1. FC Nürnberg, beim Punktspiel gegen den Club drängten sich 58 530 Zuschauer im zerstörten Stadion, die Sechziger gewannen 2:1 durch Tor Thanner und Schmidhuber, für die Nürnberger traf Morlock. 1952 abgestiegen, zwei Jahre lang zweitklassig, Aufstieg, wieder rauf und runter. 1957 kehrte diese Mannschaft in die Oberliga zurück: Pilz, Köbler, Pfanzelt, Zausinger, Sommer, Lesjak, Mondschein, Müller, Kölbl, Börstler, Auernhammer.

Wilfried Kohlers steht auf dem Mannschaftsfoto neben Auernhammer, »ein hölzerner Typ« in Merkeis Augen, aber kopfballstark und zuverlässig als Stürmer wie Verteidiger. Kohlars studierte, der Maschinenbautechniker Merkel empfahl ihm, es wenigstens im Beruf zu was zu bringen. Gesagt, getan, Kohlars leitet in München ein Ingenieurbüro, spielt Golf und Tennis und freut sich, daß ihm nichts weh tut.

Auch Alfred Heiß golft, ein etablierter Geschäftsmann, kurze Zeit Vizepräsident gewesen bei 1860. Der dynamische Rechtsaußen war 1962 an Gelbsucht erkrankt und spielte trotzdem im selben Jahr in seinem ersten Länderspiel gegen die Schweiz neben Küppers.

Der Vorletzte in der Reihe ist Günter Rahm, nachmaliger Fußball-Abteilungsleiter, dem gab Merkel den sarkastischen Rat: »Spiel nicht, wenn du den Ball hast, gib' ihn einem anderen.«

Den Schluß macht Rudi Steiner, ein schmächtiger Verteidiger, Haftschalenträger, »wenn der geköpft hat, sind sie ihm rausgefallen«, lästert Merkel, und lobt sich selber: »Den hab' ich soweit gebracht, daß er in der Nationalmannschaft gespielt hat«. Steiner hatte in der Saison 1962/63 mit seinem Ausgleichstreffer zum 2:2 gegen den VfR Mannheim den vermeintlich letzten Streich geführt, als Meister kehrten die Sechziger heim und verloren locker 2:4 gegen den Club. Eines Wiederholungsspiels des Konkurrenten Eintracht Frankfurt wegen mußte 1860 vorsichtshalber doch noch in Hof gewinnen. Dort schossen Werner Anzill, der »Stier von Raubling«, und Brunnenmeier die Tore zum 2:0-Sieg. 1860 war in die Bundesliga gestürmt.

Der Baumeister des FC Bayern

Präsident Wilhelm Neudecker

Salvatorkeller, im April 1962. Gerade erst zum Präsidenten gewählt, stand Wilhelm Neudecker auf und verkündete, wie es weitergehen würde beim FC Bayern: »Ein mit hohen Krediten arbeitender Betrieb ist nicht krisenfest. Ich baue auf die Jugend und ungeschliffene, lernbegierige Provinzfußballer.« Die versammelten Mitglieder wußten nicht so recht, was sie davon halten sollten, denn das war neu. Neudecker war doch bloß als Platzhalter für Roland Endler gedacht, der ein Jahr Pause einlegen wollte. Endler betrieb in Neuß eine Fabrik für Schweißstäbe, hatte zu seinem Einstand den Hamburger Nationalspieler Willi Giesemann engagiert, und ein paar Paradiesvögel dazu: Ungarn, Jugoslawen, als Trainer den Österreicher Adolf Patek.

Provinzler wie Gerd Müller aus Nördlingen und Rainer Ohlhauser aus Dilsberg am Neckar statt internationaler Stars, sparen statt sich was leisten? Das konnte nur schiefgehen, und so kam es auch. Am 11. Mai 1963 bekamen es die Bayern schriftlich: »Liebe Sportkameraden! Wir bedauern, Ihnen mitteilen zu müssen, daß der Bundesliga-Ausschuß des Deutschen Fußball-Bundes Ihrem Gesuch um Aufnahme in die Bundesliga nicht stattgeben konnte.« Der Lokalrivale 1860 in der Bundesliga, der FC Bayern zweitklassig: ein schwerer Schlag. Peter Grosser, der geniale Spielmacher, wechselte zu den Sechzigern; das sollte erst der Anfang sein. Was der Löwen-Präsident Adalbert Wetzel damals in seinem Allgäuer Dialekt zu ihm sagte, hat Neudecker »mein ganzes Leben lang nicht mehr vergessen: Gehet Sie in'd Kirch' und bete Sie, daß Sie aufsteige, sonst vernichte ich Sie«! Doch Neudecker, der nicht im Traum daran dachte, die Macht über den FC Bayern wieder preiszugeben, wußte ohnehin, was die Stunde geschlagen hatte: »Unsere Situation war schlimm. Die

Sechziger transportierten das Geld in Pappkartons ab und wir spielten vor 1500 Zuschauern beim Freisinger Volksfest.« Doch war die Münchner Frauenkirche, deren Wiederaufbau der ehemalige Maurerpolier Neudecker geleitet hatte, schließlich auch nicht an einem Tag fertiggeworden. Erst im zweiten Jahr gelang der Sprung in die Bundesliga, und als der Präsident 1979 zurücktrat, blickte er auf schier märchenhafte Erfolge des FC Bayern unter seiner Ägide zurück: Weltpokalsieger, dreimal den Europacup der Landesmeister gewonnen, und einmal den der Pokalsieger, je viermal deutscher Meister, und zweimal DFB-Pokalsieger; sechs Spieler in der Weltmeistermannschaft 1974.

Doch es schmerzte den Machtmenschen, daß er zum ersten Mal seinen Willen nicht hatte durchsetzen können. Einen »Alleinherrscher, der keinen Widerspruch duldete«, hat ihn der damalige Torhüter Sepp Maier genannt, aber erst, als Wilhelm Neudecker tot war, und »typisch für den Dickschädel« sei gewesen, »daß er zurücktrat, weil wir Spieler uns einmal gegen ihn gewehrt hatten«. Die wollten lieber Udo Lattek als Trainer wiederhaben, und nicht Max Merkel, den Neudecker in aller Heimlichkeit als Nachfolger von Gyula Lorant verpflichtet hatte; bemerkenswert, daß über Merkel die Präsidenten beider Münchner Großvereine gestürzt sind, Wetzel wie Neudecker. Der bezichtigte den Mannschaftskapitän Maier, die »Anarchie« ausgerufen zu haben und sorgte, weil auch Vorsitzender des Liga-Ausschusses, dafür, daß ihn Bundestrainer Jupp Derwall im nächsten Länderspiel nicht aufstellte.

Der zum Bauunternehmer mit Immobilienbesitz aufgestiegene ehemalige Hauptfeldwebel und Landpolizist führte den FC Bayern hemdsärmelig und autoritär, »zu meiner Zeit ging das gar nicht anders, sonst wären wir nie in die Bundesliga gekommen«. Damit Gerd Müller endlich stürmen durfte, habe er bei Trainer Zlatko *Tschik* Cajkovski »den kategorischen Imperativ« anwenden müssen. Müller traf in Freiburg zweimal, der Bomber der Nation war geboren. Dem Rainer Ohlhauser versprach der Präsident »vor einem Aufstiegsspiel 50 000 Mark extra, wenn er die anderen in den Hintern tritt«. Für Geld, glaubte Neudecker, könne er alles kriegen. Wenn's nicht lief, stürmte er in der Halbzeit in die Kabine und erhöhte die Siegprämie. Er merkte nicht, daß die Spieler sich mit der Zeit solange zurückhielten, bis ihr Präse was springen ließ. Als sein Verdienst hat es sich Neudecker angerechnet, der Mannschaft ihre starke Mittelachse erhalten zu haben: Maier – Beckenbauer – Müller. Wenn wieder mal ein Angebot aus Italien vorlag, mörtelte Maurermeister Neudecker die Bezüge auf. Auch mit Schwarzgeld, weshalb der Klub später bestraft und nachträglich zur Kasse gebeten wurde, wie die Bedachten auch, als sie flüchteten: Beckenbauer privater Probleme wegen in die USA, Müller folgte ihm, weil mit 33 unter Trainer Pal Csernai nicht mehr Stammspieler; für Maier war 1979 nach einem schweren Autounfall Schluß.

Wilhelm Neudecker war der Baumeister des modernen FC Bayern München. Als er zum Präsidenten gewählt wurde, zogen sich die Spieler in einer Holzbaracke um. Neun Jahre später stand das Klubzentrum, 3,9 Millionen Mark hatte es gekostet. Der unermüdliche Arbeiter, der sich als »freizeit-und urlaubsuntauglich« bezeichnete, hinterließ eine intakte Mannschaft, die im Jahr nach seinem Rücktritt den Titel gewann, und ihn im nächsten erfolgreich verteidigte. Nicht zuletzt, weil der Pragmatiker Neudecker, trotz persönlicher Aversionen, den Mittelfeldspieler Paul Breitner zurückgeholt hatte.

Gerne ließ er sich hoffieren, er war Ehrensenator der Universität München, Träger des Großen Verdienstkreuzes der Bundesrepublik Deutschland und natürlich Ehrenpräsident des FC Bayern München. Geplant und gebaut hat er bis zuletzt. Am Heiligabend 1993 ist Wilhelm Neudecker daheim in den Armen seiner Frau Magdalena, mit der er 55 Jahre verheiratet war, an Herzversagen gestorben.

Der alte Löwe

Adalbert Wetzel, Präsident von 1860

Nachts, wenn ihn der Schlaf floh, ist der alte Herr aufgestanden und in seinen Keller hinuntergestiegen, um von der Vergangenheit zu träumen. Hat im Folianten geblättert, auf dessen Ledereinband in goldenen Lettern die Maxime eines langen Lebens eingeprägt ist: »In jeder Minute meines Lebens bin ich ein Löwe gewesen.« Den Lebenslauf des Adalbert Wetzel hatte ein in Straubing inhaftierter Lebenslänglicher aufgeschrieben und verziert, der Beschenkte lohnte es ihm. »Als der Ministerpräsident Goppel ihn begnadigt hat, habe ich im in München eine gute Stelle verschafft.«

Ein großer Mann mit einem großen Herzen. Ein Mäzen bis weit über die Schmerzgrenze hinaus, der Haus und Hof verpfändete, um seinen geliebten TSV München von 1860 vor dem Konkurs zu retten. Als Präsident eine Vaterfigur, den seine Kinder oft schamlos ausnützten. Er wußte es, und es störte ihn nicht. »Die haben mich geliebt wegen dem da«, sagte er lächelnd, und griff an die Gesäßtasche, wo sie der Geldbeutel wölbte.

Ohne Wehmut hat Wetzel mal grob überschlagen, was er sich 1860 hat kosten lassen während seiner Amtszeit als Präsident zwischen 1952 und 1969, und davor, als Fußball-Abteilungsleiter: rund 700 000 Mark aus eigener Tasche, und noch einmal soviel lief über die Firma. »Zeitweise sind bis zu 27 Sportler bei mir auf der Zahlliste gestanden«, nicht alles Fußballer, auch Turner, Leichtathleten und Gewichtheber, die taten sich leicht beim Ausliefern von Getränken der Brauerei, in welcher Wetzel Direktor war. Manche kassierten bloß, ohne zu arbeiten.

Weshalb ein Mann, der sein erstes Vermögen sauer verdient und wieder verloren hatte, und das zweite mit geschickter Hand erworben, es so verschleuderte? »Ich glaube, ich habe einfach keinen Respekt mehr vor dem Geld gehabt«, vermutete Wetzel. Und schließlich hat er, trotz aller Enttäuschungen, dafür bekommen, was er wollte: Die süddeutsche Meisterschaft 1963, wodurch 1860 zu den Gründungsmitgliedern der Bundesliga gehörte; den deutschen Pokalsieg 1964, das Finale im Europacup der Cupsieger 1965, die deutsche Meisterschaft 1966, als Krönung. Wie gewonnen, so zerronnen, im Fußball, wie im richtigen Leben des Adalbert Wetzel; denn danach ging's bergab.

Sie nannten ihn den Boß. Ohne ihn ging gar nichts. Aber seine blauen Augen unter den buschigen Brauen schauten gütig. Er war alles andere als ein harter Hund.

Kein Mensch, der seine Vita nicht kannte, vermutete ihn ihm den Abenteurer, der sich immer alles zugetraut hatte und sich vor keinem und nichts gefürchtet. Abgehauen mit 17 aus dem Elternhaus in Kißlegg im Allgäu, nach Hamburg getrieben vom Fernweh, mittellos. Er schrieb dem Vater und bat um Geld, damit er bei Hapag Lloyd anheuern könne, andernfalls trete er in die Fremdenlegion ein. Der Herr Papa zahlte, der Herr Sohn fuhr zu See. In Kolumbien musterte Wetzel ab, ohne Geld und Sprachkenntnisse, »aber Angst habe ich nicht gehabt«. Zu Fuß durchquerte er auf dem Weg nach Maracaibo in Venezuela den Urwald. »Haben Sie Papillon gelesen? Dort, wo der auf seiner Flucht bei den Indianern gelebt hat, bin ich schon zehn Jahre vorher gewesen.«

1922 verdingte sich Adalbert Wetzel als Ölsucher, lernte Englisch und Spanisch und verdiente viel Geld, bis zu 18 000 Dollar netto, monatlich. Davon kaufte er sich später eine Villa in Maracaibo, und noch eine in Baranquilla. Malaria und Schwarzwasserfieber überstand der Allgäuer, der Hieb eines Indios mit der Machete riß ihm den Leib kreuz und quer auf und hätte ihm fast das Leben gekostet. Der Verletzte kehrte heim nach Deutschland, dort mußte er die Uniform anziehen. Als der Krieg aus war, fing Wetzel wieder bei Null an, wie so viele andere auch. Seine Immobilien in Südamerika waren enteignet worden, sein Geld auf der Bank von England eingezogen. Seiner Sprachkenntnisse wegen bekam er einen Job als Dolmetscher und Chauffeur bei der Münchner Stadtverwaltung. Eines Tage kam Wetzel am Bürgerbräukeller vorbei, da hing ein Schild: Manager gesucht. Auch dort hatten Amerikaner das Sagen, schon war er engagiert. Und erhielt später eine Lizenz für Coca Cola, das war, als sei ihm das Gelddrucken erlaubt worden. Weil es ihm an Kapital mangelte, verkaufte er seine Rechte an eine Brauerei und wurde Direktor.

Ein Löwe ist Adalbert Wetzel eher zufällig geworden; mit dem Fußball hatte er gar nichts am Hut. 1946 muß es gewesen sein, daß ihn ein Plakat ins Stadion an der Grünwalder Straße lockte. Er packte die Bockleiter aufs Auto und schaute gratis über den Zaun. Es war ein Blick in eine fremde Welt, doch die hatte den Weltenbummler immer schon interessiert. Schnell bekamen die Fußballer raus, daß der Zaungast zu bieten hatte, das damals das Allerwichtigste war: Was zum essen. Ehe er sich versah, war Wetzel zum Leiter der Fußballabteilung gewählt. »Natürlich haben sie mich nur wegen den belegten Broten, dem Kaffee und dem Benzin genommen.«

Viel später, als es darauf ankam, wußte Adalbert Wetzel längst, wo es langgeht im Fußball. 1961 holte er den Wiener Max Merkel als Trainer, der hatte gerade Borussia Dortmund ins deutsche Endspiel geführt, aber verloren. Merkel stellte seinen Präsidenten vor die Wahl. »Er hat zu mir gesagt: Wollen Sie Erfolg haben, oder so weiterwursteln? Wenn nicht, dann muß der gehen, und der, und der. Es war eine komplette Mannschaft, und ich habe zu ihm gesagt, er sei verrückt.« Nach 24 Stunden Bedenkzeit stimmte er zu. Der Trainer hielt Kehraus, führte den harten Kern zur Südmeisterschaft und in die Bundesliga.

Als überfordert erwiesen sich bloß die Funktionäre. Merkel war der einzige Profi bei 1860, er nahm, was er kriegen konnte. Als der Präsident alles zusammenzählte und durch zwölf teilte, kam ein Monatsgehalt von 11 000 Mark raus, damals ein kleines Vermögen. Zu spät, 1860 war verschuldet, der Vizepräsident Toni Schmidbauer riet seinen Vorstandskollegen: »Es ist am besten, wir machen noch 25 000 Mark Schulden. Dann haben wir eine Million beieinander und das merkt sich leichter.« Damals hat Adalbert Wetzel den Verein gerettet, »ich habe mein Haus in Harlaching belastet, meine Wertpapiere verkauft, Geld geliehen und alles bezahlt.« Gedankt haben sie es ihrem Retter nicht. »Den 16. Dezember 1966 vergeß' ich nicht, bis zur letzten Stunde meines Lebens«. Peter Grosser, der Beherrscher des Mittelfelds, und Torhüter Petar Radenkovic teilten ihrem Präsidenten telefonisch mit, die Mannschaft habe beschlossen, nicht mehr unter Merkel zu trainieren und zu spielen. Rebellion. Der Präsident rief die Spieler zur Ordnung, doch die Intrige war, gemeinsam mit Vorstandsmitgliedern, zu fein gesponnen. Wetzel trat von der Leitung der Fußballabteilung zurück, drei Jahre später auch als Präsident.

1990 ist der zum Ehrenpräsidenten ernannte Adalbert Wetzel im 85. Lebensjahr gestorben. Sechs Jahre später wurde Karl-Heinz Wildmoser, dem bislang letzten seiner Nachfolger, zugetragen, das Grab sei verwildert.

Einmal Löwe, immer Löwe

Der Mythos Wembley und die Wiedergeburt

Ein Jahrzehnt lang drittklassig, das hat noch kein Verein überlebt. Bis 1860, der schlafende Riese, sich erhob. Die Bundesliga hat sie wieder, die Sechziger, die zwei Jahrzehnte lang durch Skandale, aber gelegentlich mit spektakulären Ereignissen die Republik hatten aufhorchen lassen. Wer zählt die Trainer, nennt die Namen? Albert Sing, ein Freund schwäbischer Volksweisen, der Alte Fritz Langner, der Wiener Hans *Bimbo* Binder, als der kam, war schon alles zu spät; 1970 stieg 1860 in die Zweite Liga ab. Unter den CSU-Politikern Franz Sackmann und Erich Riedl als Präsidenten scheiterten auf dem Weg zurück Hans Tilkowski, ehemaliger Nationaltorhüter, und der kunstsinnige Elek Schwartz, Stammgast in der Alten Pinakothek, ebenso Weltenbummler Rudi Gutendorf, der vergeblich versuchte, das »feu sacre« zu entfachen. Max Merkel gab ein kurzes Gastspiel. Erst 1977 führte Heinz Lucas, der passionierte Rosenzüchter, diese Mannschaft wieder in die Bundesliga: Hartmann; Hartwig, Glavovic, Kohlhäufl, Agatha, Nielsen, Bierofka, Nachreiner, Haunstein, Metzger, Falter. Es war eine Fahrstuhlmannschaft. Abstieg 1978, Aufstieg 1979, Abstieg 1981, Lizenzentzug wegen Überschuldung 1982. Riedl entschwand nach Bonn, Rekordschütze Rudi Völler wechselte zu Werder Bremen.

Aus den Niederungen der Bayernliga gab 1860 von Zeit zu Zeit Lebenszeichen. 1984 strömten 38 000 Zuschauer ins Olympiastadion zum Aufstiegsspiel gegen den VfR Bürstadt. Der Kögl Wiggerl zauberte mit dem Ball, allerdings bald bei der lokalen Konkurrenz. Karl Heckl ließ sich zum Präsidenten wählen und steckte Millionen in das drittklassige Unternehmen 1860. Der Baulöwe beglich 1988 alle Schulden und gab auf, ein halbes Jahr später erlag er seinem zweiten Herzinfarkt. Der Fußball-Abteilungsleiter Helmut Schmitz klagte: »Kein Präsident, kein Trainer, keine Spieler, kein Geld.« Dafür eine Präsidentin: Liselotte Knecht. Nicht schlecht, 1860 stieg 1991 in die Zweite Bundesliga auf, aber gleich wieder ab. Trainer Karsten Wettberg ging, es kam Werner Lorant, und Karl-Heinz Wildmoser wurde Präsident, ein Münchner Großgastronom. Die beiden haben sich gesucht und gefunden, die Mannschaft stürmte in die Zweite Liga zurück und Wildmoser schwor: »Ich werde mit Trainer Lorant solange zusammenarbeiten, bis wir in drei Jahren in der Bundesliga sind.« Es dauerte nur ein Jahr, 1860 spielt schon im dritten Jahr oben mit.

Einmal Löwe, immer Löwe. Weshalb die Sechziger während dreier von Mißerfolgen geprägten Jahrzehnte ihre Faszination nicht verloren haben? Vielleicht, weil der Mythos Wembley lebt. 1965 flogen die jungen Löwen über den Kanal und kämpften vor 90 000 Zuschauern im Finale des Europacups der Pokalsieger gegen Westham United. Mit Bowler und Regenschirm stolzierte Torhüter Petar Radenkovic durch die Londoner City, die Times schwärmte anderntags: »Nie wurde Ihnen für ihr Geld mehr geboten.« Übrigens verlor 1860 0 : 2, aber das hat nie eine Rolle gespielt.

Der moderne FC Bayern

Probleme des Wachstums

Schlagzeile der *Münchner Neuesten Nachrichten* vom 18. August 1996: »Ein Wallfahrtsort, der zur Hölle wird.« Die Hölle hat einen Namen: FC Bayern. Aber nur für jene Menschen, die in der Säbener Straße wohnen müssen. Die sie heimsuchen fühlen sich im siebenten Fußballhimmel. Täglich stürmen Tausende das Klubgelände, um den Fußballstars beim Training zuzuschauen und sich im Fan-Shop mit Klinsi-Trikots, Schals, Aufkleber, Kugelschreiber und Torjäger-Salami einzudecken. Jugendmannschaften im Bus, Schulausflüge, Vater und Sohn, Opa und Enkel, alles zugeparkt, jede Menge Lärm und Abfall.

Nicht genug, alles soll noch größer werden, aufgestockt der Verwaltungstrakt, geplant eine Tribüne, eine Tiefgarage mit 300 Stellplätzen und Gebäude für den ausgelagerten Devotionalienhandel. Das Viertel sei doch kein Gewerbegebiet, empören sich die Anlieger.

Der moderne FC Bayern: Ein Mischkonzern, rund 140 Millionen Mark Umsatz. Im Angebot Fußball, Fernsehrechte, Versandhandel, Lizenzen, so daß sich Manager Uli Hoeneß zu der Behauptung verstieg, der wirtschaftliche Erfolg sei wichtiger als der sportliche. Geschäftsführer Karl Hopfner verweist dagegen auf die Risiken: »Wenn der Klinsmann in der 89. Minute den Ball gegen den Pfosten schießt, dann können wir uns auch den wirtschaftlichen Erfolg abschminken.« Siehe UEFA-Cup 1996, rausgeflogen in der ersten Runde gegen den FC Valencia.

Auf dem Weg ins Finale des Wettbewerbs 1995/96 hatte Klinsmann 14 Tore geschossen und ein letztes Mal zum 3 : 1 -Sieg über Girondins de Bordeaux getroffen, weshalb der FC Bayern im Mai 1996 nach zwei Jahrzehnten internationaler Mißerfolge endlich wieder eine Trophäe gewann. Mit Franz Beckenbauer als Trainer-Präsidenten oder Präsidenten-Trainer, ins Endspiel geführt aber von Otto Rehhagel, dem vorzeitig entlassenen.

Ajax Amsterdam, Juventus Turin, Bayern München: Diese drei Klubs haben alle drei Pokale mindestens einmal gewonnen. Uli Hoeneß, als Fußballer dreimal im Landesmeister-Wettbewerb mit dem Cup belohnt, sah als Manager den FC Bayern, nach acht deutschen Meisterschaften und den verlorenen Endspielen 1982 und 1987, wieder unter den europäischen Klubs, die sportlich und wirtschaftlich ganz oben stehen.

Die neue Ära begann 1993. Franz Beckenbauer wurde in der Olympiahalle zum Präsidenten gewählt, auf Vorschlag des bayerischen Ministerpräsidenten Edmund Stoiber, nur 16 von 2928 Versammelte wagten es, nicht für ihn zu stimmen. Versprochen hat er den 34 000 Mitglieder gar nichts, der Name war Programm genug. Er versammelte geballte Fachkompetenz um sich: Karl-Heinz Rummenigge, den Ehrenspielführer, als Vizepräsidenten und Sportdirektor, die ehemaligen Meisterkicker und alten Spezis Klaus Augenthaler, Gerd Müller, Hans Pflügler, Raimond Aumann, Björn Andersson, Wolfgang Dremmler und Sepp Maier in mancherlei Funktionen. Aber wenn er glaubt, der Erfolg stehe auf dem Spiel, kennt Beckenbauer keine Freunde: Erich Ribbeck rausgeworfen, und selber den Meistertrainer gegeben 1994, Otto Rehhagel den goldenen Handschlag verabreicht 1996, aber gescheitert als Nachfolger: den Titel gewann Borussia Dortmund.

Der FC Bayern boomt und tut sich schwer, seine Wachstumsschübe zu verkraften. 60 000 Mitglieder, Hoeneß fürchtet, daß es bald mehr sein werden, als das ständig ausverkaufte Stadion faßt. Angesichts des Jubels und Trubels auf dem Trainingsgelände hat der Manager eine Rückbesinnung auf das Wesentliche gefordert: »Wir müssen das Rad zurückdrehen. Wir können nicht Hollywood machen, und am Samstag treffen wir das Tor nicht« Erste Maßnahmen: Zweimal wöchentlich Training ohne Publikum und Medien. Zweite Maßnahme: Distanz zum Kunden Privatfernsehen. Der hat mit Geld um sich geworfen, um die Konkurrenz zu überbieten. Dann klagte er, die Ware Fußball sei zu teuer. Die heiße Liebe ist das nicht mehr.

Das goldene Jahrzehnt

Der Erfolgsserie des FC Bayern im Europacup

Das waren sie, die Grunderväter des neuen FC Bayern: Maier, Nowak, Rigotti, Beckenbauer, Olk, Kupferschmidt, Ohlhauser, Koulmann, Nafziger, Müller, Brenninger. 1966 gewann die gerade erst in die Bundesliga aufgestiegene Mannschaft den DFB-Pokal, als 4:2-Sieger über den Meidericher SV, der später in MSV Duisburg umbenannt wurde. Viele bodenständige Fußballer darunter, sieben Bayern, fünf davon aus München und Umgebung: Der Maier Sepp vom TSV Haar, Franz Beckenbauer, Hans Rigotti, Rudi Nafziger vom TSV Gauting, Peter Kupferschmidt, zwar in Jugoslawien geboren, aber Nachfahre seines wanderlustigen deutschen Großvaters, Mucki Brenninger, Bürgermeisterssohn aus Altenerding, Gerd Müller aus Nördlingen. Dieter Koulmann kam vom südbadischen TuS Blumberg, Rainer Ohlhauser aus dem nordbadischen Dilsberg. Werner Olk, der Teamkapitän, Student aus Hannover, und Hans Nowak von Schalke 04 mußten sich an das süddeutsche Idiom gewöhnen.

Präsident Wilhelm Neudeckers Entschluß, vornehmlich Bayern für den FC Bayern spielen zu lassen, entsprang freilich keiner nostalgischen Anwandlung; mangels Masse in der Kasse führte kein anderer Weg nach oben. Der Erfolg schweißte zusammen, der harte Kern blieb München treu und sorgte für Kontinuität. Daraus erwuchs die beispiellose Erfolgsserie, die 1976 zwei Tage vor Heiligabend im brasilianischen Belo Horizonte ihren Abschluß fand, als der FC Bayern den Weltcup gewann: Dreimal Sieger im Europacup der Landesmeister, einmal bei den Pokalsiegern, je viermal deutscher Meister und DFB-Pokalsieger. Immer am Ball waren Sepp Maier, Franz Beckenbauer und Gerd Müller, der Allgäuer Franz Roth stieß erst 1967 zum Team, der Münchner Hans-Georg Schwarzenbeck 1969, Uli Hoeneß aus Ulm und Paul Breitner aus Freilassing kamen 1970. Für das internationale Flair sorgten die Trainer Zlatko Cajkovski und Branko Zebec, für Zucht und Ordnung Robert Schwan, Manager und Beckenbauers Impressario. Udo Lattek, zuvor als Jugendtrainer und Assistent von Bundestrainer Helmut Schön beim Deutschen Fußball-Bund beschäftigt, ergänzte die Mannschaft mit Talenten statt Stars. Sechs Spieler des FC Bayern kickten in der deutschen Europameistermannschaft 1972 und gewannen 1974 den Welttitel: Maier, Schwarzenbeck, Beckenbauer, Breitner, Hoeneß, Müller.

Der FC Bayern engagierte keine Stars, die entwuchsen der eigenen Mannschaft. Entscheidende Tore in den Finalspielen des Europacups schossen Fußballer, die keinen Glanz verbreiteten, sondern meist unspektakulär ihre Arbeit verrichteten. Franz Roth, 21 Jahre alt damals, Landwirt von Beruf und Bulle gerufen, erzielte 1967 im Nürnberger Finale des Europacups der Pokalsieger gegen die Glasgow Rangers sieben Minuten vor Schluß der Verlängerung den einzigen Treffer, als er mit dem Rücken zum Tor den Ball im Luftsprung abfeuerte. Acht Jahre später schoß Roth im Endspiel zu Paris den FC Bayern im Europacup der Landesmeister 1:0 in Führung; Gerd Müller krönte den Sieg mit dem 2:0. Und im Jahr darauf gelang Roth mit seinem gewaltigen Freistoß das einzige Tor gegen AS St. Etienne, der FC Bayern hatte zum dritten Mal in Serie den Wettbewerb der Meister gewonnen.

Aber es hätte das erste Mal schon nicht gegeben, wenn sie nicht den *Katsche* gehabt hätten; wer ihm den Namen gegeben hat, weiß Hans-Georg Schwarzenbeck selber nicht. Mit 13 war er von den Sportfreunden zum FC Bayern gekommen; seine Mitgliedskarte trägt das Datum 29. Oktober 1961. Profi seit seinem 18. Lebensjahr, da hatte er die Lehre als Buchdrucker erfolgreich abgeschlossen. Ein großer Schweiger, der Taten sprechen ließ. Als seine Mannschaft am 15. Mai 1974 im Brüsseler Heysel-Stadion geschlagen schien von Atletico Madrid, gelang ihm in vorletzter Minute der Verlängerung mit einem Weitschuß der Ausgleichstreffer zum 1:1, der FC Bayern rettete sich ins Wiederholungsspiel.

Der Katsche steht in seinem Zeitschriften- und Schreibwarengeschäft in der Ohlmüllerstraße und erinnert sich auch heute noch mit gelindem Schrecken an das, was ihm damals widerfahren war. Zum Helden des Abends hatten sie ihn erkoren, aber diese Rolle war ihm nicht auf den Leib geschrieben, obwohl als Beckenbauers Leibwächter 1972 Europameister gewesen, und viermal deutscher Meister mit dem FC Bayern. Anderntags spielte Schwarzenbeck noch immer Fangermandl mit der Meute der Reporter ums Hotel rum. Vom Chronisten gefragt, ob er gezielt geschossen habe, schaute ihn der Schütze über seine lange Nase hinweg ein bißchen mitleidig an und gestand: »I hob des Tor ja gar net gsehn. Der Franz spielt quer zu mir, i war ungefähr dreißig Meter vom Tor weg, aber alles vor mir war zu. I mach' noch zwei, drei Schritt und hab' dann einfach draufghaut. Der Ball is' flach zwischen alle Füß' durch und dann war er drin.«

Den Rest erledigten die anderen, zwei Tage später: Zweimal Müller, zweimal Hoeneß, 4:0-Sieg. Aber vor dem Münchner Rathaus ragte beim Empfang ein Transparent aus der Menge, darauf stand: Katsche, Du bist der Größte«.

Weltweite Rasterfahndung nach Fußballtalenten

Mit einer unbespielten Fernsehkassette in der Hand kommt Osei Kuffour in die Pressestelle des FC Bayern, zum Umtauschen. Seiner Mama in Kumasi schickt der 20jährige Abwehrspieler aus Ghana von jedem Spiel ein Video. Ihr Sohn, der als halbes Kind nach Europa kam und bei Turin Calcio, der Jugendmannschaft des FC Bayern sowie als Leihspieler beim 1. FC Nürnberg lernte, ist einer der wenigen Nachwuchskicker, die den Sprung in die Bundesliga geschafft haben. Auch deutsche Fußballer haben es schwer. Von 110 Jugendlichen, die in den vergangenen fünf Jahren im Finale um die deutsche Meisterschaft der A-Junioren spielten, wurden nur sechs als Profis für die Bundesliga engagiert, darunter vier von Borussia Dortmund: Lars Ricken, Ihrahim Tanko, Vladimir Bout und Dennis Vogt.

»Die absoluten Kanonen mußt du mit 16, 17 holen, egal woher«, versichert Heiner Schuhmann, ein für drei Jahre vom Schuldienst freigestellter Oberstudienrat, der einst Bernd Schuster in Augsburg trainierte. Später sind die zu teuer, eine Folge des sogenannten Bosman-Urteils, das den Fußballern freie Wahl des Arbeitsplatzes ohne Ablösezahlung garantiert. »Lieber jedes Jahr zwei, drei aus dem eigenen Nachwuchs, und dann mal einen Riesentransfer«, sagt Manager Uli Hoeneß. Schuhmann hat die beiden Ghanaer Christian Saba (17) und Emanuel Bentil (16), die besten Spieler der WM U 16, zum FC Bayern geholt, auf Empfehlung von Lucca Moussa Baba, der als Student in München Spieler und Trainer gewesen und von Benin aus als Talentsucher für den FC Bayern in Afrika tätig ist. Saba schoß Italien 1996 aus dem olympischen Fußballturnier. Mit anderen talentierten Spielern, wie dem Tschechen David Jarolim (18), logieren sie im Jugendwohnheim auf dem Klubgelände an der Säbener Straße. Keine Skrupel, so junge Menschen auf einen anderen Kontinent in eine fremde Kultur zu verpflanzen? Schuhmann, der Pädagoge, räumt »gemischte Gefühle« ein, beteuert aber: »Die wollen Profis werden, und ihre Eltern sagen, daß ein Traum in Erfüllung geht.«

Drüben an der Grünwalder Straße, sagt Trainer Peter Gebele, seien sie noch nicht soweit. Als der Jugend-Nationalspieler Jochen Endres von Frankfurt nach München wechselte, mußte eine Wohnung für Mutter und Sohn gesucht werden. Doch in der

1996 gegründeten Junioren-Regionalliga Süd starteten die Sechziger nicht minder erfolgreich als der FC Bayern, das Lokalderby im Herbst endete 2:2, Ende des Jahres hatten sie zwei Punkte mehr gewonnen als der große Nachbar.

Beim Engagement im Nachwuchsbereich spielen allerdings nicht nur kommerzielle Gesichtspunkte eine Rolle. Nach dem Vorbild von Ajax Amsterdam soll von Kindesbeinen an alles, was kickt, das vereinsspezifische Spielsystem erlernen. Den Versuch beim FC Bayern leitet Trainer Björn Andersson (45), der von 1974 bis 1977 Verteidiger im Trikot der Münchner war. Weshalb ein Schwede? Wolfgang Dremmler, ehemaliger Nationalspieler des FC Bayern, der die weltweite Rasterfandung nach kickenden Talenten koordiniert, erklärt: »Die Schweden schauen, was die anderen machen, wir Deutschen glauben, daß wir schon alles wissen.«

Als der FC Bayern 1995 zur Sichtung lud, mußten rund 4000 Anmeldungen sortiert werden, zwei davon aus Florida. Ganze fünf Jugendliche wurden später aufgenommen. Nicht nur der beschränkten Platzverhältnisse wegen unterhält der FC Bayern pro Jahrgang nur eine Jugendmannschaft. Nach jeder Saison wird gnadenlos selektiert, aber sozialverträglich. Wer noch in Berufsausbildung steht, darf bis zum Abschluß im Heim wohnen bleiben.

Rot-blauer Evergreen
Aus der Geschichte des Münchner Lokalderbys

Beim Münchner Lokalderby ist alles möglich. Sogar, daß der bayerische Ministerpräsident zu seinem Parteivorsitzenden und Finanzminister ganz ergeben sagt: »Ja, Theo, du hast Recht.« Monate vorher schon war das 184. Münchner Derby an Allerheiligen 1996 ausverkauft. Wer leer ausging, wurde voll entschädigt, nicht nur mit einer Liveübertragung in *Premiere,* sondern vom Kommentatoren-Doppel Edmund Stoiber/Theo Waigel bei *Antenne Bayern.* Das Spiel endete 1:1 durch Treffer von Marcus Babbel und Pjotr Nowak, Lothar Matthäus scheiterte beim Strafstoß an Torhüter Bernd Meier. Es war der erste Punktgewinn für 1860 nach dem Wiederaufstieg in die Bundesliga.

In seiner Geschichte war das Lokalderby meist brisanter Kulminationspunkt der Rivalität zweier Münchner Klubs und ihrer Anhängerschaft, die sich längst nicht mehr eindeutig klassifizieren läßt, in Großbürgertum auf der einen und Arbeiterschaft auf der anderen Seite. Der Riß geht quer durch Familien, Freundeskreis, Betriebe und politische Parteien; Stoiber ist Vorsitzender des Wirtschaftsbeirats beim FC Bayern, Waigel sitzt schon mal mit blau-weißem Sechziger-Käppi auf der Tribüne.

Vom ersten Derby am 2. September 1902 ist nur überliefert, daß es die Bayern 3:0 gewannen, damals noch in weiß-blauen Trikots. In den *Münchner Neuesten Nachrichten,* der Mutter der *Süddeutschen Zeitung,* findet sich unter der Rubrik Sportnachrichten lediglich der Hinweis, der Graf zu Törring-Jettenbach habe die Mitglieder des Griffon-Hundeklubs für Süddeutschland zu einer Herbstjagd eingeladen. Es war Kaiserzeit, im Königreich Bayern repräsentierte Prinzregent Luitpold und Fußball galt nicht als hoffähig.

Schon ein Jahrzehnt später erfuhr das erste Derby im nachmaligen Sechzigerstadion mehr Aufmerksamkeit. Der Chronist muß wohl ein Experte für Pferdesport gewesen sein, denn er sah die Bayern »auf sehr weichem Geläuf« 1:0 siegen, das entscheidende Tor hat er präzise und sprachlich eindrucksvoll geschildert: »In der 5. Minute überläuft der linke Flügelmann der Bayern die Verteidiger, gibt den Ball mit Flanke zur Mitte, wo Mayer lauernd den Ball sacht in die linke Ecke des Turnertores unhaltbar leitet.« Ob es tatsächlich das zwölfte Derby gewesen ist, kann nicht einmal der Münchner Fußballjournalist Michael Steinbrecher, Jahrgang 1915, beschwören, weil in den Gründerjahren schon mal Reservemannschaften gegeneinander gekickt haben und 1916 siebenmal Derby gespielt wurde.

Triumphe und Tragödien, strahlende Helden, finstere Bösewichter und bedauernswerte Opfer gab es zuhauf beim Aufeinanderprallen der beiden so unterschiedlichen Münchner Fußballwelten. Da konnte einer leicht seinen Platz in der Geschichte des Derbys sichern, der sonst längst vergessen wäre. Einer wie der ungeschlachte Abwehrspieler Peter Danzberg beispielsweise, der stand gleich nach dem Anpfiff dem Sechziger Friedhelm Konietzka in der Schußbahn und wurde am Kopf getroffen. Statt sich um die Lücke in seiner Deckung zu kümmern, fühlte sich der Maier Sepp zum barmherzigen Samariter berufen und führte den benommenen Mannschaftskameraden vom Platz. Eine gute Tat mit schlimmen Folgen für den FC Bayern: Paß von Peter Grosser, dem Überläufer, 1:0 für 1860 durch Konietzka nach 58 Sekunden. Die Geschichte ist dann so ausgegangen, daß Danzberg später Konietzka rammte und den hingestreckten Torschützen mit dem Schuh am Kopf traf. Platzverweis, bitterlich weinend verließ Danzberg das Spielfeld, und am Ende der Saison den FC Bayern, wo sie ihm vorgerechnet hatten, daß sie bloß wegen seiner Missetat nicht Meister geworden waren.

Daß sich kaum einer mehr an die Watsch'n erinnern kann, die zwölf Jahre später der Sechziger Erhard *Beppo* Hofeditz verpaßt bekommen hat, liegt vermutlich daran, daß der Übeltäter später anderweitig Berühmtheit erlangt hat, als Europameister, Teamkapitän der Nationalmannschaft, Fußballer des Jahres, Legionär im Trikot von Inter Mailand und Ehrenspielführer des FC Bayern, dem er seit 1991 als Vizepräsident dient: Karl-Heinz Rummenige. Rote Karte auch für ihn, 0:1 verloren, 15. Tabellenplatz. Der FC Bayern rettete sich, 1860 war schon vor dem Rückspiel abgestiegen, das vor 63 000 Trauergästen und schadenfrohen Fans 1:1 endete. Einer wehrte sich bei den Bayern dagegen, »daß ich den Sündenbock spielen soll«, als den ihn nicht nur sein Trainer Gyula Lorant sah, sondern auch der Kritiker Hans Schiefele, der in der *Süddeutschen Zeitung* urteilte: »Unverzeihlich war das Versagen von Hoeneß«. Der drohte damit, auf »andere Art und Weise zu antworten«, wechselte zum 1. FC Nürnberg und kehrte als Manager zum FC Bayern zurück, wo Lorant inzwischen entlassen worden war. Der journalistische Ruheständler Schiefele ist dort später Vizepräsident geworden.

Wer das Lokalderby verliert, muß leiden, auch als Fan, und wochenlang Spießruten laufen. Aber den Job kosten kann so eine Niederlage bloß Spielern und Trainer, wie auch Jupp Heynckes sehr schmerzlich erfahren mußte. 1991, als 1860 in die zweite Bundesliga aufgestiegen war, strömten 40 000 Menschen ins Olympiastadion, um ein freundschaftliches Derby zu erleben. Von wegen. »Das ist ein Prestige-kampf«, erklärte der Sechziger-Mannschaftskapitän Roland Kneißl. Sein Mitspieler Günther Haslbeck hielt sich daran, und seinen Widersacher Stefan Effenberg an der Hose fest. Der beantwortete den Mißgriff mit einem Tritt ins Gemächt und wurde ausgeschlossen. Als »nicht reparabel« klassifizierte Heynckes den Schaden der Nullnummer, auch für ihn; ein Vierteljahr später flog er raus, der Kollege Karsten Wettberg von 1860 kurze Zeit später.

Hitzig ging es auch her, als 1860 wieder aufgestiegen war. Im September 1994 gewann der FC Bayern 3:1, drei Mann fehlten beim Schlußpfiff: Christian Nerlinger vom FC Bayern, wegen wiederholten Foulspiels, sowie die Sechziger Bernhard Winkler, wegen Schiedsrichterbeleidigung, und Manfred Schwabl, der Marcel Witeczek grob gefoult hatte. Im März 1996 verabschiedeten sich Bayern-Torhüter Oliver Kahn und der Löwen-Stürmer Olaf Bodden gemeinsam, nach einer handgreiflichen Auseinandersetzung. Und im Herbst kickten die Sechziger eine halbe Stunde lang in Unterzahl, weil Jens Jeremies den Ball mit der Hand ins Tor geschlagen hatte und ausgeschlossen worden war.

Ein gutes Geschäft war das Lokalderby fast immer, das Geld lag auf der Straße. Doch als 1860 in der Bayernliga dümpelte, mochte die Anhängerschaft nicht mehr zuschauen, wie ihre Blauen von den Bayern ohne Anstrengungen vermöbelt wurden. »Soll ich die Mannschaft anheizen in diesem Scheißspiel«, fragte erbost Trainer Udo Lattek, das sei doch ein Kick »wie gegen Hintertupfing oder Vorderzarten«. 3500 Zuschauer sahen in diesem 177. Lokalderby am 30. September 1984 die Sechziger 1:5 verlieren, danach war Schluß für sieben lange Jahre, länger als während der beiden Weltkriege. Schon 1963 hatten beide Vereine eine Pause eingelegt, denn der zweitklassige FC Bayern spielte im Lokalderby um Punkte gegen den FC Wacker.

Danzberg, Konietzka, Hofedietz, Rummenige: Hauptdarsteller im Lokalderby, aber allesamt keine gebürtigen Münchner. Schon 1977 befiel den 19maligen Derby-Teilnehmer Hans-Georg *Katsche* Schwarzenbeck beim Anblick der Mannschafts-aufstellungen Melancholie, er schwärmte von früher: »Das waren noch Zeiten, da bin ich am Donnerstag mit dem Schmidt Horsti bei der Bundeswehr marschiert, am Freitag hab' ich den Rebele Hansi beim Masseur 'troffen, und am Samstag hamma gegeneinander gespielt. Den Zander, den Scheller und wie die alle heißen, die kenn' ich doch bloß vom Spielfeld.« Vier Jahre später ortete der Chronist Schiefele als letzten Müchner »den Charly Herberth von 1860, der stammt aus Dachau und geht Ende der Saison nach Spanien«. Am 21. Dezember 1994, bei der 1:3-Niederlage, spielte im Team der Sechziger als einziger gebürtiger Münchner Timur Yanyali, ein Türke mit deutschem Paß.

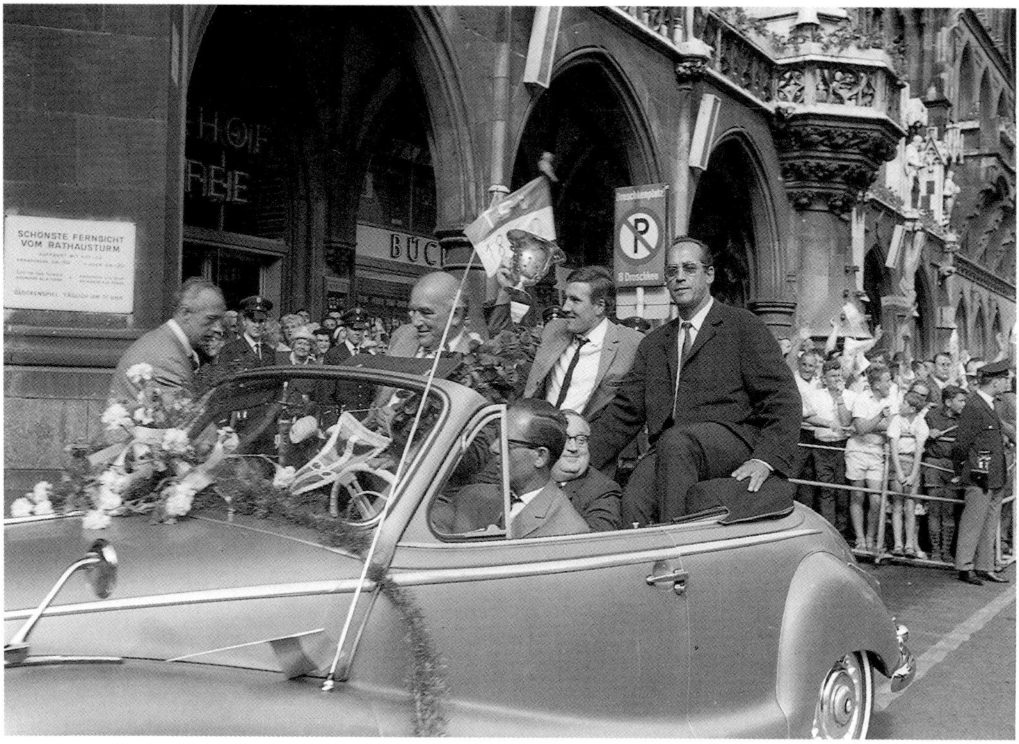
SCHONSTE FERNSICHT
VOM RATHAUSTURM

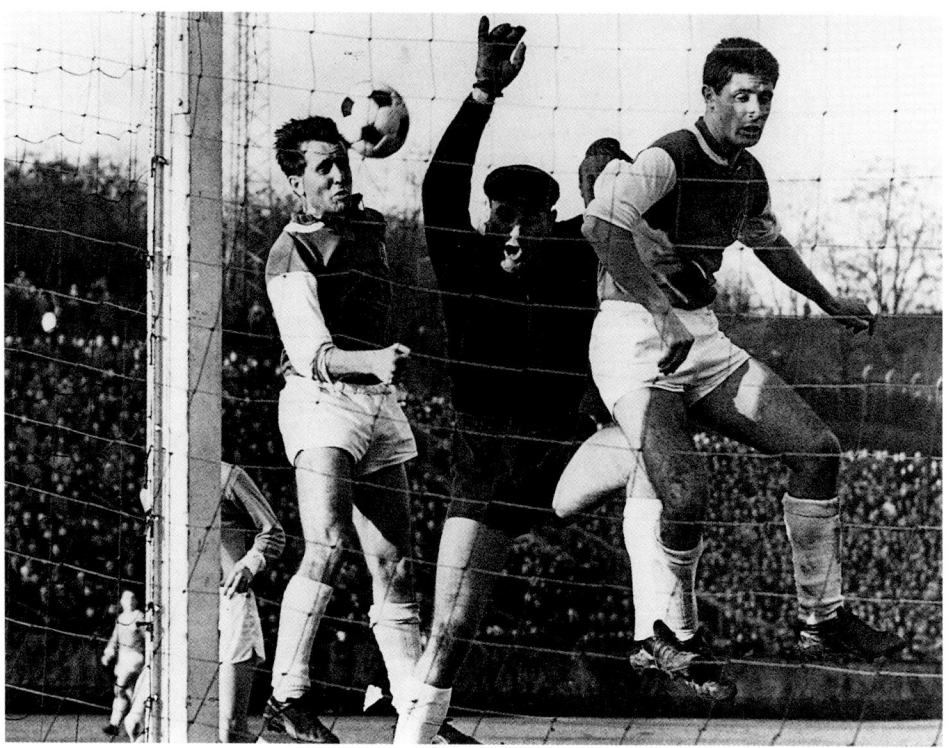

Die Zuagroasten überrollen die Einheimischen mit 5:2; hier überspringt das Stürmeras Timo Konietzka (TSV 1860) seinen Vereinskameraden Hansi Reich, 13. November 1965.

Oben: Empfang für den DFB-Pokalsieger 1964, die Mannschaft des TSV 1860, vor dem Münchner Rathaus. Von links: Vereinspräsident Adalbert Wetzel, Rudi Brunnenmeier, Trainer Max Merkel; davor: Stadtschulrat Anton Fingerle. Foto: Meyer.

Unten: Petar Radenkovic in Nöten, doch zum Schluß gewinnen die Löwen beim 1. FC Saarbrücken 2:1; hier gegen zwei Saarbrücker Angreifer, 9. Mai 1964.

Wimpeltausch zwischen den Spielführern Rudi Brunnenmeier und Bobby Moore von Westham-United vor 90.000 Zuschauern im Londoner Wembley-Stadion. Das Spiel endet 2:0 für
Westham-United.

Der TSV 1860 erreicht am 19. Mai 1965 als erste Münchner Mannschaft ein Europacup-
Finale: Training im Hyde-Park, Otto Luttrop (links) und Berti Kraus.

Bürgermeister Georg Brauchle bei seiner Ansprache anläßlich des Empfanges für den DFB-Pokalsieger 1966, die Mannschaft des FC Bayern. In der rechten Bildhälfte Franz Beckenbauer und Trainer »Tschik« Cajkovski.

Oben: Der Torjäger der Löwen, Rudi Brunnenmeier, im Angriff auf das von Ewert gehütete Tor der Geisböcke, TSV 1860 – 1. FC Köln, 2:1, 2. Oktober 1965.

Unten: Der TSV 1860 erringt 1966 die Deutsche Fußballmeisterschaft. Die Mannschaft vor dem letzten Heimspiel gegen den HSV (1:1, 28. Mai 1966): Grosser, Radenkovic, Luttrop, Reich, Wagner, Brunnenmeier, Konietzka, Zeiser, Patzke, Rebele, Perusic.

Bayern München – HSV 1:0, 23. September 1967.
Torjäger Gerd Müller setzt sich gegen den eisenharten Willi Schulz durch.

Oben: HSV – TSV 1860 München (3:2), 1. Oktober 1966.
Uwe Seeler führt seinen HSV zum Sieg. Im Hintergrund Patzke, Schulz (HSV), Wagner und Luttrop.

Unten: König Radi beherrscht seinen Strafraum und sichert dem TSV 1860 auf dem Betzenberg in Kaiserslautern das 0:0, 18. Februar 1968. V.l. Hasebrink (1. FCK), Wagner, Perusic, Radenkovic.

Plakat von 1966.

Plakat von 1967.

Hannover 96 – Bayern München 1:0, 7. Dezember 1968.
Platzverweis für Gerd Müller, die Bayern contra Schiedsrichter Hilker: Manager Schwan, Brenninger, Cajkovski, Olk, Beckenbauer.

Die Bayern kommen: Sieg gegen Hannover 96 durch zwei Müller-Tore mit 2:1, 7. Juni 1969.
Nicht zu bremsen Franz Beckenbauer, im Hintergrund Franz »Bulle« Roth.

Bayern München wird 1969 zum zweiten Mal Deutscher Fußballmeister: stehend v.l. Beckenbauer, Müller, Roth, Starek, Schmidt, Schwarzenbeck, Ohlhauser; davor: Pumm, Maier, Trainer Zebec, Olk und Brenninger; 7. Juni 1969.

Bayern erringt 1969 neben der Meisterschaft den DFB-Vereinspokal und schafft damit das sensationelle Double. Jubel nach dem Sieg gegen Schalke 04 (2:1) im Frankfurter Waldstadion vor 65 000 Zuschauern bei Olk, Brenninger, Schmidt und Roth.

Ein Weltenbummler in München: Rudi Gutendorf heuert im Sommer 1973 bei den Löwen an.

Oben: Im Wiederholungsspiel gegen Atletico Madrid am 17. Mai 1974 in Brüssel gewinnt Bayern München zum ersten Mal den Europacup der Landesmeister (4:0). »Katsche« Schwarzenbeck hatte zwei Tage zuvor mit seinem Tor in der letzten Spielminute den Bayern die Chance auf den Titelgewinn gewahrt.
Stehend von links: Schwarzenbeck, Roth, Breitner, Zobel, Hansen, Müller, Beckenbauer, U. Hoeneß; vorne: Masseur Saric, Maier, Kapellmann, Torstensson.

Unten: Endspiel um die Fußball-Weltmeisterschaft 1974 im Münchner Olympiastadion: Gerd Müller schießt, an Ruud Krol vorbei, das entscheidende Tor zum 2:1.

205

Nach einem 0:4 in Bielefeld gegen die Arminia und einem 4:0 Sieg im heimischen Olympiastadion gewinnt der TSV 1860 am 11. Juni 1977 im Entscheidungsspiel im Frankfurter Waldstadion 2:0 und kehrt nach sieben Jahren in die Bundesliga zurück. Trainer Heinz Lucas auf
den Schultern der Spieler Kohlhäufl und Hartmann.

Alfred Kohlhäufl im Zweikampf mit seinem ehemaligen Mannschaftskameraden, dem Schalker Sturmführer Klaus Fischer, TSV 1860 – Schalke 04 0:0, 6. August 1977.

TSV 1860 – Bayern München 1:1, 8. April 1978.
Georg Schwarzenbeck und Alfred Kohlhäufl, beide Münchner Urgestein.

Die Wege haben sich getrennt: Gerd Müller (Fort Lauderdale) und Franz Beckenbauer (Kosmos New York) im Finale um die US-Fußballmeisterschaft in Washington, September 1980.

Tristesse in der Bayernliga, 1988.

Linke Seite, oben: Randale: Die Fans sind mit der Elfmeter-Entscheidung von Schiedsrichter Probst im Spiel 1860 – Schweinfurt (1:1) nicht einverstanden und stürmen nach dem Schluß-pfiff das Spielfeld, 25. September 1982.

Unten: Jagd auf den schwarzen Mann im 60er-Stadion, 25. September 1982.

Der »Triumphator von Giesing« Carsten Wettberg schafft mit dem TSV 1860 im Jahr 1991 den Wiederaufstieg in die 2. Bundesliga.

Oben: Autogrammstunde bei den »Bayern«.

Unten: Seelsorge im Stadion: Pfarrer Tremmler weiht die neue Fan-Fahne, 2. September 1992.

Der Verein und sein Duft: v.l. Olaf Thon, Christian Nerlinger, Marcel Witecek und Mehmet Scholl bei der Präsentation des »Eau de Bavaria – No 1 – FC Bayern« im Restaurant des Hauses Oberpollinger »Sport und Spiel«.

Oben: Für zu leicht befunden: Alain Sutter; Bayern München – HSV 1:1, 17. September 1994.

Unten: Paßte nicht mehr ins Konzept: Bruno Labbadia im Zweikampf mit Stefan Beckenbauer; 1. FC Saarbrücken – FC Bayern 1:1, 17. Oktober 1992.

214

Literaturverzeichnis

Auf die Plätze... Sportanlagen, Spiel- und Erholungsstätten der Landeshauptstadt München, hg.v. Schulreferat – Stadtamt für Leibesübungen, München 1965.

Baroth, Hans Dieter, Anpfiff in Ruinen. Fußball in der Nachkriegszeit und die ersten Jahre der Oberligisten Süd, Südwest, West, Nord und Berlin, Essen 1990.

Bausenwein, Christoph u.a., 1. FC Nürnberg. Die Legende vom Club, Göttingen 1996.

Bernett, Hajo, Sportpolitik im Dritten Reich, (Beiträge zur Lehre und Forschung der Leibeserziehung, Bd. 39), Schorndorf 1971.

Birnbeck, Peter (Red.), 70 Jahre Fußballabteilung SV Berufsfeuerwehr e.V. 1926-1996. Festschrift, München 1996.

Böttiger, Helmut, Kein Mann, kein Schuß, kein Tor. Das Drama des deutschen Fußballs, München 1993.

Damen- und Mädchen-Mannschaften. Amtlicher Termin-Kalender mit Anschriftenverzeichnis. Spieljahr 1990/91, hg.v. Bayerischen Fußball-Verband e.V., Bezirk Oberbayern, München 1990.

Damen-Fußball. Amtlicher Termin-Kalender mit Anschriftenverzeichnis. Spieljahr 1979, hg.v. Bayerischen Fußball-Verband e.V., Bezirk Oberbayern, München 1979.

Der Sport im Kreuzfeuer der Kritik. Kritische Texte aus 100 Jahren deutscher Sportgeschichte, hg.v. Hajo Bernett, (Texte-Quellen-Dokumente zur Sportwissenschaft, Bd. 17), Schorndorf 1982.

Der Sterngucker. Jubiläumsausgabe zum 75jährigen Bestehen des FC Stern München e.V., München 1994.

Detki, Franz (Red.), Siebzig Jahre Turn- und Sportverein München Ost e.V., hg.v. Turn- und Sportverein München Ost e.V., München 1967.

Detki, Franz (Red.), Achtzig Jahre Turn- und Sportverein München-Ost, hg.v. Turn- und Sportverein München-Ost e.V., München 1977.

30 Jahre SV Siemens Mch-H Fußballabteilung 1954-1984. Jubiläumsturnier 9.-10. Juni 1984, München 1984.

Dunn, Fred, Die Entwicklung des Münchener Fußballsportes, in: Das Bayerland 22 (1912), S. 157-159, 172-174.

Eisenbahner Sportverein München-Freimann e.V. 1929-1989. Vereinsnachrichten zum 60-jährigen Jubiläum August 1989, hg.v. ESV München-Freimann e.V., München 1989.

Eisenberg, Christiane, Fußball in Deutschland 1890-1914. Ein Gesellschaftsspiel für bürgerliche Mittelschichten, in: Geschichte und Gesellschaft 20 (1994), S. 181-210.

Eisenberg, Christiane, Vom »Arbeiter-« zum »Angestelltenfußball«? Zur Sozialstruktur des deutschen Fußballsports 1890-1950, in: Sozial- und Zeitgeschichte des Sports 4 (1990), Heft 3, S. 20-45.

Festabend zum 75. Gründungsjahr des Männer-Turn-Vereins München von 1879 mit Einweihung der wiederaufgebauten Turn- und Sporthalle Häberlstraße 11, hg.v. Männer-Turn-Verein München von 1879, München 1955.

Festschrift zum 60. Jubiläum der Freien Turnerschaft München-Gern, hg.v.d. Freien Turnerschaft München-Gern, München [1967].

Filter, Frank, Fußballsport in der Arbeiter- Turn- und Sportbewegung, in: Sozial- und Zeitgeschichte des Sports 2 (1988), Heft 1, S. 55-73.

Firmen- und Behördenfußball im BFV Kreis München. Amtlicher Terminkalender mit Anschriftenverzeichnis. Spieljahr 1982, München 1982.

216

Firmen- und Behördenfußball im BFV Kreis München. Amtlicher Terminkalender mit Anschriftenverzeichnis. Spieljahr 1995, München 1995.

Fleischer-Schumann, Jürgen, Das Bildungs- und Erziehungswesen in München 1945-1976. Die Ära Anton Fingerle, hg.v. Schul- und Kultusreferat der Landeshauptstadt München, München 1987.

Frantz, Roderich, Der Münchner Sportclub. 60 Jahre jung, München 1959.

Frauen- und Juniorinnen-Mannschaften. Amtlicher Termin-Kalender mit Anschriftenverzeichnis und allg. Informationen. Spieljahr 1995/96, hg.v. Bayerischen Fußball-Verband e.V., Bezirk Oberbayern, München 1995.

Frei, Alfred Georg, Finale Grande. Die Heimkehr der Fußballweltmeister 1954, Berlin 1994.

75 Jahre FC Wacker München 1903-1978. Festschrift, hg.v. FC Wacker München e.V., München [1978].

25 Bayerischer Fußball-Verband e.V., hg.v. Bayerischen Fußball-Verband e.V., München [1970].

25 Jahre Eisenbahner-Sportverein München-Freimann e.V. 1953-1978, München 1978.

25 Jahre FC Bayern München e.V. 1900-1925, hg.v. FC Bayern München, München 1925.

25 Jahre Senioren-Fußball im Großraum München 1964-1989, München 1989.

50 Jahre BSC Sendling-München e.V. 1918-1968. Jubiläumsfestschrift, hg.v. BSC Sendling-München e.V. 1918, München 1968.

50 Jahre FC Viktoria München 1924-1974, hg.v. FC Viktoria München, München 1974.

Fünfzig Jahre FC Wacker e.V. München, München [1953].

50 Jahre Fußballabteilung 1860 München, München 1949.

50 Jahre Münchener Sportclub, hg.v. Münchener Sportclub, München 1949.

Gedenkbuch Berlins der jüdischen Opfer des Nationalsozialismus, Berlin 1995.

Gehrmann, Siegfried, Fußball – Vereine – Politik. Zur Sportgeschichte des Reviers 1900-1940, Essen 1988.

Hagl, Ludwig, Festschrift zum 60-jährigen Vereinsjubiläum Turn- und Sportverein Trudering e.V. 24. Mai 1985, München 1985.

Held, Georg (Red.), Festschrift zum 60jährigen Jubiläum mit Fahnenweihe des TSV Milbertshofen, hg.v. TSV München-Milbertshofen, München 1965.

Herrmann, Siegfried (Bearb.), 50 Jahre FC Bayern München e.V., München 1950.

Heß, Armin/Rattenhuber, Hans (Red.), 50 Jahre S.C. Bajuwaren-München, München 1960.

100 Jahre Turn- und Sportverein München von 1860, hg.v. Turn- und Sportverein München von 1860, München [1960].

Jungwirth, Franz/Perzl, Ernst, 30 Jahre Abteilung Fußball Sportverein Olympiadorf-Concordia e.V. Jubiläums-Festschrift, München 1996.

Klughammer, Armin (Red.), 50 Jahre Bayerischer Fußball-Verband. Das Buch zum Jubiläum, hg.v. Bayerischen Fußball-Verband e.V., München 1996.

Knorr, Angelo, Die Beschaffung von neuen Sport- und Spielplätzen in München, in: Das Bayerland 23 (1912), S. 618-619, 636-637, 659, 676.

Koppehel, Carl, Geschichte des Deutschen Fußballsports, Frankfurt am Main 1954.

Koppenwallner, Ludwig (Red.), Jubiläums-Festschrift des Postsportvereins München aus Anlaß seines 30jährigen Bestehens 1926-1956, hg.v. Postsportverein München, München 1956.

Krombholz, Gertrude, Die Entwicklung des Schulsports und der Sportlehrerausbildung in Bayern von den Anfängen bis zum Ende des Zweiten Weltkrieges, (Miscellanea Bavarica Monacensia, Bd. 108), München 1982.

Law-Robinson, Harry/Bauer, Hans, 65 Jahre TSV München-Solln e.V. gegründet 1931. Chronik 1931-1996, München 1996.

Martin, H.G., Deutschlands Fußball. Geschichte eines rasanten Aufstiegs. Vereine, Spieler, Trainer, Tore, Titel seit 1945, Düsseldorf 1990.

Mayr, Sepp (Bearb.), 90 Jahre TSV Turnerbund München e. V., hg.v. TSV Turnerbund München e.V. von 1882, München 1973.

Mayr, Sepp (Bearb.), 100 Jahre Turnerbund. Festschrift zum 100. Stiftungsfest des Turn- und Sportvereins Turnerbund München e.V., hg.v. TSV Turnerbund München e.V. von 1882, München 1982.

90 Jahre FC Bayern München. Chronik eines Erfolges, München 1990.

90 Jahre FC Wacker München 1903-1993. Münchens heimliche Liebe. Festschrift, hg.v. FC Wacker München e.V., München [1993].

Planck, K., Fußlümmelei. Über Strauchballspiel und englische Krankheit, Stuttgart 1898 (Neudruck Münster 1982).

Poldner, Axel, Mein Club TSV 1860 München. Mit zahlreichen Fotos, München 1977.

Schauppmeier, Kurt, FC Bayern München. Die Mannschaft der Rekorde. Deutscher Meister, Pokalsieger, Gewinner des Europacups, Regensburg 1975.

Schulze-Marmeling, Dietrich, Der gezähmte Fußball. Zur Geschichte eines subversiven Sports, Göttingen 1992.

Schweer, Joachim, Das Münchner Derby 1860-Bayern, Köln 1995.

Seidel, Fritz, 80 Jahre F.C. Sportfreunde München 1912-1992. Festschrift, hg.v. FC Sportfreunde München e.V., München 1992.

Seidel, Fritz, 70 Jahre FC Sportfreunde München e.V. Festschrift, hg.v. FC Sportfreunde, München 1982.

Selig, Wolfram u.a. (Bearb.), Chronik der Stadt München 1945-1948, hg.v. Michael Schattenhofer, München 1980.

70 Jahre 1. FC Taxa e.V. München 1925-1995. Festschrift, München 1995.

Statistisches Handbuch der Hauptstadt der Bewegung für die Jahre 1927 bis 1937, hg.v. Hauptverwaltungsamt und Statistischen Amt, München 1938.

Statistisches Handbuch der Landeshauptstadt München 1995, hg.v. Statistischen Amt der Landeshauptstadt München, München 1995.

Statistisches Handbuch der Stadt München, hg.v. Statistischen Amt der Stadt München, München 1954.

Terminliste Vor- und Rückrunde. Spielsaison 1995, hg.v.d. Münchner Senioren-Runde im Bayerischen Fußball-Verband e.V., München 1995.

Thaller, Max (Bearb.), Festschrift zum 60jährigen Jubiläum des S.C. Armin München 1893-1953, hg.v. S.C. Armin e.V. München, München 1953.

Tötter, Otto, HSV – 100 Jahre deutscher Fußball, Hamburg 1985.

Verbands-Anschriften, Vereins-Anschriften, Spielklassen, Amtl. Veröffentlichungen. Spieljahr 1995/96, hg.v. Bayerischen Fußball-Verband e.V., Bezirk Oberbayern, München 1995.

40 Jahre FC Schwabing 56 e.V. 1956-1996, hg.v. FC Schwabing 1956 e.V., München 1996.

40 Jahre SV Nord München-Lerchenau e.V. 1947-1987, hg.v. SV Nord München-Lerchenau e.V., München 1987.

Wach, Karl, Festschrift 40 Jahre ESV Sportfreunde München-Neuaubing 1921-1961, hg.v. ESV Sportfreunde München-Neuaubing, München 1961.

Wende, Heinz (Bearb.), 100 Jahre Turnerschaft Jahn München von 1887 e.V., hg.v.d. Turnerschaft Jahn München von 1887 e.V., München 1987.

Westermaier, Josef/Schmid, Karl/Reeg, Egil, 50 Jahre FC Stern 1919-1969, hg.v. Fußball-Club Stern München e.V., München 1969.

Bildnachweis

Bayerisches Hauptstaatsarchiv, Plakatsammlung: S. 91.
Stadtarchiv München, Historisches Bildarchiv: S. 35 o., 37 u., 43 o., 44, 45, 47 u., 48 o., 76 o., 76 u.,
    77, 78 o., 78 u., 84, 85, 87 o., 88 o., 88 u., 122, 128 u., 129, 130, 131 o., 131 u., 132 o., 132 u., 133, 134,
    135, 140, 166 u., 169 o., 169 u., 170, 171 u., 190 o., 195.
Stadtarchiv München, Nachlaß 1. Münchener Fußballclub von 1896: Titelbild, S. 30, 32 o., 32 u.,
    33, 35 u., 36, 43 u., 47 o., 48 u.
Stadtarchiv München, Plakatsammlung: S. 198, 199.
Stadtarchiv München, Zeitgeschichtliche Sammlung: S. 40, 41.
Stadtarchiv München, Vereine 1350: S. 31.
Süddeutscher Verlag, Bilderdienst: S. 80 o., 82, 89, 95, 136, 137 o., 190 u., 191, 194 o., 196, 197 o.,
    197 u., 200, 201, 202, 203, 204, 205 o., 205 u., 206, 207, 208, 209, 210 o., 210 u., 211, 212, 213 o.,
    213 u., 214, 215 o., 215 u.

Leihgaben von Vereinen und von Privatpersonen:
FC Bayern: S. 90, 123, 127, 128 o.
FC Schwabing: S. 167, 168.
FC Teutonia: S. 79, 81.
FC Wacker: S. 80 u., 92 o., 92 u., 165.
MTV von 1879: S. 34, 37 o., 38, 39, 42, 46, 49.
SV Berufsfeuerwehr: S. 162 u.
SV Siemens-Hofmannstraße: S. 162 o.
SV Türk Gücü: S. 164.
TSV 1860 München: S. 83 o., 83 u., 119 o., 192, 193, 194 u.
TSV Großhadern: S. 160.
TSV Turnerbund: S. 161 u., 171 o.

Moll: S. 94, 96, 118, 120.
Rebele: S. 137 u., 138 o., 138 u., 139.
Reitmeir: S. 161 o., 163.
Streitle: S. 93.
Thiemann: S. 166 o.
Sport Münzinger: S. 50.

Aus Publikationen:
Festschrift 90 Jahre F.C. Wacker: S. 119 u.
Sport, die illustrierte Wochenrundschau (= Sport-Magazin): S. 121, 124, 125, 126.

Die Reproduktionen wurden von Inga Fesl, Angela Pascale, Mark Schütze und Tanja Wieland an-
gefertigt.

Benedikt Weyerer

München 1919-1933

Stadtrundgänge zur politischen Geschichte

Herausgegeben von der Landeshauptstadt München

224 Seiten mit 156 Abbildungen
ISBN 3-927984-18-3

Dieses Buch ist Stadtführer und Geschichtsbuch zugleich. Die Zeit zwischen 1919 und 1933 ist in vieler Hinsicht ein »dunkles« Kapitel in der Geschichte der bayerischen Hauptstadt. Die Rundgänge bieten die Möglichkeit, jene oft verdrängten Jahre im wahrsten Sinne des Wortes zu begreifen. So können Häuser, Straßen und Plätze zugleich vertraute Umgebung und mahnende Erinnerung an die Vergangenheit sein.

Benedikt Weyerer

München 1933-1949

Stadtrundgänge zur politischen Geschichte

Herausgegeben von der Landeshauptstadt München

236 Seiten mit 119 s/w Abbildungen und 16 Karten
ISBN 3-927984-40-X

Band 2 der Münchner Stadtteilführer beschäftigt sich mit der Geschichte Münchens zwischen 1933 und 1949. Er setzt sich mit der Zeit der national-sozialistischen Herrschaft, ihrem Ende, ihrem Erbe und den ersten Nachkriegsjahren auseinander.

Buchendorfer Verlag

Lesebücher
zur Geschichte
des Münchner
Alltags
Buchendorfer Verlag

Verdunkeltes München
Die nationalsozialistische Gewalt-
herrschaft, ihr Ende und ihre Folgen
244 Seiten mit 44 Beiträgen und
vielen Abbildungen
ISBN 3-927984-41-8

In München geboren –
von München angezogen –
nach München verschlagen
320 Seiten mit 64 Beiträgen und
vielen Abbildungen
ISBN 3-927984-08-6

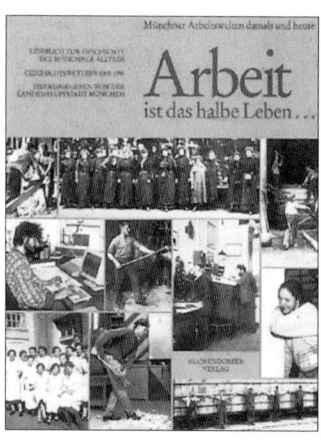

Arbeit ist das halbe Leben ...
Münchner Arbeitswelten damals
und heute
192 Seiten mit 41 Beiträgen und
vielen Abbildungen
ISBN 3-927984-13-2

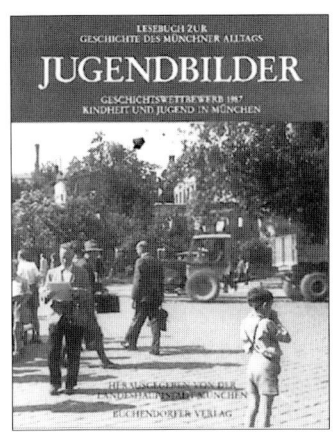

Jugendbilder

192 Seiten mit 35 Beiträgen und
vielen Abbildungen
ISBN 3-927984-42-6

Stadtteilgeschichten, Lebensgeschichten

Vom Glasscherbenviertel
zur Schlafstadt
Geschichte der Münchner Stadtteile
144 Seiten mit 28 Beiträgen und
vielen Abbildungen
ISBN 3-927984-03-5

Frauenleben in München

248 Seiten mit 42 Beiträgen und
vielen Abbildungen
ISBN 3-927984-17-5

Jüdisches Leben in München

Jüdisches Leben in München in zwei
Jahrhunderten
274 Seiten mit 36 Beiträgen und
vielen Abbildungen
ISBN 3-927984-38-8